案例式

智慧財產刑事法

林洲富 著

五南圖書出版公司 印行

蔡序

PREFACE

多年來，人類文化、科技不斷進步，相關文化、科技產品推陳出新，而各類產品之創新發明，除係人類智慧之結晶外，更關係國家競爭力之提升及經濟之發展。有鑑於此，各國莫不健全相關實體及程序法制，以保護各類新產品之智慧財產權不被侵害。

對智慧財產權之保護，我國向來不遺餘力。有關實體法之保護規範，除傳統之刑法、商標法、專利法、著作權法外，為因應社會環境之變化及需要，又陸續制定光碟管理條例、營業秘密法、積體電路電路布局保護法、植物品種及種苗法、公平交易法等法律，以為規範。而在程序法上，最重要者，莫過於民國97年7月1日成立智慧財產法院，並制定相關法律，使基於同一事實所生之智慧財產權相關民事、刑事訴訟之上訴、抗告案件及行政訴訟事件，得由同一獨立或受命法官辦理，除可改善原先民、刑事及行政訴訟程序分別進行所生之訴訟延滯與裁判歧異外，並可藉由兼具法律與科技知識之專業法官審理，輔以技術專家，更加妥適審理智慧財產案件。新制施行以來，確實大大提升我國對智慧財產保護之效率與國際聲譽。

本書作者林洲富法官現任職智慧財產法院，余於93、94年間任職臺灣臺中地方法院時，與其為同事，深知其辦案認真，公餘之暇，攻讀國立中正大學法律學研究所博士學位，鑽研智慧財產相關法律，其博士論文即係撰寫專利侵害之民事救濟制度。又其辦理智慧財產案件多年，經驗豐富，可謂理論與實務兼具。其自97年以來，撰寫出版智慧財產領域之專書已達7本，本書為其所著系列專書之第8本，觀其內容，以例題之方式，系統化解說侵害智慧財產之刑事法理論與實務見解，論述詳實生動，讀者易於理解，並能增進研讀興趣，誠為一本良好之研習專書，爰樂之為序。

蔡清遊

於司法院大法官辦公室

二版序

PREFACE

　　本著緣於2014年8月初版付梓，陸續委請五南圖書公司出版智慧財產權法、專利法、著作權法、商標法、營業秘密與競業禁止、公平交易法、智慧財產刑事案例式等8本案例式專書。本書自上次出版迄今已逾7年，期間智慧財產刑事法律修改甚多，作者基於智慧財產刑事審判之實務經驗與研究所之教學心得，茲就內文再度進行修正與勘誤，並增列論述修法內容、最新學說理論、實務見解及例題解析等內容，務必使本書增訂2版，減少謬誤與增進參考價值。承蒙法界先進之厚愛，對拙著多所指正錯誤與惠賜寶貴意見，倘有未周詳處，敬請各界賢達不吝指教。

林洲富

謹識於智慧財產及商業法院

2021年8月1日

自序

PREFACE

　　作者現為智慧財產法院法官，有鑑於智慧財產法院管轄有關智慧財產之民事、刑事及行政訴訟事件，為使智慧財產案例式叢書可涵蓋智慧財產之民事、刑事及行政等程序法與實體法，得作為學習與實務入門之參考書籍，自2008年6月起陸續委請五南圖書公司出版專利法、智慧財產權法、商標法、著作權法、智慧財產行政程序與救濟、營業秘密與競業禁止、公平交易法等案例式7本專書，並於日前完成智慧財產刑事法案例式，以建構智慧財產法案例式八冊。拙著本於筆者教學相長與審判實務等經驗，謹參考國內、外學說及實務見解，試以案例之方式，說明及分析法律之原則，將智慧財產刑事法理論轉化成實用之學，俾於有志研習者易於瞭解，期能增進學習之效果。因學識不足，所論自有疏誤之處，敬祈賢達法碩，不吝賜教，至為感幸。

林洲富
謹識於智慧財產法院
2014年6月6日

目錄 CONTENTS

第一章

緒　論

目　次

關鍵詞：被害人、包括一罪、從舊從輕、專屬授權、傳聞法則、營業秘密、簡易判決、簡式審判程序、裁判上一罪

　　本章首先說明智慧財產刑事案件之第一審、第二審管轄法院，繼而論述提起告訴與自訴之要件，最後探討法律變更時，新舊法之比較適用，暨鑑定之證據能力。本章計有12則例題，用以探討、分析智慧財產刑事案件程序之原理原則。

第一節　管轄法院

　　侵害智慧財產之刑事案件，第一審、第二審之管轄分由地方法院與智慧財產及商業法院管轄，均為事實審，而最高法院為第三審法院，其為法律審，審理判決是否違背法令（刑事訴訟法第377條）。

第一項　第一審法院

　　地方法院審理第一審之智慧財產刑事案件，可分通常審判程序、簡式審判程序、簡易判決程序及最重本刑3年以下有期徒刑、拘役或專科罰金之罪。通常審判程序應行合議審判程序，其餘得行獨任審判程序。

例題1

> 　　原告起訴請求被告負侵害專利權之損害賠償責任，並就其持有之營業秘密，向本案法院釋明該營業秘密符合智慧財產案件審理法第11條第1項之法定事由[1]，法院依原告之聲請，對被告與其代理人核發秘密保持命令。試問被告與其代理人違反秘密保持命令之義務時，應由何法院管轄？

---

[1] 智慧財產案件審理法第11條第1項規定：當事人或第三人就其持有之營業秘密，經釋明符合下列情形者，法院得依該當事人或第三人之聲請，對他造當事人、代理人、輔佐人或其他訴訟關係人發秘密保持命令：1.當事人書狀之內容，記載當事人或第三人之營業秘密，或已調查或應調查之證據，涉及當事人或第三人之營業秘密；2.為避免因前款之營業秘密經開示，或供該訴訟進行以外之目的使用，有妨害該當事人或第三人基於該營業秘密之事業活動之虞，致有限制其開示或使用之必要。

例題2

　　行為人甲住所在新北市、在桃園市惡意侵害重製之外國影片光碟罪，甲販賣非法重製光碟遍及臺灣各地。試問何地方法院有本案之刑事管轄權？其理由為何？

壹、合議審判

　　刑法第253條至第255條、第317條、第318條之罪，或違反商標法、著作權法、營業秘密法，暨智慧財產案件審理法第35條第1項、第36條第1項關於違反秘密保持命令罪，應向管轄之地方法院為之。檢察官聲請以簡易判決處刑者，亦應由地方法院依現行刑事訴訟法之規定處理（智慧財產案件審理法第23條；智慧財產及商業法院組織法第3條第2款、第4款）。申言之，侵害智慧財產之犯罪，為加強查緝效果，保障智慧財產權，偵查中應由各地方法院檢察署檢察官、司法警察官或司法警察就近查察，而檢察官或司法警察官為進行偵查或調查，應向各地方法院檢察署對應之地方法院聲請搜索票。倘檢察官有向地方法院聲請羈押之必要，地方法院對於搜索票或羈押之聲請，應為即時之調查及裁定。職是，第一審之偵查業務，由地方法院檢察署檢察官為之，基於偵查與審判之對應性，第一審刑事審判業務，應由地方法院管轄，應行合議審判程序。

貳、獨任審判

　　除簡式審判程序、簡易程序及最重本刑3年以下有期徒刑、拘役或專科罰金之罪，第一審行獨任審判程序（刑事訴訟法第284條之1、第376條第1款）。

一、簡式審判程序

（一）要 件

　　除被告所犯為死刑、無期徒刑、最輕本刑為3年以上有期徒刑之罪或高等法院管轄第一審案件者外，於前條第1項程序進行中，被告先就被訴事實為有罪之陳述時[2]，審判長得告知被告簡式審判程序之旨，並聽取當事人、代理人、辯護人及輔佐人之意見後，應由合議庭組織之法院評議，作成裁定進行簡式審判程序（刑事訴訟法第273條之1第1項）[3]。法院為前項裁定後，認有不得或不宜者，應撤銷原裁定，依通常程序審判之（第2項）。前項情形，應更新審判程序。而當事人無異議者，不在此限（第3項）。職是，刑事訴訟第一審採合議審判，應由法官三人參與，並適用傳聞法則等規定，應經詰問證人程序，耗費大量司法人力資源，為使司法資源合理分配，對於案情較輕微者，且被告對於犯罪事實不爭執之案件，設有簡式審判程序，僅由法官一人獨任審判，可減輕法院審理案件之負擔，以達訴訟經濟之要求，且可儘速結案，避免被告受有訟累。

（二）被告認罪之判決

　　適用簡式審判程序應符合如後要件：1.被告所犯為死刑、無期徒刑、最輕本刑為3年以上有期徒刑之罪或高等法院管轄第一審案件者外。例如，被告明知為仿冒商標商品而販賣之，其法定刑係處1年以下有期徒刑（商標法第97條）；2.被告於審前之訊問程序，先就被訴事實為有罪之陳述[4]。反之，對於諭知無罪、免訴或不受理判決者應適用通常審判程序由法官三人合議審判，因非被告認罪之有罪判決，倘誤用簡式審判程序僅由

---

[2] 智慧財產法院101年度刑智上訴第3號刑事判決：被告僅一部分自白犯罪，而就其他部分犯罪有爭執，倘依刑事訴訟法第273條之1第2項規定撤銷原裁定，依通常程序審判，仍適用簡式審判程序判決，其有審判程序違背法令之撤銷事由。

[3] 最高法院96年度台上字第2885號刑事判決。

[4] 智慧財產法院100年度刑智上易字第138號刑事判決。

法官一人獨任審判，其審判組織不合法[5]。

（三）法院組織不合法之處理

被告於第一審法院僅就著作權法第91條之1第2項與第96條之1第2款等罪自白犯罪，而就著作權法第91條第2項罪之有所爭執，應認為未就全部犯罪自白，屬不宜簡式審判程序者，自應撤銷原裁定，依通常程序審判，而應行合議審判（刑事訴訟法第273條之1第2項）。倘第一審法院於審判期日，未採行合議制，僅由法官一人獨任審判，並逕予辯論終結，其法院之組織顯不合法，判決當然違背法令（刑事訴訟法第379條第1款），應由第二審法院將原判決撤銷，且為維持國家刑罰權之正確行使與被告防禦權及審級利益，自應由第一審法院依判決前之程序更為審判[6]。

二、簡易程序判決

第一審刑事法院依被告在偵查中之自白或其他現存之證據，已足認定其犯罪者，得因檢察官之聲請，不經通常審判程序，逕以簡易判決處刑。但有必要時，應於處刑前訊問被告（刑事訴訟法第449條第1項）。前項案件檢察官依通常程序起訴，經被告自白犯罪，法院認為宜以簡易判決處刑者，得不經通常審判程序，逕以簡易判決處刑（第2項）。依前開規定所科之刑以宣告緩刑、得易科罰金或得易服社會勞動之有期徒刑及拘役或罰金為限（第3項）。刑事簡易程序案件，得由簡易庭辦理之（刑事訴訟法第449條之1）。例如，被告因違反商標法案件，經檢察官提起公訴，被告自白犯罪，法院認為宜以簡易判決處刑，爰不經通常審判程序，逕以簡易判決處刑，諭知被告共同犯商標法第97條之非法販賣侵害商標權之商品罪，處有期徒刑貳月，如易科罰金，以新臺幣壹仟元折算壹日，緩刑貳年。扣案之仿冒Melody商標之衣服壹件、仿冒Hello Kitty商標之衣服

---

[5] 智慧財產法院98年度刑智上訴第8號刑事判決。

[6] 智慧財產法院101年度刑智上訴第3號刑事判決。

參件均沒收[7]。

參、例題解析

一、違反秘密保持命令

違反本法秘密保持命令者，處3年以下有期徒刑、拘役或科或併科新臺幣10萬元以下罰金（智慧財產案件審理法第35條第1項）。違反秘密保持命令罪雖係違反法院所發命令，其所保護者，屬營業秘密持有人之個人法益，是刑事訴追之開啓，自應尊重營業秘密持有人之意思，故爲告訴乃論之罪（第2項）。智慧財產及商業法院組織法第3條第2款及智慧財產案件審理法第23條將違反秘密保持命令罪列入，故第一審、第二審之刑事案件分由地方法院、智慧財產及商業法院管轄。

二、實質上一罪

犯罪之行爲或結果，有一在中華民國領域內者，爲在中華民國領域內犯罪（刑法第4條）。案件由犯罪地或被告之住所、居所或所在地之法院管轄（刑事訴訟法第5條第1項）。所謂被告所在地，係指被告起訴當時所在之地而言，以起訴時即訴訟繫屬時爲標準，至其所在之原因，係出於任意抑或由於強制，在所不問[8]。實質上或裁判上一罪之單一案件，在訴訟法上係單一訴訟客體而具不可分性，倘某法院對實質上或裁判上一罪之一部有管轄權者，對他部亦有管轄權，該法院對應之檢察署檢察官自得對全部犯罪事實偵查、起訴，該法院亦得對全部犯罪事實審判之。職是，行爲人犯惡意侵害散布重製光碟罪（著作權法第91條之1第2項、第3項），其爲實質上一罪之單一案件，倘犯罪地遍及臺灣地區，臺灣各地方法院均有管轄權[9]。

---

[7] 臺灣臺中地方法院103年度智簡字第12號刑事簡易判決。
[8] 最高法院98年度台上字第1127號刑事判決。
[9] 最高法院98年度台上字第3187號刑事判決。

第二項　第二審法院

　　智慧財產案件審理法於2007年3月28日制定公布，自2008年7月11日施行，智慧財產法院並於2008年7月1日成立。將智慧財產權訴訟之刑事第二審歸智慧財產及商業法院管轄，嗣於2021年7月1日改制智慧財產及商業法院，依智慧財產及商業法院組織法之規定掌理，集中由智慧財產及商業法院管轄，以強化智慧財產訴訟之專業化處理機制，避免裁判歧異，以達其妥適處理智慧財產刑事案件。有關智慧財產刑事訴訟之審判事務，依智慧財產案件審理法之規定審理，未規定者，應依刑事訴訟程序所適用之法律（智慧財產案件審理法第1條）。

例題3

> 　　被告因違反著作權法與犯恐嚇取財罪嫌，經檢察官以被告所犯二罪係一人犯數罪之相牽連案件，且屬數同級法院管轄之相牽連案件[10]，乃將二罪合併偵查，並於偵查終結後，依智慧財產案件審理法第23條及刑事訴訟法第15條前段規定向地方法院合併起訴[11]，經地方法院依通常程序合併審理結果，以被告違反著作權法及犯恐嚇取財罪，事證明確，而依數罪併罰，對被告分別判處罪刑。經地方法院判決後，被告就其違反著作權法部分，依智慧財產案件審理法第25條第1項規定，向智慧財產及商業法院提起上訴，另就所犯恐嚇取財罪，向普通高等法院提起上訴；而檢察官則僅就被告所犯恐嚇取財罪部分，向智慧財產及商業法院提起上訴。試問被告所犯恐嚇取財罪部分，檢察官與被告之上訴，是否合法？

---

[10] 刑事訴訟法第6條第1項規定：數同級法院管轄之案件相牽連者，得合併由其中一法院管轄。

[11] 刑事訴訟法第15條第1項前段規定：第6條所規定之案件，得由一檢察官合併偵查或合併起訴。

壹、智慧財產刑事案件

一、專屬管轄

　　智慧財產及商業法院管轄刑法第253條至第255條、第317條、第318條之罪，或違反商標法、著作權法、營業秘密法，暨智慧財產案件審理法第35條第1項、第36條第1項關於違反秘密保持命令罪，不服地方法院依通常、簡式審判或協商程序所為之第一審裁判而上訴或抗告之刑事案件（智慧財產及商業法院組織法第3條第2款；智慧財產案件審理法第23條）[12]。申言之，不服地方法院依通常、簡式或協商程序所為之第一審刑事裁判而上訴或抗告之案件，應由高等法院層級之智慧財產及商業法院管轄。

二、移轉管轄

　　其與第23條案件有刑事訴訟法第7條第1款所定相牽連關係之其他刑事案件，經地方法院合併裁判，並合併上訴或抗告者，雖由智慧財產及商業法院管轄（智慧財產案件審理法第25條第2項本文）。然非上揭之刑事案件，智慧財產及商業法院應移轉有管轄權之法院審理。例如，被告所涉犯行僅為刑法第358條之妨害電腦使用罪，亦非有刑事訴訟法第7條第1款之一人犯數罪之情事，是本案刑事第二審程序非屬智慧財產及商業法院管轄，自應由本院諭知管轄錯誤，並移送應管轄之高等法院審理，且不經言詞辯論為之（智慧財產案件審理法第1條；刑事訴訟法第304條、第307條）[13]。

---

[12] 刑事訴訟法第273條之1第1項規定：除被告所犯為死刑、無期徒刑、最輕本刑為3年以上有期徒刑之罪或高等法院管轄第一審案件者外，於第273條第1項程序進行中，被告先就被訴事實為有罪之陳述時，審判長得告知被告簡式審判程序之旨，並聽取當事人、代理人、辯護人及輔佐人之意見後，裁定進行簡式審判程序。

[13] 智慧財產法院104年度刑智上易字第9號刑事判決。

三、不另為不受理或無罪之諭知

實質上或裁判上一罪之案件，刑罰權僅有一個，在訴訟上不得分割為數個訴訟客體。故其犯罪事實之一部為有罪之判決，而就構成一罪之其他部分，認為犯罪不能證明或欠缺追訴條件者，僅於判決理由內說明即可，不另於主文為無罪或不受理判決之諭知[14]。例如，就附表編號11至20所示音樂著作，未經告訴權人合法告訴，本應為不受理之諭知。因該等歌曲之音樂著作，其與被告侵害告訴人有著作財產權之附表編號1至10所示音樂著作，屬實質上或裁判上一罪，是爰不另為不受理之諭知[15]。

貳、少年事件案件

被告行為時為未滿18歲之人，其犯行為少年刑事案件，應由少年法院或少年法庭，依少年事件處理法之規定處理，其不由智慧財產及商業法院審判。準此，智慧財產及商業法院就少年刑事案件，自無管轄權（智慧財產及商業法院組織法第3條第2款但書）。

參、簡易程序案件

第一審地方法院依簡易程序審理屬智慧財產及商業法院組織法第3條第2款所列之智慧財產犯罪而為裁判，倘不服依簡易程序所為裁判者，應依刑事訴訟法第455條之1之規定，上訴或抗告於管轄之第二審地方法院合議庭。

肆、發交智慧財產法院

一、撤銷高等法院裁判

智慧財產案件審理法施行前已繫屬於最高法院之智慧財產刑事案件，

---

[14] 最高法院98年台上字第5840號刑事判決。
[15] 智慧財產法院103年度刑智上更（一）字第4號刑事判決。

或智慧財產案件審理法施行後不服高等法院裁判之刑事案件，經最高法院撤銷者，除由最高法院自爲裁判者外，應發交智慧財產及商業法院，或依刑事訴訟法第399條但書規定逕行發交第一審法院裁判（智慧財產案件審理法施行細則第5條第2項）。職是，自2008年7月1日起，智慧財產刑事案件，除因原審判決諭知管轄錯誤、免訴或不受理係不當而經最高法院撤銷，其於必要時得逕行發交第一審法院外，其餘智慧財產刑事案件經最高法院撤銷，且非由最高法院自爲裁判者，應發交智慧財產及商業法院。

二、非常上訴

非常上訴，係對於審判違背法令之確定判決，所設之非常救濟程序，自智慧財產及商業法院組織法、智慧財產案件審理法施行後，倘智慧財產刑事案件之原審確定判決違背法令，有不利於被告，並有維持被告審級利益之必要者，非常上訴審受理之智慧財產刑事案件，經最高法院撤銷後，自應由與原審法院同審級之專屬法院，即發交智慧財產及商業法院依判決前之程序更爲審判，不必依刑事訴訟法第447條第2項規定，發回原審之高等法院，依判決前之程序更爲審判[16]。

伍、單一性案件之審理

審判之事實範圍，固應以起訴之事實爲範圍，惟因國家對單一性案件僅有一個刑罰權，在訴訟法上爲一個審判客體，就其全部事實，自應合一審判，不得割裂爲數個訴訟客體；是此類單一性案件之追訴、審判，應適用起訴不可分、審判不可分及上訴不可分諸原則，且就犯罪事實之一部有管轄權者，對其全部均有管轄權。而單一性案件，包括事實上一罪、法律上一罪之實質上一罪及裁判上一罪。法院審判此類案件，認定全部事實是否具有不可分關係之單一性，固不受檢察官或自訴人起訴或上訴見解所拘

---

[16] 最高法院98年度台非字第86號刑事判決。

束，惟未經起訴之事實與已經起訴之事實，俱屬有罪且互有實質上或裁判上一罪之不可分關係，法院對此不可分割之同一案件，自均應加以審判。倘上訴權人僅就其中一部判決上訴，基於單一性案件上訴不可分原理，上級審法院仍應就全部事實合一裁判。是地方法院就分別屬於及非屬於智慧財產及商業法院組織法第3條第2款所列罪名之潛在事實及顯在事實，而具有裁判上一罪關係之單一性案件，既應全部加以審判，縱地方法院僅就顯在事實予以判決，漏未審究該潛在事實，惟案件經檢察官上訴後，上訴審法院認經檢察官依卷證資料補充、擴張之該潛在事實與顯在事實具有裁判上一罪關係，潛在事實即不容割裂，應認係上訴效力所及，併為上訴審審判之範圍，始符單一性案件之法理。而單一性案件既涉有以智慧財產權利，是否受法律上肯認為前提之專業上判斷，智慧財產案件審理法屬特別程序，自應優先適用，將此類案件歸由智慧財產及商業法院管轄，始符智慧財產法及商業組織法第3條第2款及智慧財產案件審理法第25條第1項規定。

陸、例題解析——相牽連案件

一、一人犯數罪

按與智慧財產案件審理法第23條案件有刑事訴訟法第7條第1款所定相牽連關係之其他刑事案件（智慧財產案件審理法第25條第2項前段），經地方法院合併裁判，並合併上訴者，應向管轄之智慧財產及商業法院提起上訴（第1項）。被告因違反著作權法及犯恐嚇取財罪嫌，檢察官依智慧財產案件審理法第23條及刑事訴訟法第15條前段規定向地方法院合併起訴，經地方法院依數罪併罰，對被告分別判處罪刑。被告所犯違反著作權法部分，業經被告依智慧財產案件審理法第25條第1項規定，向智慧財產及商業法院提起上訴，且檢察官亦就某被告所犯恐嚇取財罪部分，向智慧財產及商業法院提起上訴，自符合智慧財產案件審理法第25條第2項前段所謂之合併上訴規定。職是，智慧財產及商業法院就被告所犯恐嚇取財

罪部分，依法取得管轄權，故檢察官就被告所犯恐嚇取財罪部分，向智慧財產及商業法院提起上訴，當屬合法。

二、管轄錯誤判決

無管轄權之案件，應諭知管轄錯誤之判決，並同時諭知移送於管轄法院（刑事訴訟法第304條）。被告就其所犯恐嚇取財罪部分，智慧財產及商業法院雖已取得被告所犯違反著作權法及犯恐嚇取財罪等罪之管轄權，致被告向普通高等法院提起上訴，雖係向無管轄權之法院提起上訴，然向無管轄權之法院提起上訴，並不因法院無管轄權而失其上訴之效力。準此，被告就所犯恐嚇取財罪部分，向普通高等法院上訴，即屬合法。因普通高等法院就被告所犯恐嚇取財罪之上訴，並無管轄權，是普通高等法院應以管轄錯誤判決，將被告所犯恐嚇取財罪部分之上訴，移轉智慧財產及商業法院審理，或逕行函送智慧財產及商業法院併予審理[17]。

第三項 附帶民訴

因侵害智慧財產犯罪而受損害者，其得於刑事訴訟程序附帶提起民事訴訟，對於被告及依民法負賠償責任之人，請求回復其損害（刑事訴訟法第487條第1項）。職是，智慧財產刑事案件附帶民事訴訟，係因智慧財產犯罪而受損害之人，為請求回復其損害，其於刑事訴訟程序附帶提起之民事訴訟，提起是項訴訟，應限於被訴之犯罪事實侵害其智慧財產權，致生損害者，始得為之。申言之，附帶民事訴訟之提起，必以刑事訴訟程序之存在為前提，倘刑事訴訟未經提起公訴或自訴，或非刑事訴訟程序認定之犯罪事實侵害其私權，縱因同一事故而受有損害，亦不得對於應負賠償責任之人，提起附帶民事訴訟[18]。

---

[17] 98年度智慧財產法律座談會彙編，司法院，2009年7月，77至81頁。
[18] 最高法院91年度台抗字第306號刑事裁定。

例題4

被告於侵害著作權之刑事訴訟附帶民事訴訟事件，對訴訟標的爲認諾，或就原告主張之事實自認。試問法院得否依據被告之認諾或自認，而不論刑事犯罪事實或毋庸再調查犯罪事實，逕行判決被告敗訴？

壹、附帶民訴判決

一、有罪判決

審理智慧財產案件審理法第23條案件之各審法院，不論刑事案件係適用通常、簡式審判或簡易程序，就附帶民事訴訟，應自爲裁判（智慧財產案件審理法第27條第2項）。不服地方法院關於第23條案件依通常或簡式審判程序之附帶民事訴訟所爲裁判，提起上訴或抗告者，應向管轄之智慧財產法院爲之（智慧財產案件審理法第28條）。而不服依簡易程序所爲之附帶民事訴訟裁判者，提起抗告或抗告者，應由第二審地方法院合議庭審理。倘刑事裁判未經上訴或抗告，僅就附帶民事訴訟之裁判上訴或抗告者，應由第二審地方法院合議庭審理。

二、附帶民事訴訟準用民事訴訟法

附帶民事訴訟之判決，應以刑事訴訟判決所認定之事實爲據。但本於捨棄而爲判決者，不在此限（刑事訴訟法第500條）。而民事訴訟法關於下列事項之規定，其於附帶民事訴訟準用之，採列舉規定：（一）當事人能力及訴訟能力；（二）共同訴訟；（三）訴訟參加；（四）訴訟代理人及輔佐人；（五）訴訟程序之停止；（六）當事人本人之到場；（七）和解；（八）本於捨棄之判決；（九）訴及上訴或抗告之撤回；（十）假扣押、假處分及假執行（刑事訴訟法第491條）。

貳、移送民事庭

　　法院審理智慧財產案件審理法第23條案件之附帶民事訴訟,認為原告之訴不合法,或刑事訴訟諭知無罪、免訴或不受理者,應以判決駁回之;其刑事訴訟經裁定駁回者,應以裁定駁回原告之訴(刑事訴訟法第502條第1項、第503條第1項規定;智慧財產案件審理法於第27條第1項)。職是,刑事案件諭知無罪、免訴或不受理之判決,經原告聲請時,應將附帶民事訴訟移送管轄法院民事庭之規定,刑事法院不得就附帶民事訴訟事件自行判決。

參、例題解析——附帶民訴之事實認定

　　依刑事訴訟法第491條第8款,關於民事訴訟法第384條本於當事人捨棄而為該當事人敗訴判決之規定,固得準用於附帶民事訴訟,然本於認諾之判決、原告自認或視為自認之效力(民事訴訟法第384條、第279條、第280條)。因刑事訴訟法未明定有準用之,自不得一併準用[19]。準此,附帶民事訴訟之判決,應以刑事訴訟判決所認定之事實為準,不得憑原告認諾或自認,而為不同於刑事訴訟判決所認定之事實。

第二節　罪數之計算

　　智慧財產刑事案件之犯罪類型,其常涉及行為罪數認定之問題,究為單純一罪、包括一罪或裁判上一罪或數罪併罰,因刑法刪除連續犯、牽連犯及常業犯等規定,故有探討之必要性。

---

[19] 最高法院32年度附字第371號刑事附帶民事訴訟判決;智慧財產法院101年度附民字第5號刑事附帶民事訴訟判決。

第一項 相牽連案件

　　刑事訴訟法第7條第1款所列一人犯數罪之相牽連案件，原則上歸智慧財產及商業法院管轄，例外情形，始由智慧財產及商業法院裁定移送該管高等法院。

例題5

> 　　甲前因涉有著作權法第91條第2項意圖銷售而重製罪嫌及同法第91條之1第2項明知非法重製物而散布罪嫌，經臺灣臺北地方法院檢察署檢察官向臺北地方法院提起公訴，而乙為該案之共同正犯。甲另涉犯著作權法第92條之擅自以改作方法侵害他人著作財產權罪嫌。試問臺灣新北地方法院檢察署檢察官逕向臺北地方法院追加乙為被告起訴或加追著作權法第92條部分，臺北地方法院應如何審理？

壹、智慧財產及商業法院

　　不服地方法院關於第23條案件依通常、簡式審判或協商程序所為之第一審裁判而上訴或抗告者，除少年刑事案件外，應向管轄之智慧財產及商業法院為之（智慧財產案件審理法第25條第1項）。其與第23條案件有刑事訴訟法第7條第1款所定相牽連關係之其他刑事案件，即1人犯數罪者。經地方法院合併裁判，並合併上訴或抗告者，因考量審理第23條案件涉及高度專業性，應由專業之智慧財產及商業法院審理，且為節省被告至不同法院應訴之負擔，暨同一被告所犯數罪由不同法院裁判，應另定應執行刑之勞費，亦由智慧財產及商業法院為之。

貳、移送高等法院

　　其他刑事案件係較重之罪，且案情確係繁雜者，智慧財產及商業法

院得裁定合併移送該管高等法院審判（智慧財產案件審理法第25條第2項）[20]。因智慧財產及商業法院為移送該管高等法院之裁判，不僅涉及裁量權行使之當否，其亦與人民訴訟權益之保障有關，除法律另有如刑事訴訟法第405條不得抗告之限制等情形之規定，應許當事人得抗告於第三審法院（第3項）[21]。例如，公訴人起訴被告涉犯組織犯罪防制條例等罪嫌，並經第一審法院判處被告操縱犯罪組織而吸收未滿18歲之人加入罪、成年人故意對少年犯剝奪他人行動自由罪，並判處被告指揮犯罪組織而吸收未滿18歲之人加入罪、商標法第97條之販賣侵害商標權之商品罪。是被告有一人犯數罪之情形，被告所涉犯之組織犯罪防制條例指揮犯罪組織而吸收未滿18歲之人加入罪之法定刑為3年以上10年以下刑度，所涉犯之智慧財產刑事案件販賣侵害商標權之商品罪之法定刑度為1年以下刑度，兩者法定刑比較之結果，以組織犯罪防制條例案件之犯行為重。再者，被告除以第一審判決未究明證人是否以其實際經驗而為陳述，且未衡酌強制工作與有期徒刑間之關係及考量其所犯情事，違反證法則及罪刑相當性原則外，復以原審判決無證據證明其有操縱組織犯罪而吸收未滿18歲之人之主觀犯意，亦未審究相關證人之證述與監聽譯文，遽為其不利之認定，有違反證據法則及判決違背法令之處。準此，本案案情確係繁雜，非經長久之時日，不能終結其審判，智慧財產及商業法院得將本案移送高等法院審理[22]。

---

[20] 智慧財產法院97年度刑智上訴字第30號、99年度刑智上訴第25號刑事裁定。
[21] 刑事訴訟法第405條規定：不得上訴於第三審法院之案件，其第二審法院所為裁定，不得抗告。第376條規定：下列各罪之案件，經第二審判決者，不得上訴於第三審法院：1.最重本刑為3年以下有期徒刑、拘役或專科罰金之罪；2.刑法第320條、第321條之竊盜罪；3.刑法第335條、第336條第2項之侵占罪；4.刑法第339條、第341條之詐欺罪；5.刑法第342條之背信罪；6.刑法第346條之恐嚇罪；7.刑法第349條第2項之贓物罪。
[22] 智慧財產法院101年度刑智上訴字第86號、103年度刑智上更（三）字第1號刑事裁定。

參、例題解析——數人共犯一罪或一人犯數罪

　　一人犯數罪；數人共犯一罪或數罪者，均為相牽連之案件（刑事訴訟法第7條第1款、第2款）。檢察官雖應於其所屬檢察署管轄區域內執行職務。然遇有緊急情形或法律另有規定者，不在此限（法院組織法第62條）。甲前因涉有著作權法第91條第2項意圖銷售而重製罪嫌及同法第91條之1第2項明知非法重製物而散布罪嫌，經臺灣臺北地方法院檢察署檢察官向臺北地方法院提起公訴，而乙為該案之共同正犯。甲另涉犯著作權法第92條之擅自以改作方法侵害他人著作財產權罪嫌。故乙、著作權法第92條部分各與前案有刑事訴訟法第7條第1款、第2款之相牽連案件關係。因本件並無法院組織法第62條但書所定之情形，故得為追加起訴者，僅臺灣臺北地方法院檢察署檢察官始得為之，是臺灣新北地方法院檢察署檢察官逕向臺北地方法院追加乙為被告起訴或追加著作權法第92條之犯罪事實，係於其所屬檢察署管轄區域外執行職務，其追加起訴為不合法，自有起訴程式違背規定之情形。準此，臺北地方法院應均諭知不受理之判決（刑事訴訟法第303條第1款）[23]。

第二項　裁判上一罪

　　智慧財產刑事案件具有裁判上一罪關係者，依刑法第55條想像競合規定，從一重之非屬智慧財產及商業法院管轄罪名處斷之案件，均歸智慧財產及商業法院管轄。

例題6

　　被告一行為觸犯商標法第95條第1款之未經商標權人同意於同一商品使用相同之註冊商標、第97條之明知為未經商標權人同意而使用相同註冊商標於同一商品而販賣，暨刑法第255條第1項、第2項，即對商品為虛偽標記、

---

[23] 智慧財產法院98年度刑智上訴字第39號刑事判決。

販賣有虛偽標記之商品等數罪名，經地方法院判決有罪，被告不服該刑事判決。試問應由何法院為第二審管轄法院？理由為何？

壹、智慧財產及商業法院管轄範圍

一、同一原因基礎關係

　　智慧財產及商業法院組織法及智慧財產案件審理法，就非屬智慧財產及商業法院管轄，而具有裁判上一罪關係，依法從一重之非屬智慧財產及商業法院管轄罪名處斷之案件，未規定究應由智慧財產及商業法院或高等法院審判。而刑事訴訟法第7條第1款所列一人犯數罪之相牽連案件，原則上歸智慧財產及商業法院管轄，例外情形，由智慧財產及商業法院裁定移送該管高等法院。因事實較無同一基礎關係之刑事訴訟法第7條第1款所列之相牽連案件，既由智慧財產及商業法院管轄，基於同一法理，事實有同一原因基礎關係之屬智慧財產及商業法院與非屬智慧財產及商業法院管轄，而具有裁判上一罪關係，依法從一重之非屬智慧財產及商業法院管轄罪名處斷之案件，其涉以智慧財產權利是否受法律保護之專業判斷，自應歸智慧財產及商業法院管轄[24]。

二、審理範圍

　　檢察官就犯罪事實一部起訴者，雖其效力及於全部。然法院不得就未經起訴之犯罪事實審判，而諭知科刑之判決得變更檢察官所引應適用之法條者，應以起訴之事實為限（刑事訴訟法第267條、第268條、第300條）。職是，法院固就未起訴部分之事實併予審判，必須法院就已起訴部分與未起訴部分認定俱屬有罪，且兩部分互有實質上或裁判上一罪之不可分關係，始能適用。倘就未起訴之部分予以審判，即有未受請求之事項予

---

[24] 最高法院97年度台上字第3634號、第3767號、第4634號、第6677號刑事判決。

以判決之違法，上級審應將下級審關於訴外裁判部分撤銷[25]。

貳、例題解析——想像競合犯

　　被告一行為觸犯商標法第95條第1款之未經商標權人同意於同一商品使用相同之註冊商標、第97條之明知為未經商標權人同意而使用相同註冊商標於同一商品而販賣，暨刑法第255條第1項、第2項，即對商品為虛偽標記、販賣有虛偽標記之商品等數罪名，其為想像競合犯，從一重處斷（刑法第55條），而均屬智慧財產及商業法院組織法第3條第2款所列之罪名。職是，經地方法院判決有罪，被告不服該刑事判決，應由智慧財產及商業法院為第二審管轄法院。再者，想像競合犯係觸犯數罪名，應於判決事實載明一行為侵害之數法益，並於理由逐一論述所犯罪名，判決亦應引用各罪之法條，法院量刑不得科以較輕罪名所定罪輕本刑以下之刑[26]。

第三項　接續犯

　　所謂包括一罪，係指行為人以一個犯罪之決意，著手實行自然意義行為之一行為或數行為，侵害一個或數個法益，在法律評價上，僅視為一個犯罪行為。接續犯與集合犯均為包括一罪之類型[27]。

例題7

　　行為人基於意圖銷售之單一犯意，重製數人所有著作財產權之電腦程式，在其住所處，利用其所有之燒錄機於數日內，持續重複將電腦程式燒錄完成光碟100片。試問應成立一罪或數罪？理由為何？

---

[25] 最高法院48年台上字第228號、70年度台上字第2348號、88年度台上字第7249號、93年度台上字第4814號、93年度台上字第5080號刑事判決。

[26] 司法院，法官辦理智慧財產刑事案件參考手冊，2013年2月，60頁。

[27] 張淳淙，新修正刑法論文集，從刑法修正論行為之罪數——牽連犯、連續犯及常業犯廢除後之實務因應，司法院，2006年，314頁。

壹、定　義

一、實質上一罪

　　刑法上之接續犯，係指行為人之數行為於同時同地或密切接近之時、地實行，侵害同一之法益，各行為之獨立性極為薄弱，依一般社會健全觀念，在時間差距上，難以強行分開，在刑法評價上，以視為數個舉動之接續施行，合為包括之一行為予以評價，較為合理，而論以單純一罪而言[28]。而刑法上集合犯，係指行為之本質上，具有反覆、延續實行複次作為之特徵，經立法特別歸類，使成獨立之犯罪構成要件行為態樣，故雖有複次作為，僅成立一罪。準此，行為人侵害智慧財產之行為，通常係在密集期間內以相同方式持續進行，而未曾間斷者，該等侵害智慧財產之犯行，具有反覆、延續實行之特徵，自行為之概念以觀，縱有多次侵害著作權、商標權或藥事法之製造、販賣偽藥或禁藥等舉措，仍應評價為包括一罪之接續犯或集合犯，自無併合論罪可言[29]。職是，侵害智慧財產權之行為人，經評價為包括一罪之接續犯，倘公訴所指之部分犯行無法證明犯罪，應具有接續犯之實質上一罪關係，法院自不另為無罪之諭知。

二、數罪併罰

　　2006年7月1日起施行之修正刑法，已將連續犯及其性質類似之常業犯規定悉予刪除，考其立法旨趣，係因對於多次原可獨立評價之行為，僅論以一罪犯及接續犯之觀念，於判斷時，自不能無限擴張，除仍應受社會通念之支配外，尤應注意其公平性、合理性，使與經驗法則、論理法則及比例原則等一般法律適用之原理原則相適合，否則即與上揭修法精神不符。例如，被告按月將重製侵害他人著作財產權音樂歌曲之伴唱機提供予

---

[28] 最高法院100年度台上字第5085號刑事判決。
[29] 最高法院95年度台上字第1079號刑事判決；最高法院99年度第5次刑事庭會議決議。

甲轉租,前後長達數年之久,則其前後各次行為間,依一般社會健全觀念,在時間、空間差距上有相當間隔,為具有可資個別獨立評價情形,係分別起意,依數罪併合處罰[30]。

貳、例題解析——接續犯之成立要件

接續犯應符合犯意單一、反覆實施同種類行為、侵害同一法益及時間、空間、場所密接等要件[31]。行為人基於意圖銷售之單一犯意,在其住所處,以其所有之燒錄機於數日內,重製數人所有著作財產權之電腦程式,持續重複將電腦程式燒錄成光碟100片,成立意圖銷售而擅自以重製於光碟之方法侵害他人著作財產權(著作權法第91條第3項)。其為接續犯,成立包括一罪。

第三節　告訴與自訴

刑事訴訟法所稱犯罪之被害人及告訴人,係指具有法律上人格之自然人與法人,即屬民法上之權利能力者,故非法人團體非自然人,亦非有行為能力之法人,而刑事訴訟法復無非法人之團體,設有代表人或管理人者,有當事人能力之規定(民事訴訟法第40條第3項)。故非法人團體縱設有董事或管理人,亦不得提起告訴或自訴。職是,外國公司經認許後,其法律上權利義務,除法律另有規定外,其與中華民國公司相同(公司法第375條)。申言之,原則上外國公司經認許者,始取得與本國公司相同之權利義務,否則在我國不能認係法人,不得提起告訴或自訴。例外情形,係公平交易法第47條、商標法第70條及著作權法第102條有特別規定,外國法人或團體提起告訴或自訴,不以業經認許者為限[32]。

---

[30] 最高法院101年度台上字第910號刑事判決。
[31] 花滿堂,刑法修正後之適用問題論文集,牽連犯、連續犯廢除後之適用問題,2006年,最高法院學術研究會,176頁。
[32] 最高法院96年度台上字第391號刑事判決。

第一項　告　訴

　　犯罪之被害人或與被害人有某種關係之人，向偵查機關申報犯罪事實，請求追訴犯罪事實之意思表示，稱為告訴。提出告訴者僅需有意思能力即可，不必有行為能力。侵害智慧財產之犯罪，依告訴犯罪之性質而分，可分告訴乃論與非告訴乃論等類型[33]。

例題8

　　被專屬授權重製、公開播送、公開上映及出租等權之國內代理商，就國外片商所享有著作財產權之電影或DVD等著作。試問該代理商得否在國內即其授權代理區域內，行使著作權法第100條之告訴權？

壹、告訴主體

　　犯罪之被害人，得為告訴（刑事訴訟法第232條）。所謂犯罪之被害人，指因犯罪行為直接受損害之人。就財產犯罪言，除所有權人為被害人外，即對於該財產事實上有使用監督或管領支配力之人，因他人之犯罪行為，致其使用監督權或管領支配力受侵害者，亦不失為直接被害人，自得依法提出告訴[34]。因著作權、商標權之專屬授權人為告訴權人，在專屬授權範圍內，著作權人或商標權人不得行使權利，自不得提出告訴（著作權法第37條第4項；商標法第39條第5項、第6項）。商標專屬授權雖未向智慧財產局登記，商標權之專屬授權人亦得對商標侵權人提出告訴[35]。

---

[33] 蔡墩銘，刑事訴訟法論，五南圖書出版有限公司，1999年6月，3版2刷，300頁。
[34] 最高法院90年度台非字第97號、92年度台非字第61號、95年度台非字第275號刑事判決。
[35] 司法院，法官辦理智慧財產刑事案件參考手冊，2013年2月，14至15頁。

貳、告訴能力

告訴旨在向有偵查權之人陳報犯罪嫌疑事實，故告訴人應具有意思能力，而告訴之代理人亦應具有權利能力及意思能力。倘代理告訴以書狀為之，應列有告訴權之人為告訴人，並列受告訴人委任之人為代理人，始符代理之法理及告訴行為之程式[36]。告訴乃論之罪，告訴人僅須表示訴究之意思為已足，不以明示其所告訴者為何項罪名為必要。倘告訴人在偵查中已表示提起告訴，雖未明示其所告訴之罪名，然依其所陳述之事實，即無礙於告訴之效力[37]。

參、告訴程序

告訴應以書狀或言詞向檢察官或司法警察官為之；其以言詞為之者，應製作筆錄。為便利言詞告訴，得設置申告鈴（刑事訴訟法第242條第1項）。檢察官或司法警察官實施偵查，發見犯罪事實之全部或一部係告訴乃論之罪而未經告訴者，於被害人或其他得為告訴之人到案陳述時，應訊問其是否告訴，記明筆錄（第2項）。職是，告訴乃論之罪，被害人未向檢察官或司法警察官告訴，在法院審理中，雖可補為告訴，惟應於6個月之告訴期間內，向檢察官或司法警察官為之（刑事訴訟法第237條第1項），檢察官或司法警察官再將該告訴狀或言詞告訴之筆錄補送法院，始得謂為合法告訴。倘被害人不向檢察官或司法警察官提出告訴，而逕向法院表示告訴，即非合法告訴[38]。

---

[36] 最高法院86年度台上字第4411號刑事判決。
[37] 最高法院74年台上字第1281號刑事判決。
[38] 最高法院73年台上字第4314號刑事判決。

肆、告訴不可分

一、主觀不可分

　　告訴乃論之罪，對於共犯之一人告訴者或撤回告訴者，其效力及於其他共犯（刑事訴訟法第239條前段）。此為告訴之主觀不可分原則，其意義在於明示告訴人之告訴不得選擇特定犯人以為追訴之要求，其一經申告某犯罪事實而為處罰之表示時，即屬對該犯罪者追訴之要求，故於告訴時就犯人之特定姓名雖有欠缺，甚者誤指他人，亦不影響告訴之效力[39]。例如，告訴人前於警察局製作警詢筆錄時業已對另案被告乙重製告訴人享有著作權之生肖圖形之犯罪事實提出告訴，而依另案被告乙之供述係其委託本案被告甲繪製生肖圖，告訴人於告訴理由有示被告甲與另案被告乙共同犯罪，要求併對被告乙訴追，且本案檢察官對被告甲提起公訴時，亦認其與另案被告乙係重製生肖圖之共同正犯，依據刑事訴訟法第239條前段規定，告訴人前於警詢中提出告訴之效力，自應及於共犯之被告，而毋須再行告訴[40]。

二、客觀不可分

（一）裁判上一罪之各部分均屬告訴乃論罪

　　所謂告訴客觀不可分原則，係指對於一罪之犯罪事實之一部為告訴者，效力及於全部。其包含單純一罪、實質上一罪及裁判上一罪。例如，被告犯著作權法第91條第2項之意圖銷售或出租而侵害重製罪及第91條之1第2項之惡意侵害散布罪，係侵害同一被害人之著作財產權，裁判上一罪之各部分均屬告訴乃論罪，故被害人就前罪提出告訴時，其效力應及於後罪。

---

[39] 智慧財產法院101年度刑智上易字第103號刑事判決。
[40] 智慧財產法院97年度刑智上訴字第39號刑事判決。

（二）裁判上一罪之各部分為告訴乃論罪與非告訴乃論罪

被害人相同之裁判上一罪，為非告訴乃論罪與告訴乃論罪部分，倘被害人僅對非告訴乃論罪告訴，效力不及告訴乃論部分；反之，對告訴乃論罪告訴，則效力及於非告訴乃論罪。例如，被告販賣行為犯著作權法第91條之1第3項之散布重製光碟罪與同法第91條之1第2項之散布重製物罪，係侵害同一被害人之著作權，被害人僅對前罪部分告訴，效力不及後罪部分；反之，對後罪部分告訴，則效力及於前罪部分[41]。

三、撤回告訴期間

告訴乃論罪，告訴人於第一審辯論終結前，得撤回告訴（刑事訴訟法第238條第1項）。著作權法第92條第1項之擅自以出租之方法侵害他人之著作財產權罪，屬告訴乃論罪，告訴人於第二審法院之本案辯論結後，遞狀撤回本件告訴，其撤回告訴於法不合，本案訴追條件並無欠缺[42]。

伍、告訴乃論之期間

告訴乃論之罪，其告訴應自知悉犯人之時起，於6個月內為之（刑事訴訟法第237條第1項）。所謂知悉者，係指確知犯人之犯罪行為而言，倘初意疑其有此犯行，而未得確實證據，並於發見確實證據，始行告訴，即不得以告訴人前此之遲疑，未經告訴，則謂告訴為逾越法定期間。而6個月之告訴期間，應自得為告訴之人，知悉犯人最後一次行為或行為終了之時起算[43]。例如，被告涉犯著作權法第92條之擅自以公開演出之方法侵害告訴人之著作財產權，其侵害著作財產權之行為，係在密集期間內以相同方式持續進行，而未曾間斷者，該等侵害著作財產權之犯行，具有反覆、延續實行之特徵，其為包括一罪之接續犯，告訴期間之起算日，應自

---

[41] 司法院，法官辦理智慧財產刑事案件參考手冊，2013年2月，25頁。

[42] 智慧財產法院102年度刑智上訴字第6號刑事判決。

[43] 大法官會議釋字第108號解釋；最高法院87年度台上字第2585號刑事判決。

知悉被告最後一次行為起算[44]。

陸、例題解析——告訴權人

一、專屬授權

被授權人在被授權範圍內，得以著作財產權人之地位行使權利，並得以自己名義為訴訟上之行為。著作財產權人在專屬授權範圍內，不得行使權利（著作權法第37條第4項）。著作權之授權利用，有專屬授權與非專屬授權之分。非專屬授權，著作財產權得授權多人利用著作；而專屬授權，則係獨占之許諾，著作財產權人不得再就同一權利授權第三人使用，授權人本人亦不得使用該權利[45]。故專屬授權之被授權人於其被授權之範圍內既獨占利用著作財產權，即其權利之被侵害與原著作財產權人之權利被侵害，並無不同，自係犯罪之直接被害人，而得依法提起告訴或自訴[46]。職是，國內代理商就國外片商所享有著作財產權之電影或DVD等著作，既經專屬授權可在授權區域內重製、公開播送、公開上映及出租等權。故該國內代理商在授權區域及範圍內，享有該著作財產權，故國內代理商應認同時取得授權內之告訴權，其於權利受侵害時，自得為告訴[47]。至於專屬授權契約雖未經向專責機關智慧財產局登記，其亦可對侵權人提出告訴。

二、授與取締侵權行為者

就商標權或著作權之專屬授權者而言，係指授與著作權或商標權之使用或利用。倘僅係授與取締侵權行為之權利者，並非專屬授權者，其非被

---

[44] 智慧財產法院103年度刑智上易字第103號刑事判決。
[45] 林洲富，著作權法案例式，五南圖書出版股份有限公司，2020年6月，5版1刷，136頁。
[46] 最高法院86年度台上字第3612號刑事判決。
[47] 法務部(86)法檢（二）字第1183號函。

害人，自不得以自己名義提出告訴，僅得以告訴代理人地位代為告訴，倘以自己名義提出告訴，其屬非合法告訴，應為不受理判決（刑事訴訟法第303條第3款）[48]。

第二項　自　訴

所謂自訴者，係指自訴人向法院聲請就被告之犯罪，以確定國家對其有無刑罰權之訴。檢察官於審判期日所得為之訴訟行為，於自訴程序，由自訴代理人為之。自訴人未委任代理人，法院應定期間以裁定命其委任代理人；逾期仍不委任者，應諭知不受理之判決（刑事訴訟法第329條）。

例題9

外國非法人團體之商標權人或著作權人，其商標權或著作權在我國遭他人侵害。試問得否就商標法及著作權法所規定之犯罪行為，向法院提起自訴或告訴？

壹、自訴主體

犯罪之被害人得提起自訴，而無行為能力或限制行為能力或死亡者，得由其法定代理人、直系血親或配偶為之（刑事訴訟法第319條第1項）。自訴之提起，應委任律師行之，採強制律師代理，俾於法院審理與被告行使防禦權（第2項）。原則上犯罪事實之一部提起自訴者，他部雖不得自訴，亦以得提起自訴論。例外情形，不得提起自訴部分，係較重之罪，或其第一審屬於高等法院管轄，或第321條之情形者[49]，則不得提起自訴（第3項）。

---

[48] 智慧財產法院99年度刑智上易字第41號刑事判決。

[49] 刑事訴訟法第321條規定：對於直系尊親屬或配偶，不得提起自訴。

一、直接被害人

（一）本 人

犯罪被害人以因犯罪而直接被害之人為限。所謂直接被害人，係指其法益因他人之犯罪而直接被其侵害者，故凡財產法益被侵害時，除其財產之所有權人為直接被害人外，即對於該財產有事實上管領之人，因他人之犯罪行為而其管領權受有侵害者，亦為直接被害人。且被害之是否直接，應以犯罪行為與受侵害之法益有無直接關係為斷，倘就同一客體有二以上之法益同時併存時，其法益為直接犯罪行為所侵害，則兩法益所屬之權利主體均為直接被害人，並不因另有其他之直接被害人而發生影響，即非不得自訴[50]。

（二）被專屬授權人

著作權或商標權之被專屬授權人，有權提起自訴。例如，依授權證明書之內容，甲影片公司授權乙公司在臺灣地區獨家代理該公司著作影碟之重製、出租、銷售及發行等權利，期間自2001年1月1日起至2010年12月31日止，顯見乙公司已取得甲影片公司在臺灣地區之該項著作權專屬授權，因重製、發行等係出版之態樣，而著作人之權利，於契約實行之必要範圍內，移轉於出版人（民法第516條第1項）。民法第516條所指著作權人，其對於侵害人提起訴訟之權，應解為係在其必要範圍內；著作權法所稱之權利人，亦包括享有出版權之出版人在內，無論契約就此有無訂定，出版人均得對於侵害人提起訴訟[51]。職是，著作權之被專屬授權人乙公司有告訴權，倘第三人侵害著作權人甲公司授與專屬授權人之權利，被專屬授權人即為直接被害人，自得提起告訴或自訴[52]。

---

[50] 最高法院42年台非字第18號刑事判決。

[51] 司法院26年院字第1648號解釋。

[52] 最高法院86年度台非字第114號、86年度台非字第208號、86年度台上字第3612號刑事判決。

二、不受理判決

非被害人而提起自訴，其屬不得自訴而自訴，法院應為不受理之判決（刑事訴訟法第319條第1項本文、第334條）。例如，著作權法關於著作權之享有，不採登記或註冊主義，而採創作主義（著作權法第3條第1項第2款、第3款、第10條）。而在著作之原件或其已發行之重製物上，或將著作公開發表時，以通常之方法表示著作人之本名或眾所周知之別名者，推定為該著作之著作人（著作權法第13條第1項）。前開規定，其於著作發行日期、地點之推定，準用之（第2項）。職是，主張著作權被侵害者而提起自訴，除合於推定為著作人之規定外，自應舉證證明其為著作人或著作權人，或由法院依職權調查認定該訴訟條件[53]。倘非著作人或著作權人，其提起自訴，因欠缺訴訟條件，法院應諭知不受理判決。

貳、自訴不可分

自訴應向管轄法院提出自訴狀為之（刑事訴訟法第320條第1項）。自訴狀應記載事項有被告之姓名、性別、年齡、住所或居所，或其他足資辨別之特徵，暨犯罪事實及證據並所犯法條（第2項）。因檢察官就犯罪事實一部起訴者，其效力及於全部，此為公訴不可分，自訴程序準用之（刑事訴訟法第267條、第343條）。例如，行為人盜版之錄影帶之包裝及海報上均印有甲註冊取得「小鹿隊」商標，故行為人於侵害甲之著作權同時，亦有侵害甲之商標權，侵害商標權之部分，甲亦為被害人，應得提起自訴[54]。

參、例題解析——自訴權人

外國法人或團體就本法規定事項得為告訴、自訴或提起民事訴訟，

---

[53] 最高法院86年度台上字第5199號刑事判決。
[54] 最高法院81年度台上字第404號刑事判決。

不以業經認許者爲限（商標法第70條）。未經認許之外國法人，對於第91條至第93條、第95條至第96條之1之罪，得爲告訴或提起自訴（著作權法第102條）。準此，倘外國非法人團體合於商標法第70條或著作權法第102條者，自得就商標法或著作權法所規定之犯罪行爲，以被害人之地位，向法院提起自訴[55]。

第四節　法律變更之適用

刑法前於2005年2月2日經總統以華總一義字第09400014901號令修正公布，並自2006年7月1日施行。基於罪刑法定原則及法律不溯及既往原則，行爲之處罰，以行爲時之法律有明文規定者爲限，必行爲時與行爲後之法律，均有處罰之規定，始有刑法第2條第1項之適用。

例題10

甲自2021年1月1日起至6月30日止，意圖銷售而擅自以重製之方法侵害他人之著作財產權，並以此維生，遭甲侵害著作財產權之權利人提起告訴，經檢察官提起公訴後，經地方法院審理在案。試問告訴人在法院辯論終結前撤回告訴，法院應如何審理？

例題11

甲爲A公司之負責人，明知未經核准，不得擅自製造藥品，且明知美商輝瑞公司之商標圖樣向經濟部智慧財產局申請註冊，取得商標權之商標，用於該生產、販售之威而鋼藥品，現仍在商標權期間內，未經各該商標權

---

[55] 1991年6月7日司法院(80)廳刑一字第667號函，刑事法律問題研究，7輯，278至279頁。

人同意,即不得於同一商品使用相同之註冊商標。詎甲竟基於製造、販賣偽藥、販賣仿冒商標商品、行使偽造準私文書、行使偽造私文書及冒用他人藥物之名稱、仿單或標籤之單一營利犯意,自2021年2月1日起至2021年3月1日查獲日止,製造偽威而鋼偽藥,侵害美商輝瑞公司之商標權,並偽造該藥品之名稱、仿單、標籤等,並以每盒新臺幣300元之代價,販售其所製造上開含有偽造仿單及標籤等之威而鋼偽藥予相關消費者。試問甲有何刑責?理由為何?

壹、從舊從輕原則

一、刑法第2條第1項

　　行為後法律有變更者,適用行為時之法律。但行為後之法律有利於行為人者,適用最有利於行為人之法律(刑法第2條第1項)。申言之,刑法第2條第1項之規定,係規範行為後法律變更所生新舊法律比較適用之準據法。所謂行為後法律有變更者,包括構成要件之變更而有擴張或限縮,或法定刑度之變更。行為後法律有無變更,端視所適用處罰之成罪或科刑條件之實質內容,修正前後法律所定要件有無不同而斷。職是,法律修正而刑罰有實質之更異,致修正後新舊法法定本刑輕重變更,始有比較適用新法或舊法之問題。

二、罪刑之比較事項

　　比較新舊法時,應就罪刑有關之事項。例如,共犯、未遂犯、想像競合犯、牽連犯、連續犯、結合犯,暨累犯加重、自首減輕及其他法定加減原因與加減例等一切情形,綜合全部罪刑之結果而為比較,予以整體適用[56]。例如,商標法第82條之罪於2011年6月29日商標法公布修正後,改

---

[56] 最高法院95年度第8次刑事庭會議決議;最高法院96年度台上字第3773號刑事判決。

列於商標法第97條，其法定刑度均未修正，僅增訂透過電子媒體或網路方式爲之者，刑罰實質未更異，自無比較新舊法之問題，法院應適用現行有效之商標法論處[57]。就從刑部分，依據法律整體適用及從刑附屬主刑原則，適用現行與有效之裁判時法論處，即按商標法第98條規定沒收之[58]。

貳、適用裁判時法

一、新舊法處罰相同

　　法律之修正爲無關要件內容之不同或處罰之輕重，而僅爲文字、文義之修正或原有實務見解、法理之明文化，或僅條次之移列等無關有利或不利於行爲人，非屬該條所指之法律有變更者，自毋庸爲新舊法之比較，而應依一般法律適用原則，適用裁判時法[59]。換言之，新舊法處罰之輕重相同者，並無有利或不利之情形，即無比較之餘地，自應依一般法律適用之原則，適用現行、有效之裁判時法論處。例如，依刑法施行法第1條之1之立法說明，顯見刑法施行法第1條之1第2項增訂後，自無再就「現行法規所定貨幣單位折算新臺幣條例」、「罰金罰鍰提高標準條例」比較新舊法適用之問題[60]。

二、非刑罰法律變更

　　刑法第2條第1項所謂有變更之法律，係指刑罰法律而言，行政法令縱可認爲具有法律同等之效力，然因其並無刑罰之規定，究難解爲刑罰法律，故有事實變更及刑罰法律外之法令變更，均不屬法律變更之範圍。例如，行政院於2007年5月11日以院臺法字第0960018693號公告，將原屬於附表3之第三級毒品特拉嗎寶（Tramadol）改列爲附表4之第四級毒品，

---

[57] 最高法院95年度台上字第5590號刑事判決。
[58] 智慧財產法院102年度刑智上易字第17號刑事判決。
[59] 最高法院95度第21次刑事庭會議決議。
[60] 最高法院96年度台上字第4185號、96年度台上字第4933號刑事判決。

係行政上適應當時情形所為之事實變更,即非刑罰法律有所變更[61]。

三、法院裁判已確定

　　刑法第2條第1項規定,關於新舊法比較適用,係指被告行為後法律有變更,而其所涉犯之案件,法院尚未為裁判者而言,倘法院已裁判確定,即無其適用。準此,數罪併罰,有二裁判以上,而依刑法第51條規定,定其應執行刑時,除裁判確定前犯數罪,其中一罪在新法施行前者外,如各罪於法律變更前均已判決確定,而於法律變更後,始合併定執行刑時,即應依原確定裁判時所適用之法律定其應執行刑。例如,均有易科罰金或易服勞役之情形者,合併定執行刑後,關於易科罰金、易服勞役亦應依原確定裁判所諭知之標準折算,並不生新舊法比較適用問題[62]。

參、例題解析

一、告訴條件之變更

(一)形式判決優先實體判決

　　以犯著作權法第91條、第92條或第93條之罪為常業者,處1年以上7年以下有期徒刑,得併科新臺幣45萬元以下罰金,2006年5月30日修正,7月1日施行前之著作權法第94條定有明文。被告犯罪行為後,因刑法法律之變更,致其規定之犯罪構成要件變更而有擴張或限縮,而其行為同時該當修正前、後法律所定之犯罪構成要件,均應予科處刑罰時,固應依刑法第2條第1項之規定比較適用。然於依行為時之法律規定非屬告訴乃論之罪,而裁判時之法律則規定告訴乃論之情形,其屬犯罪後之法律已廢止其刑罰。倘該刑事案件欠缺合法告訴之訴追條件時,依形式判決優先實體判決之原則,應認有利於被告,依刑事訴訟法第303條第3款規定諭知不受

---

[61] 最高法院97年度台上字第4022號刑事判決。
[62] 最高法院96年度台非字第102號刑事判決。

理之判決，不能僅就新舊法規定之犯罪構成要件及刑度之輕重比較適用是否有利於被告，而置是否告訴乃論之罪，有無合法告訴之訴追條件於不論[63]。

（二）常業犯之刪除

　　甲自2006年1月1日起至6月30日止，意圖銷售而擅自以重製之方法侵害他人之著作財產權，並以此維生，遭甲侵害著作財產權之權利人提起告訴，檢察官為此提起公訴後，經地方法院審理在案。因2006年5月30日修正前之著作權法第100條，固規定犯第94條、第91條第1項之意圖銷售而擅自以重製方法侵害他人著作財產權常業者，其為非告訴乃論罪。惟修正後之著作權法業已刪除第94條常業犯規定，而第91條第1項之罪於修正前、後均為告訴乃論之罪。告訴人業在法院辯論終結前撤回告訴，其已欠缺訴追條件，依刑法第2條第1項之規定比較適用，應以修正後規定有利於被告。職是，本案應諭知公訴不受理之判決[64]。

二、行為後法律有變更

（一）藥事法修正之比較

　　行為後法律有變更者，適用行為時之法律，但行為後之法律有利於行為人者，適用最有利於行為人之法律，現行刑法第2條第1項定有明文。甲2006年2、3月間之多次販賣行為後，藥事法第83條第1項於2006年5月30日修正公布，自2006年7月1日施行。修正前第83條第1條規定：明知為偽藥或禁藥，而販賣、供應、調劑、運送、寄藏、牙保、轉讓或意圖販賣而陳列者，處5年以下有期徒刑，得併科新臺幣10萬元以下罰金。修正後第83條第1項規定：明知為偽藥或禁藥，而販賣、供應、調劑、運送、寄藏、牙保、轉讓或意圖販賣而陳列者，處7年以下有期徒刑，得併科新臺幣500萬元以下罰金。經比較新舊法後，應以修正前之規定，較有利於被

---

[63] 最高法院95年度台上字第6646號刑事判決。
[64] 智慧財產法院97年度刑智上訴字第9號刑事判決。

告，依刑法第2條第1項前段規定，應適用修正前藥事法第83條第1項之規定論處。

（二）新舊刑法比較

刑法部分條文亦業於2005年2月2日修正公布，並自2006年7月1日起施行。該條文係規範行為後法律變更所生新舊法律比較適用之準據法，是刑法第2條第1項本身雖經修正，但無比較新舊法適用之問題，應一律適用裁判時之現行刑法第2條第1項之規定，為從舊從輕之比較。而新舊刑法關於刑之規定，雖採從輕主義，惟比較時仍應就罪刑有關之共犯、未遂犯、想像競合犯、牽連犯、連續犯、結合犯，以及累犯加重、自首減輕暨其他法定加減原因與加減比例等一切情形，綜其全部之結果，而為比較，再適用有利於行為人之法律處斷，而不得一部割裂分別適用不同之新舊法。申言之：

1. 罰金刑比較

藥事法第83條第1項之販賣偽藥罪，其法定本刑有罰金刑部分。修正前刑法第33條第5款規定：罰金1元（銀元）以上。並依現行法規所定貨幣單位折算新臺幣條例規定，以銀元1元折算新臺幣3元，修正後刑法第33條第5款則規定：罰金：新臺幣1,000元以上，以百元計算之。修正後刑法第33條第5款所定罰金刑最低數額，較之修正前提高，自以修正前刑法第33條第5款規定有利於行為人甲。

2. 罪數比較

修正後刑法第56條連續犯之規定業經刪除，此雖非犯罪構成要件之變更，惟顯已影響行為人刑罰之法律效果，自屬法律變更，而修正後之刑法，已無連續犯得論以裁判上一罪之情形，所犯之數罪，應按其具體情形而可能論以數罪併罰，是比較新舊法結果，應適用較有利於被告行為時之法律，即應依修正前刑法第56條論以連續犯。準此，綜合上述各條文修正前、後之比較，以甲之行為時即2006年7月1日修正施行前之刑法，較有利於甲，自應依現行刑法第2條第1項前段規定，適用修正前刑法之相

關規定予以論處[65]。

第五節 鑑 定

刑事訴訟法關於鑑定之規定，除選任自然人充當鑑定人外，另設有囑託機關鑑定制度（刑事訴訟法第198條、第208條）。不論鑑定人或鑑定機關、團體，均應由法院、審判長、受命法官或檢察官視具體個案之需要而為選任、囑託，提出言詞或書面報告，載明鑑定之經過及其結果（刑事訴訟法第206條第1項）。鑑定報告書僅簡略記載鑑定結果而未載明鑑定經過，即與法定記載要件不符，自無證據能力可言。法院應命受囑託機關補正，必要時並得通知實施鑑定之人以言詞報告或說明。否則欠缺法定要件之鑑定報告，難謂具有證據資格。是鑑定報告書未載明其鑑定經過，此種欠缺法定記載要件之鑑定報告並非不可補正，法院不得逕以其欠缺法定記載要件[66]。

例題12

法院選任鑑定人甲就被告所著書籍是否侵害告訴人之著作財產權，法院實施鑑定時，未命鑑定人甲履行具結程序，法院以鑑定人甲所提出之著作權鑑定報告，作為被告無罪之判決基礎。試問其採證是否合法？理由為何？

壹、囑託鑑定

審判長、受命法官或檢察官調查案件有必要時得命鑑定。鑑定人由審

---

[65] 智慧財產法院99年度刑智上更（一）字第2號刑事判決。
[66] 最高法院94年度台上字第330號、94年度台上字第6341號、94年度台上字第6881號、97年度台上字第123號刑事判決。

判長、受命法官或檢察官就鑑定事項有特別知識經驗者,或經政府機關委任有鑑定職務者,選任一人或數人充之(刑事訴訟法第198條)。審判中由審判長、受命法官,或偵查中由檢察官,選任鑑定人所爲鑑定,始有法定鑑定之證據能力。準此,當事人雖提出自行委託專業單位或專家、學者所爲之鑑定報告,惟該鑑定報告並非刑事訴訟法上之鑑定,不具法定鑑定之證據能力,其無傳聞法則例外之適用。

貳、自然人鑑定

鑑定人應於鑑定前具結,其結文內應記載必爲公正誠實之鑑定(刑事訴訟法第202條)。鑑定人於鑑定前未依法具結,無論其所爲鑑定報告內容有無瑕疵,在程序上既欠缺法定要件,即難認爲合法之證據資料,以之爲判決基礎,自屬於法有違[67]。職是,自然人擔任鑑定人時,應於鑑定前具結,始符合刑事訴訟法第159條第1項所定得作爲證據之法律有規定之例外情形。

參、機關鑑定

一、法院或檢察官囑託

法院或檢察官得囑託醫院、學校或其他相當之機關、團體爲鑑定,或審查他人之鑑定。因係由醫院、學校或其他相當之機關、團體爲鑑定(刑事訴訟法第208條第1項)。因非以個人爲鑑定,不準用第202條鑑定前應具結之規定,即勿庸於鑑定前具結。倘須以言詞報告或說明時,因係由個人爲之,該言詞報告或說明之人,自應於報告或說明前具結,始得採爲判決基礎之證據(第2項)。

---

[67] 最高法院30年上字第506號、69年台上字第2701號刑事判決。

二、概括選任

　　基於檢察一體原則，得由該管檢察長對於轄區內之案件，以事前概括選任鑑定人或囑託鑑定機關、團體之方式，俾便轄區內之司法警察官、司法警察對於調查中之此類案件，得即時送請先前已選任之鑑定人或囑託之鑑定機關、團體實施鑑定，以求時效[68]。此由檢察機關概括選任鑑定人或概括囑託鑑定機關、團體，再轉知司法警察官、司法警察於調查犯罪時參考辦理之作為，係為因應現行刑事訴訟法增訂傳聞法則及其例外規定之實務運作而為。準此，由司法警察官、司法警察依檢察長所概括選任之鑑定人或囑託鑑定機關、團體所為之鑑定結果，其與檢察官選任或囑託為鑑定者，同具有證據能力[69]。至於員警就違反著作權法、商標法案件，委託告訴代理人或取締人員鑑定是否為盜版或仿冒商品，並出具鑑定報告書為憑，因非囑託鑑定之性質，倘具為判決之基礎證據，則其採證自有違誤。

肆、例題解析──自然人鑑定之具結義務

　　法院選任鑑定人甲就被告所著書籍是否侵害告訴人之著作財產權，法院實施鑑定時，未命鑑定人甲履行具結程序，鑑定人甲雖提出著作權鑑定報告，惟鑑定人甲在程序上已欠缺法定要件，無論其內容有無瑕疵，均難認為合法之證據資料。職是，法院以鑑定人甲所提出之著作權鑑定報告，作為被告無罪之判決基礎，其採證自屬違法。縱使再請鑑定人甲確認原鑑定內容表示意見，並於鑑定人結文上簽名具結。然該補行具結，實質上屬於鑑定後具結，在程序上與法定要件不符，法院亦不得以鑑定人甲所提出之著作權鑑定報告，作為被告無罪之判決基礎[70]。倘法院審理本案之結果，認為不能證明被告犯罪，應為無罪之諭知，即無應依證據認定之犯罪

---

[68] 法務部2003年9月1日法檢字第0920035083號函。

[69] 最高法院101年度台上字第2779號、100年度台上字第6768號、第3926號刑事判決；智慧財產法院100年度刑智上訴字第34號刑事判決。

[70] 最高法院96年度台上字第3153號、100年度台上字第2980號刑事判決。

事實之存在（刑事訴訟法第154條第2項）。該無罪之判決書僅須記載主文及理由（刑事訴訟法第308條前段）。本案判決理由之論敘，僅須與卷存證據資料相符，且符合經驗法則、論理法則，其所使用之證據不以具有證據能力者為限，即使不具證據能力之傳聞證據，亦得資為彈劾證據使用[71]。

---

[71] 最高法院101年度台上字第116號刑事判決。

第二章

刑　法

目　次

關鍵詞：明知、特別法、集合犯、公務員、商標權、保密條款、告訴
　　　　乃論、吸收關係、想像競合犯

刑法第253條至第255條、第317條及第318條等罪，應向管轄之地方法院爲之。不服地方法院依通常、簡式審判或協商程序所爲之第一審裁判而上訴或抗告之上開刑事案件，由智慧財產及商業法院管轄（智慧財產及商業法院組織法第3條第2款；智慧財產案件審理法第27條）。倘利用利用電腦或其他相關設備犯刑法第316條至318條之罪者，加重其刑至2分之1（刑法第318條之2）。因職務上或業務上有守秘密義務之人，利用電腦或其相關設備爲洩漏行爲，由於洩漏範圍因電腦之大量儲存功能，所造成之損害亦較傳統犯罪爲大，有加重其處罰之必要。本章佐以7則例題，用以探討、分析刑事案件。

第一節　僞造仿造商標商號罪

僞造或仿造他人已登記之商標，繼而使用僞造仿造之商標及圖樣在同一商品或同類商品者，應論以商標法第95條第1款至第3款罪責。而擅用或冒用他人藥物之名稱、仿單或標籤者，依特別法優於普通法之原則，當然排除刑法第253條與商標法95條之適用，藥事法第86條第1項應優先適用。

例題1

甲爲某彩色印刷有限公司之負責人，明知「AAA」商標圖樣，業經A股份有限公司取得商標權，指定使用於音響、耳機及收錄音機等產品上，且係業界及消費大眾所共知，其意圖欺騙他人，並基於概括之犯意聯絡，以「AAA」紙卡樣品，持續印製僞造「AAA」商標之音響耳機用紙卡。試問甲之行爲該當何罪？理由爲何[1]？

---

[1] 臺灣高等法院90年度上易字第748號刑事判決。

壹、構成要件

一、欺騙他人之意圖與偽造仿造之故意

　　所謂偽造商標或商號者，係指基於意圖欺騙他人之主觀犯意，無製作權人擅自摹製他人已登記商標或商號，其外形與真正商標或商標完全相同[2]。所謂仿造商標或商標者，係指行為人基於意圖欺騙他人之主觀犯意，製造類似之商標可使一般人誤認為已登記之真正商標或商號，即成立仿造商標商號罪[3]。

二、偽造仿造已登記之商標或商號

　　所謂已登記商標，係指依商標法規定向經濟部智慧財產局申請註冊，而取得商標權。已登記商號者，係指依商業登記法向營業所在地辦理商業登記之商號[4]。反之，雖意圖欺騙他人而偽造或仿造未登記之商標、商號者，然非本罪行為客體[5]。行為人成立偽造仿造商標商號罪，處2年以下有期徒刑、拘役或科或併科9萬元以下罰金（刑法第253條）。

貳、集合犯

　　刑事法若干犯罪行為態樣，本質上原具有反覆、延續實行之特徵，立法時既予特別歸類，定為犯罪構成要件之行為要素，則行為人基於概括之犯意，在密切接近之一定時、地持續實行之複次行為，倘依社會通念，於客觀上認為符合一個反覆、延續性之行為觀念者，於刑法評價上，其僅成

---

[2] 司法院，法官辦理智慧財產刑事案件參考手冊，2013年2月，479頁。
[3] 最高法院25年上字第7249號刑事判決。
[4] 林山田，刑法各罪論下冊，元照出版公司，2006年11月，2刷，542頁。甘添貴，刑法各論下，三民書局，2010年2月，352頁。褚劍鴻，刑法分則釋論下冊，臺灣商務印書館股份有限公司，2001年2月，811頁。
[5] 司法院院字第1738號解釋謂：仿造第三人商標，出售同一商品，其仿造行為既在他人將該商標依法註冊登記前，自不發生仿造已登記商標之問題。

立一罪，避免重複評價與刑度逾越罪責，學理上稱爲集合犯，其具有職業性、營業性或收集性等具有重複特質之犯罪。例如，經營、從事業務、收集、販賣、製造、散布等行爲[6]。準此，僞造仿造商標商號罪、販賣陳列輸入僞造仿造商標商號之貨物罪、商品爲虛僞標記與販賣商品罪，本質上原具有反覆、延續實行之特徵，在刑法評價上，應屬集合犯。

參、本罪與他罪之關係

一、商標法第95條

　　未得商標權人或團體商標權人同意，爲行銷目的而有下列情形之一，處3年以下有期徒刑、拘役或科或併科新臺幣20萬元以下罰金：（一）於同一商品或服務，使用相同於註冊商標或團體商標之商標者（商標法第95條第1款）；（二）於類似之商品或服務，使用相同於註冊商標或團體商標之商標，有致相關消費者混淆誤認之虞者（商標法第95條第2款）；（三）於同一或類似之商品或服務，使用近似於註冊商標或團體商標之商標，有致相關消費者混淆誤認之虞者（商標法第95條第3款）。僅意圖欺騙他人而僞造或仿造他人已登記之商標或圖樣，未加以使用者，應論以刑法第253條之僞造仿造商標罪[7]。倘進而使用僞造仿造之商標及圖樣在同一商品或同類商品者，商標法第95條第1款至第3款有特別規定，自應論以商標法所規定之罪責[8]。

二、藥事法第86條第1項

　　擅用或冒用他人藥物之名稱、仿單或標籤者，處5年以下有期徒刑、拘役或科或併科新臺幣2,000元以下罰金（藥事法第86條第1項）。因擅用或冒用他人藥物之名稱、仿單或標籤者，藥事法第86條第1項已定有處罰

---

[6] 最高法院95年度台上字第1079號刑事判決。
[7] 智慧財產法院97年度刑智上訴字第12號刑事判決。
[8] 最高法院72年度台上字第4672號、86年度台上字第5510號刑事判決。

明文，依特別法優於普通法之原則，當然排除刑法第253條與商標法第95條之適用[9]。準此，藥事法第86條第1項規定爲本罪之特別規定，應優先適用。

肆、例題解析

一、包括一罪

所謂集合犯者，係指犯罪行爲態樣，本質上具有反覆、延續實行之特徵，故行爲人基於概括之犯意，在密切接近之一定時、地持續實行之複次行爲，倘依社會通念，其於客觀上認爲符合一個反覆、延續性之行爲觀念者，在刑法評價上僅成立一罪，俾免有重複評價、刑度逾罪責與不法內涵之疑慮。是有職業性、營業性或收集性等具有重複特質之犯罪均屬之。諸如經營、從事業務、收集、販賣、製造及散布等行爲。易簡言之，集合犯係集合多數犯罪行爲而成立之獨立犯罪型態，其反覆之數行爲間，不適用想像競合犯[10]。

二、偽造商標罪

甲基於意圖欺騙他人之概括犯意，持續印製僞造A公司所有「AAA」商標之耳機用紙卡，其具有職業性與營業性，在密切接近之一定時、地持續實行之複次行爲，顯係出於反覆、延續單一犯罪行爲決意，應僅成立僞造商標罪之集合犯一罪（刑法第253條）。再者，甲印製僞造「AAA」商標之音響耳機用紙卡，係供犯罪所用，其屬於甲所有，得沒收之（刑法第38條第1項第2款）。

---

[9] 最高法院99年度台上字第5558號刑事判決。

[10] 最高法院90年度第8次刑事庭會議決議；最高法院95年度台上字第1079號、第3292號、第4686號刑事判決。

第二節　販賣陳列輸入僞造仿造商標商號之貨物罪

　　刑法第254條之行為分為販賣、意圖販賣而陳列及自外國輸入等態樣，有其一者，即可成立本罪。倘同時具有其中二種以上行為態樣，則互相吸收，僅成立一罪[11]。審酌販賣、意圖販賣而陳列及自外國輸入之行為與危害態樣，犯罪情節重者吸收輕者，本文認販賣最重，意圖販賣而陳列次之，自外國輸入最輕。

例題2

　　甲為A男飾名店之負責人，明知乙所自行加工及販售男士休閒服，其上暨所懸掛假冒日商櫻花股份有限公司（下稱櫻花公司）名義製作之吊牌、材質及品質說明書上標示有商標圖樣，係屬意圖欺騙他人而於同一商品本身及其說明書等文件，使用並附加相同於他人註冊商標圖樣及就原產國虛偽標記為「日本製」仿冒品，竟基於概括犯意陸續買入各式男性休閒服，再持續轉售予不特定顧客從中牟利。試問甲之行為有何罪責？理由為何？

壹、構成要件

一、直接故意之犯意

　　明知為偽造或仿造之商標、商號之貨物而販賣，或意圖販賣而陳列，或自外國輸入者，成立販賣陳列輸入偽造仿造商標商號之貨物罪，處6萬元以下罰金（刑法第254條）。所謂明知者，係指刑法第13條第1項之直接故意而言，倘出於間接故意、過失或不知為偽造或仿造者，均不予處罰。

---

[11] 褚劍鴻，刑法分則釋論下冊，臺灣商務印書館股份有限公司，2001年2月，817頁。

二、陳列行為之態樣

陳列行為除應具備陳列故意外，亦須出於販賣之不法意圖，而將貨物陳列展示於他人可得選購之處[12]。因陳列行為本具有延續性，係繼續犯之一種，故同一產品之陳列，無論行為時期之延長如何，當然構成一罪。僅於陸續購入不同產品陳列之情形下，始有集合犯之可言。

貳、本罪與他罪之關係

一、商標法第97條

明知他人所為之前2條商品而販賣，或意圖販賣而持有、陳列、輸出或輸入者，處1年以下有期徒刑、拘役或科或併科新臺幣5萬元以下罰金；透過電子媒體或網路方式為之者，亦同（商標法第97條）。商標法第97條為刑法第254條之特別規定，依特別法優於普通法之法規競合原理，自應優先適用商標法第97條規定[13]。

二、藥事法第86條第2項

擅用或冒用他人藥物之名稱、仿單或標籤者，處5年以下有期徒刑、拘役或科或併科新臺幣1,000萬元以下罰金（藥事法第86條第1項）。明知為前項之藥物而輸入、販賣、供應、調劑、運送、寄藏、牙保、轉讓或意圖販賣而陳列者，處2年以下有期徒刑、拘役或科或併科新臺幣1千萬元以下罰金（第2項）。擅用或冒用他人藥物之名稱、仿單或標籤者，依特別法優於普通法之原則，適用藥事法第86條第1項規定，排除刑法第253條及商標法第95條之適用[14]。同理，藥事法第86條第2項定有處罰明文，依特別法優於普通法之原則，亦排除刑法第254條及商標法第97條之適

---

[12] 林山田，刑法各罪論下冊，元照出版公司，2006年11月，2刷，544頁。
[13] 智慧財產法院100年度刑智上訴字第79號刑事判決。
[14] 最高法院99年度台上字第5558號刑事判決。

用[15]，應優先適用藥事法第86條第2項規定。

三、僞造文書罪

僞造或仿造他人已登記之商標，同時僞造仿單附於僞冒之商品內行使之行爲，倘僞造他人商品之仿單，附加有僞造或仿造商標圖樣者，關於附加僞造或仿造之商標圖樣部分，依刑法第253條處罰。關於仿單之文字部分，即屬僞造私文書。例如，明知係僞造或仿造之商標商號之貨物，並僞造「正」字標記之準公文書及私文書之仿單附於僞冒之商品內而販賣，自有刑法第216條、第220條、第210條、第211條及第254條之適用，其爲一行爲觸犯數罪名，依想像競合犯從一重之行使僞造公文書罪處斷[16]。

參、例題解析

一、犯罪事實

甲明知其所批購之服飾係乙自行製售之仿冒品，應知悉該服飾之產地並非來自日本，且其來源與該品牌服飾之日本總經銷商櫻花公司無涉，即不可能取得該公司名義使用之授權，故甲經其檢視、查看之後，並決意批購時，就該服飾上懸掛之吊牌及材質說明書均記載「日本製」，係屬就商品之原產國爲虛僞之標記，且使用櫻花公司名義所出具之各項吊牌及說明書，均係假冒該公司名義所僞作而成之文書。甲嗣於銷售仿冒品之同時，將其上所懸掛冒名櫻花公司所僞作之吊牌、材質及品質說明書等文件，一併持交顧客而行使之，將使顧客誤認東洋公司有經銷仿冒品，因而足生損害於櫻花公司之商譽。

---

[15] 智慧財產法院101年度刑智上訴字第4號刑事判決。
[16] 最高法院72年度台上字第3394號刑事判決。

二、想像競合犯

甲販賣仿冒服飾之行為，係犯商標法第97條販賣仿冒商標商品罪。而甲明知該服飾係就原產國為虛偽標記之商品而仍予販賣部分，核犯刑法第254條之販賣虛偽標記商品罪。甲每次銷售之際，並將衣服上所懸掛假冒櫻花公司名義偽作之吊牌、材質及品質說明書等文件一併持交顧客而行使之，足生損害於該公司部分，則犯刑法第216條、第210條之行使偽造私文書罪。甲每次均同時行使以櫻花公司義偽作之數種文書，係基於單一犯意為之，且僅侵害以櫻花公司名義所製作文書之公共信用性，此單一社會法益，自僅構成單純一罪。職是，甲基於概括之犯意，持續實行販賣仿冒商標商品、販賣虛偽標記商品、行使偽造私文書等犯行，其具有職業性與營業性，在密切接近之一定時、地持續實行之複次行為，顯係出於反覆、延續單一犯罪行為決意。因上揭三罪，係以一行為同時同地為之，應依想像競合犯之規定，從一重以行使偽造私文書罪處斷[17]。而侵害商標權之仿冒商品，不問是否屬於甲所有，應沒收之（商標法第98條）。

第三節　商品為虛偽標記與販賣商品罪

刑法第255條第2項之明知為不實標記商品而販賣罪，罪質上本含有詐欺之性質，要無另論以詐欺罪之餘地[18]。而販賣仿冒商標物品罪、販賣虛偽標記物品罪，本包含詐欺之性質，因犯罪之情狀較為特殊，始有單獨處罰之規定，此乃基於立法之考量，倘僅單純販賣上開物品，而無另行施用詐術之行為，即無再論以刑法第339條詐欺罪之餘地[19]。惟有認為兩罪

---

[17] 臺灣桃園地方法院89年度易字第603號刑事判決。

[18] 臺灣高等法院臺中分院99年度上訴字第1981號刑事判決。

[19] 臺灣高等法院臺中分院97年度上訴字第1099號、96年度上訴字第2850號、100年度上訴字第1470號刑事判決；智慧財產法院99年度刑智上更（一）字第28號刑事判決。

之構成要件與保護之法益均不同，應依想像競合犯之規定，而從一重之詐欺取財罪處斷[20]。

例題3

> 甲為A服飾公司總經理，負責A公司服飾之採購、行銷及各門市專櫃業務之營運管理。其明知A公司所採購之服飾為大陸地區所生產，且車縫在服飾上之「MADE IN CHINA」標籤已被剪下，另行縫上「MADE IN TAIWAN」標籤，基於欺騙相關消費者而販賣之意圖，竟將上開虛偽標記原產地之服飾，陳列在百貨專櫃銷售。試問甲之行為有何罪責？理由為何？

例題4

> 甲基於意圖欺騙他人之概括犯意，明知「Country」商標圖樣，業經日商松柏電器產業株式會社（下稱日商松柏會社）依法向經濟部智慧財產局申請註冊取得商標權，指定使用於開關、插座、配線器蓋板及配線器蓋板框等商品。甲復明知臺灣松竹電材股份有限公司（下稱松竹公司）之配線用插接器、室內用小型開關，業經向經濟部標準檢驗局申請取得國內市場商品檢驗合格登記標誌，竟未經日商松下會社之授權，將打印有「Country」商標之模具，製造仿冒商標之開關、插座等半成品。甲基於販賣意圖之意思，將該半成品運回組裝，並黏貼偽造之經濟部標準檢驗局「合格標識」標籤，暨偽造印製松竹公司向經濟部標準檢驗局申請核准之國內市場商品檢驗登記證號標識、日本國公業標準標記JIS、「Made in Japan」之虛偽標示、「Country」等商標，同時印製外包裝盒，其上除印有上開註冊商標外，另印有商品說明文字、編號、圖畫等足以表示一定用意之證明，而將該等仿冒之商品出售予不特定人而予以行使。試問甲之行為，應成立何罪[21]？

---

[20] 智慧財產法院97年度刑智上易字第75號、100年度刑智上訴字第17號刑事判決。

[21] 智慧財產法院99年度刑智上更（三）8號刑事判決；最高法院100年度台上字第3102號刑事判決。

壹、構成要件

一、虛僞標記商品罪

意圖欺騙他人，而就商品之原產國或品質，爲虛僞之標記或其他表示者，成立對商品爲虛僞標記罪，處1年以下有期徒刑、拘役或3萬元以下罰金，此成立對商品爲虛僞標記（刑法第255條第1項）。所謂原產國者，係指商品原來生產或製造之國家[22]。所謂品質者，係指商品之質料，包括製造之原料、所含之成分及製造所使用之技術等項。所謂爲虛僞之標記或其他表示者，係就商品之原產國或品質爲不實標記或表示。

二、販賣虛僞標記商品罪

明知爲前項商品而販賣，或意圖販賣而陳列，或自外國輸入者，亦同，此成立販賣陳列輸入商品罪（刑法第255條第2項）。本罪行爲態樣分爲販賣、意圖販賣而陳列及自外國輸入，有其中之一，即可成立。所謂明知者，行爲人主觀應有刑法第13條第1項之直接故意。行爲人基於販賣意圖之意思，先對商品爲虛僞標記，繼而販賣或意圖販賣而陳列該虛僞標記之商品，應依刑法第55條規定之想像競合犯，從較重之對商品爲虛僞標記罪處斷（刑法第255條第1項）。或者認爲販賣虛僞標記商品爲虛僞標記商品之高度行爲所吸收，不另論罪[23]。

三、即成犯

刑事訴訟法第5條前段規定之犯罪地認定，固包含行爲地與結果地，惟行爲地及結果地之判斷，不可逕以查獲地爲準，仍須就其所涉犯之犯罪

---

[22] 林山田，刑法各罪論下冊，元照出版公司，2006年11月，2刷，545頁。智慧財產法院100年度刑智上易字第129號刑事判決。

[23] 智慧財產法院100年度刑智上訴字第35號、100年度刑智上更（二）字第10號、98年度刑智上更（二）字第14號刑事判決；臺灣高等法院臺中分院99年度上訴字第1981號、98年度重上更（一）字第135號刑事判決。

事實爲斷[24]。本案公訴人上訴意旨雖認本案查獲地點，係址設於基隆市之A公司，其負責人爲本案被告，其住居所在新北市，故臺灣基隆地方法有管轄權云云。然犯刑法第255條第1項虛僞標記商品罪，虛僞標記行爲係即成犯，一經虛僞標記即完成，嗣後屬虛僞標記狀態之持續。被告係委託位於大陸地區福建省廈門市廠商爲扣案商品之生產，並標記臺灣製造，而虛僞標記商品之犯罪行爲，故本案被告所爲虛僞標記商品行爲之犯罪地，係大陸地區福建省廈門市，不能認查獲地點爲犯罪地或結果地，應由臺灣新北地方法院管轄（刑事訴訟法第5條中段）[25]。

貳、本罪與他罪之關係

一、商標法第97條

虛僞標示商品之原產國行爲，應成立刑法第255條第1項之虛僞標記罪，其販賣仿冒商標之商品行爲，依特別法優先普通法適用原則，應成立商標法第97條之販賣仿冒商標商品罪。其中意圖販賣而陳列仿冒商標商品行爲，應爲其高度之販賣行爲所吸收，不另予論罪。所犯虛僞標記罪與販買仿冒商標商品罪，兩者間有想像競合之關係，應從一較重之販賣仿冒商標商品罪處斷。職是，檢察官雖未就虛僞標記部分記載於犯罪事實，然此部分應爲已起訴之販賣仿冒商標商品部分效力所及，法院自得併予審究[26]。

二、僞造公文書罪

行爲人就臺灣菸酒公司所用吸管之原產國爲僞造之標記，並僞造檢定機關表示檢定合格之「同」字圖，印於吸管上，該圖印依刑法第220條規定，係屬以公文書論之一種，應構成一行爲而觸犯同法第255條第1項、

---

[24] 最高法院87年度台非字第310號刑事判決。
[25] 智慧財產法院106年度刑智上易字第1號刑事判決。
[26] 臺灣高等法院85年度上易字第7190號刑事判決。

第211條，偽造後持往投標，即已達行使之程度，依據想像競合之關係，應從一重之行使偽造公文書罪處斷[27]，

三、詐欺罪

被告明知薄荷葉不可食用，竟在潤喉茶包外包裝上黏貼「品名：500舒爽潤喉A17，主要原料：羅漢果、枇杷葉、薄荷，茶包產地：臺灣，營養標示等」標籤，意圖欺騙如附表一所示之下游加盟店家，誤以為潤喉茶包均為可食用之原料，就商品之不可食用品質，而於潤喉茶包為虛偽之標記。準此，被告行為應構成販賣虛偽標記商品罪。刑法第255條之罪，本含有詐欺性質，為同法第339條詐欺罪之特別規定，應優先適用，自不再論以詐欺罪責[28]。

參、例題解析

一、意圖販賣而陳列虛偽標記原產地之商品罪

甲為A服飾公司總經理，其明知A公司所採購之服飾為大陸地區所生產，且車縫在服飾上之「MADE IN CHINA」標籤已被剪下，另行縫上「MADE IN TAIWAN」之標籤，其基於欺騙相關消費者而販賣之意圖，竟將上開虛偽標記原產地之服飾，陳列在百貨專櫃銷售。核甲之所為，係犯刑法第255條第2項之意圖販賣而陳列虛偽標記原產地之商品罪。

二、集合犯

（一）公文書與私文書

經濟部標準檢驗局印製之合格標識標籤，既係經濟部商品檢驗局之公務員，依法在其職務上製作之文書，為表明該商品業經該局檢驗合格之證

---

[27] 最高法院46年台上字第705號刑事判決。
[28] 智慧財產法院107年度刑智上訴字第32號刑事判決。

明文件，應屬刑法第211條之公文書。至「正字標記」係廠商申請經濟部所設專責機關標準檢驗局准許使用，標示於產品，或其包裝、容器或送貨單上，用以表示產品品質符合國家標準，暨工廠品質管理系統符合國際規範用意之證明，性質上為刑法第220條第1項之準私文書。本件商品編號、條碼、圖畫及JIS均足以表示一定用意之證明，依刑法第220條第1項規定，應以準文書論。

（二）想像競合犯

1. 罪　名

本件半成品上記載「Made in Japan」標記，係就商品之原產國為虛偽之標記，應論以刑法第255條第1項之對商品為虛偽標記罪，故該販賣行為，為刑法第255條第2項之販賣有虛偽標記之商品罪。而商標法第95條第1款使用相同註冊商標罪，其所稱使用之概念涵括販賣之行為在內，故無須再論以同法第97條販賣仿冒商標商品罪。準此，甲所為係犯商標法第95條第1款之未經商標權人同意於同一商品使用相同之註冊商標、刑法第216條、第220條第1項、第210條之行使偽造準私文書及刑法第216條、第211條之行使偽造公文書、第255條第1項對商品為虛偽標記罪、第255條第2項販賣有虛偽標記之商品罪。

2. 一行為觸犯數罪名

甲所犯刑法第255條第1項對商品為虛偽標記罪與第255條第2項販賣有虛偽標記之商品罪間，係一行為而觸犯數罪名者，應依刑法第55條規定之想像競合犯，從一情節較重之前者處斷。因甲基於概括之犯意，持續實行未經商標權人同意於同一商品使用相同之註冊商標、對商品為虛偽標記、行使偽造準私文書、公文書等犯行，其具有職業性與營業性，在密切接近之一定時、地持續實行之複次行為，顯係出於反覆、延續單一犯罪行為決意。準此，甲所犯商標法第95條第1款於同一商品使用相同之註冊商標罪、刑法第216條、第220條第1項、第210條之行使偽造準私文書罪、刑法第216條、第211條之行使偽造公文書罪、第255條第1項對商品為虛

僞標記罪間，係一行爲所犯，應依刑法第55條規定，從一重之刑法第216
條、第211條行使僞造公文書罪論處[29]。而侵害商標權之仿冒商品，不問
是否屬於甲所有，應沒收之（商標法第98條）。

第四節　洩漏業務上知悉工商秘密罪

　　我國刑法針對不法侵害秘密之行爲，依據被侵害秘密之類型，分爲國
防、公務秘密及人民私領域秘密。其中關於侵害人民私領域內秘密法益之
罪章，規定於刑法第二十八章妨害秘密罪章之第315條至第319條，利用
電腦或其相關設備犯第316條至第318條之罪者，加重其刑至2分之1（刑
法第318條之2）。參諸營業秘密應具備秘密性、價值性與合理保護措施
等要件，故工商秘密與營業秘密並非相同之概念，應爲不同之法規範[30]。

例題5

　　甲原任職A公司擔任產品行銷部經理，並於到職日簽署網際公司員工保
密條款，約定於受僱期間，因利用A公司之設備、資源或因職務關係，直接
或者間接收受、接觸、知悉、構思、創作或開發之資料及資訊，或標示密
字或其他類似文字或經宣示爲機密者，不論其是否以書面爲之，是否已完
成，亦不問是否可申請、登記專利權或其他智慧財產權等，非經A公司同意
或依職務之正常行使，不得交付、告知、移轉或以任何方式洩漏予第三人
或對外發表，亦不得爲自己或第三人利用或使用之，離職後亦同。甲嗣後
自A公司離職後，至與A公司營業性質相近之B公司擔任產品行銷部、客戶
服務部協理兼董事之職務，甲將其於A公司取得之客戶資料，其含客戶公司
名稱、地址、採購人員姓名等工商秘密，無故洩漏予B公司，並將上開客戶

---

[29] 最高法院69年度台上字第1756號刑事判決。
[30] 智慧財產法院100年度刑智上訴字第14號刑事判決。

資料連同其他客戶資料以電腦檔案儲存於磁碟或光碟片之方式，交由配合之郵遞公司列印後，黏貼在B公司出版之商品廣告目錄上，以寄發給各客戶之總務或採購人員。試問甲洩露A公司客戶資料之行為，有何刑責？

壹、構成要件

一、依法令或契約有守因業務知悉或持有工商秘密之義務

　　依法令或契約有守因業務知悉或持有工商秘密之義務，而無故洩漏之者，處1年以下有期徒刑、拘役或3萬元以下罰金（刑法第317條）。其處罰之行為人係依法令或契約有守因業務知悉或持有工商秘密之義務者，犯罪行為樣態限於無故洩漏營業秘密，故無法規範產業間諜或經濟間諜之行為，其為告訴乃論之罪（刑法第319條）。所謂工商秘密者，係指工業上或商業上之秘密事實、事項、物品或資料，而非公開者而言，其重在經濟效益之保護[31]。例如，上市公司董事長就公司基於商業競爭應守秘密之海外設廠情事，在公司股東會召集前洩漏予第三人，以作為炒作該公司股票之用，該董事長涉犯刑法第317條之罪責。

二、營業秘密之要件

　　營業秘密之保護客體，係指方法、技術、製程、配方、程式、設計或其他可用於生產、銷售或經營之資訊，而符合秘密性、經濟價值及保密措施等要件（營業秘密法第2條）[32]。營業秘密之類型可分技術機密與商業機密兩種類型，前者為研究設計、發明、製造之專業技術；後者為涉及商

---

[31] 臺灣高等法院78年度上易字第2046號、100年度上易字第1400號刑事判決；智慧財產法院98年度刑智上更（一）字第21號刑事判決。

[32] 智慧財產案件審理法第2條規定，本法所稱營業秘密，係指營業秘密法第2條所定之營業秘密。刑法第317條、第318條所稱之工商秘密亦包括在內。

業經營之相關資料[33]。營業秘密之保護要件有秘密性、經濟價值及保密措施。當營業秘密所有人主張其營業秘密遭第三人侵害時而請求損害賠償，通常應證明其已盡合理保護措施之事實。

（一）秘密性

所謂秘密性或新穎性，係指非一般涉及該類資訊之人士所知悉之資訊（營業秘密法第2條第1款）。是屬於產業間可輕易取得之資訊，則非營業秘密之標的[34]。秘密性之判斷，係採業界標準，除一般公眾所不知者外，亦應相關專業領域中之人亦不知悉，倘為普遍共知或可輕易得知者，則不具秘密性要件。

（二）經濟價值

所謂經濟價值者，係指技術或資訊有秘密性，且具備實際或潛在之經濟價值者，始有保護之必要性（營業秘密法第2條第2款）。準此，營業秘密之保護範圍，包括及實際及潛在之經濟價值。故尚在研發而未能量產之技術或相關資訊，其具有潛在之經濟價值，亦受營業秘密法之保護，不論是否得以獲利。申言之，持有營業秘密之企業較未持有該營業秘密之競爭者，具有競爭優勢或利基者。就競爭者而言，取得其他競爭者之營業秘密，得節省學習時間或減少錯誤，提升生產效率，即具有財產價值，縱使試驗失敗之資訊，亦具有潛在之經濟價值。

（三）保密措施者

所謂保密措施者，係指營業秘密所有人已採取合理之保密措施者。詳言之，營業秘密涵蓋範圍甚廣，取得法律保護之方式，並非難事，倘營業秘密所有人不盡合理之保密措施，使第三人得輕易取得，法律自無保護其權利之必要性。故企業資訊為該產業從業人員所普遍知悉之知識，縱使企

---

[33] 曾勝珍，營業秘密法，五南圖書出版股份有限公司，2009年3月，33頁。

[34] 技術已公開發表、產品已於國內外大量生產製造、僅為製造流程之一般性資料、一般原理敘述、已有型錄詳細介紹、已對外發表之著作或公開使用、同業所週知之事實、抄襲外國廠商目錄等，均非營業秘密之範圍。

業主將其視爲秘密，並採取相當措施加以保護，其不得因而取得營業秘密權[35]。至於資料蒐集是否困難或複雜與否，並非營業秘密之要件。判斷是否已達合理保密措施之程度，應在具體個案中，視該營業秘密之種類、事業實際經營及社會通念而定之[36]。

貳、本罪與他罪之關係

一、刑法第316條

本罪與刑法第316條洩漏業務秘密罪之保護法益，均爲個人秘密之安全，兩罪間具有保護法益之同一性，有認爲本罪爲特別規定，洩漏業務秘密罪爲一般規定，成立法條競合時，優先適用特別規定之本罪[37]。

二、刑法第342條

刑法上之背信罪爲一般違背任務之犯罪，而同法之侵占罪，則專指持有他人所有物，以不法領得之意思，變更持有爲所有，侵占入己者而言，故違背任務行爲，倘係將其持有之他人所有物，意圖不法領得，據爲己有，自應論以侵占罪以此觀之，刑法第317條洩漏業務上持有工商秘密罪含有違背任務之性質，故行爲人之行爲係無故洩漏業務上持有工商秘密，應論以刑法第317條之罪，而無另論以背信罪之餘地[38]。有認本罪之保護法益爲個人之秘密安全，而背信罪之保護法益則爲個人財產之安全，兩罪

---

[35] 臺灣高等法院86年度勞上字39號民事判決：不動產所有人之資料，一般人均得輕易自地政機關取得，故該資料缺乏營業秘密之特質。

[36] 林洲富，營業秘密與競業禁止案例式，五南圖書出版股份有限公司，2018年8月，13至21頁。

[37] 褚劍鴻，刑法分則釋論下冊，臺灣商務印書館股份有限公司，2001年2月，1101頁。

[38] 最高法院85年度台上字第1316號刑事判決；臺灣高等法院98年度上易字第1586號刑事判決。

保護法益不具同一性,係一行爲觸犯數罪名,屬想像競合犯[39]。

參、例題解析

一、保密契約

　　事業主爲保護其事業智慧財產權及營業秘密,會有要求員工簽署保密條款之必要性,在僱傭契約載明:本人承諾在受僱於公司期間及自公司離職後,均會將機密資訊嚴加保密,且不會爲本人或第三人之利益,而使用該項機密資訊或將之洩漏獲以任何方式使第三人知悉。員工既已簽署該僱傭契約書,應爲刑法上依契約負有保密義務之人,員工爲刑法上依契約應守保密義務之人,無故洩漏工商秘密,即該當刑法第317條之罪責[40]。倘工商秘密符合營業秘密之要件,應成立想競合犯,論以持有營業秘密,未經授權而營業秘密罪(營業秘密法第13條之1第1項第2款)。

二、利用電腦洩漏業務上知悉工商秘密罪

　　所謂工商秘密者,係指工業或商業上之發明或經營計畫具有 不公開之性質,A公司所擁有之客戶資料,其爲A公司商業經營計畫具有不公開之性質有實際或潛在之經濟價值等特性,且A公司已採取要求甲簽署員工保密條款之保密措施,是客戶資料自屬工商秘密。甲與A公司所締結之契約即員工保密條款,具有保守此工商秘密之義務,甲將該工商秘密洩漏予B公司牟利,而違背保密之義務,自有犯罪故意,核甲所爲,係犯刑法第317條之洩漏工商秘密罪,甲係以電腦或其相關設備而犯之,依同法第318條之2規定,成立利用電腦洩漏業務上知悉工商秘密罪,應加重其刑至2分之1[41]。因該工商秘密符合營業秘密之要件,應成立想競合犯,論以

---

[39] 臺灣高等法院98年度上易字第866號刑事判決;臺灣高等法院臺中分院100年度上易字第294號刑事判決。

[40] 臺灣高等法院90年度上易字第1527號、94年度上易字第1806號刑事判決。

[41] 臺灣高等法院94年度上易字第580號刑事判決。

持有營業秘密，未經授權而營業秘密罪（營業秘密法第13條之1第1項第2款）。

第五節　洩漏職務上知悉工商秘密罪

本罪行為主體限於公務員或曾任公務員之人，此為本罪與刑法第317條之洩漏業務上知悉工商秘密罪之主要區別。例如，稅捐稽徵人員對於納稅義務人之財產、所得、營業及納稅等資料，除對特定人員及機關外，應絕對保守秘密，違者應予處分；觸犯刑法者，並應移送法院論罪（稅捐稽徵法第33條）。同理，專利專責機關職員及專利審查人員對職務上知悉或持有關於專利之發明、新型或設計，或申請人事業上之秘密，有保密之義務，倘有違反者，應負相關法律責任（專利法第15條第2項）。

例題6

　　甲擔任T市政府都市發展局技佐，負責T市農業區土地使用審查業務，適丙欲在農業區籌建加油站，而依加油站設置管理規則，加油站之籌建應先取得土地可供作加油站使用證明後，始可向主管單位提出籌建申請。乙檢具相關資料，向T市政府都發局掛號申請設立加油站之土地使用證明，由甲受理，甲擅將職務上所持有乙之申請資料，交與在T市覓地建設加油站之丙閱覽，致丙得於短期內趕辦所需地籍謄本等資料，並向T市政府都發局提出設立加油站之使用證明，甲亦優先審查丙所提出之申請案，導致丙先取得使用證明，進而向T市政府建設局提出籌建許可，乙之申請案因500公尺內已有其他加油站之申請設置，而無法獲得設置許可。試問甲將乙之申請資料交付丙閱覽，有何刑責？

壹、構成要件

一、身分犯

公務員或曾任公務員之人，無故洩漏因職務知悉或持有他人之工商秘密者，處2年以下有期徒刑、拘役或6萬元以下罰金。其屬身分犯之性質，犯罪行為樣態亦限於無故洩漏營業秘密者（刑法第318條），其為告訴乃論之罪（刑法第319條）。洩漏職務上知悉工商秘密罪之成立，須公務員或曾任公務員之人，無故洩漏因職務知悉或持有他人之工商秘密者，始足當之；故必須行為人有積極洩密行為，且所洩漏之秘密係屬工商秘密，始為該當。準此，行為人未有積極之洩漏行為，或其所謂秘密非屬之工商秘密，即難遽以妨害秘密罪相繩[42]。

二、阻卻違法事由

以公務員或曾為公務員之人為證人，而就其職務上應守秘密之事項訊問者，應得該管監督機關或公務員之允許（刑事訴訟法第179條第1項）。前項允許，除有妨害國家之利益者外，不得拒絕（第2項）。準此，除有妨害國家之利益者，而未得該管監督機關或公務員允許之情形外，公務員或曾為公務員之人，自無拒絕證言權，其就職務上所知悉或持有之工商秘密，予以洩漏，並非無故，具有阻卻違法事由。

貳、本罪與他罪之關係

刑法第132條第1項公務員洩漏國防以外應秘密之文書罪規定於瀆職罪章，屬侵害國家法益之犯罪，其不法內涵在於公務員對其守密義務之違背，暨此等守密義務之違背所造成之對於公共利益之損害。所謂應秘密之者，係指文書、圖書、消息或物品，與國家政務或事務上具有利害影響者而言。例如，個人之車籍、戶籍、口卡、前科、通緝、勞保等資料及入出

---

[42] 臺灣高等法院84年度上易字第6433號刑事判決。

境紀錄，或涉個人隱私，或攸關國家之政務或事務，均屬應秘密之資料，公務員自有保守秘密之義務，其範圍與工商秘密不同[43]。因本罪規定於刑法妨害秘密罪章，為告訴乃論之罪，係針對工商秘密之保護，故兩罪所侵害之法益不具同一性，應依具體個案情形成立想像競合犯或數罪併罰。

參、例題解析

一、工商秘密

　　刑法第318條妨害秘密罪，以行為人有積極洩密行為，且所洩漏之秘密係屬工商秘密為要件。所謂工商秘密，係指工業或商業上之發明或經營計畫具有不公開之性質。因加油站設置管理規則規定同一直轄市、縣、市內，與同一路線系統之道路同側既有或先申請之加油站入口臨街面地界，至少應有500公尺以上之距離。是在某一地區經營加油站，自有其地域優先性，而此優先涉及土地承租租金與設計規劃費用支出，此經營計畫自非公開訊息，自屬工商秘密。乙之加油站申請案位置與丙申請之加油站位置，兩者相距在500公尺內，足見兩案具有競爭關係，其申請先後順序關係商業利益甚鉅，是否已提出申請，暨申請內容，依競爭關係而言，自屬營業秘密事項。職是，應成立想像競合犯，論以持有營業秘密，未經授權而洩漏營業秘密罪（營業秘密法第13條之1第1項第2款）。

二、故意洩漏因職務持有之工商秘密

　　甲擔任T市政府都市發展局技佐，負責T市農業區土地使用審查業務，係依據法令從事公務之人員，甲職務上持有乙提出加油站申請案，明知競爭者間有相關利害關係，竟將行政機關尚未作成意思決定之人民申請書內容提供予申請設立加油站之同行丙知悉，使丙瞭解申請書之內容，致

---

[43] 最高法院57年度台上字第946號、88年度台上字第923號、91年度台上字第3388號刑事判決；臺灣高等法院臺中分院97年度上訴字第2408號刑事判決。

後來居上而先取得土地使用證明，甲有故意洩漏因職務持有他人之工商秘密。甲將乙申請加油站之工商秘密洩漏於丙知悉，核甲所為，係犯刑法第318條公務員，無故洩漏因職務持有他人之工商秘密罪[44]。因該工商秘密符合營業秘密要件，故甲成立想像競合犯，論以持有營業秘密，未經授權而洩漏營業秘密罪（營業秘密法第13條之1第1項第2款）。

第六節　洩漏電腦秘密罪

　　本罪秘密之範圍，不以工商秘密為限，包含個人私生活而不欲人知之事項。而行為人主觀上對於其知悉或持有之電腦秘密係屬他人秘密有所認識，進而決意加以洩漏之主觀要件，包括直接故意與間接故意。

例題7

　　甲男與乙女為男女朋友關係，故甲男知悉乙女不欲使他人知悉性取向或性慣性等秘密，甲未經乙同意將乙有關性生活之私人秘密，以電腦製作成電子檔案，而以電子郵件方式寄送他人；或將該電子檔案上傳至網際網路，使他人得以共見共聞。試問甲有何刑責？理由為何？

壹、構成要件

　　無故洩漏因利用電腦或其他相關設備知悉持有他人之秘密者，構成本罪，處2年以下有期徒刑、拘役或1萬5,000元以下罰金（刑法第318條之1）。洩漏利用電腦或電腦相關設備知悉、持有他人之秘密罪，須利用電腦或其他相關設備知悉持有他人秘密之人，行為人係基於何種原因而利用，在所不論。例如，電腦維修商受消費者之委託，為其修理電腦，開

---

[44] 臺灣高等法院臺南分院93年度上易字第19號刑事判決。

啓其中檔案，因而得知他人秘密者，依刑法第319條規定，本罪須告訴乃論。

貳、本罪與他罪之關係

　　刑法第318之1之無故洩漏利用電腦知悉他人秘密罪，所處罰之犯罪主體爲洩漏利用電腦知悉他人秘密之人，其對向行爲之收受者，自無與該人成立共犯之餘地。至於其對向行爲之收受人，因而無故取得之客體爲他人電腦之電磁紀錄，倘符合刑法第359條之構成要件，固應以該罪論處，惟該利用電腦知悉或持有他人秘密之犯罪主體，既係因利用電腦而洩漏所知悉或持有之他人秘密，則無與其對向行爲之收受人，成立共犯刑法第359條之無故取得他人電磁紀錄罪[45]。

參、例題解析

　　刑法第318之1所謂秘密，未如刑法第317條、第318條所規定限於工商秘密，則舉凡法益持有人不欲讓他人知悉之內容或事項，且就一般人觀點，亦認屬秘密之個人事項者，均屬本罪之秘密。換言之，工業上或商業上之發明或經營計畫具有不公開之性質者，暨其他屬個人私生活而不欲人知之事項，均包含之[46]。準此，甲男知悉乙女不欲使他人知悉性取向或性慣性等秘密，甲未經乙同意將乙有關性生活之私人秘密，以電腦製作成電子檔案，而以電子郵件方式寄送他人；或將該電子檔案上傳至網際網路，使他人得以共見共聞。核甲之所爲，應成立洩漏電腦秘密罪。

---

[45] 臺灣高等法院臺南分院99年度矚上重更（一）字第144號刑事判決。
[46] 臺灣高等法院臺中分院98年度上訴字第1319號刑事判決。

第三章

商標法

目　次

關鍵詞：被害人、行銷目的、包括一罪、混淆誤認、商品表徵、網際網路、相關消費者、權利耗盡原則

　　有鑑侵害他人商標，將使權利人受到嚴重之損失，一般性之損害賠償不足以達到有效之遏止，因此必須科以刑事責任，以非常手段處罰破壞市場交易之行為人。商標法第95條至第98條分別規定，侵害商標權罪、侵害證明標章罪、販賣侵害商標權或證明標章商品罪、義務沒收主義。行為人犯商標法第95條之仿冒他人商標罪後，復犯商標法第97條之販賣所仿冒商品罪，應逕依商標法第95條處斷。本章佐以13則例題，用以探討、分析侵害商標之刑事案件。

刑事責任	法條依據
侵害商標權罪	商標法第95條
侵害證明標章罪	商標法第96條
販賣侵害商標權或證明標章商品罪	商標法第97條
義務沒收主義	商標法第98條

第一節　概　說

　　被告所犯係死刑、無期徒刑、最輕本刑為3年以上有期徒刑以外之罪，且非高等法院管轄之第一審案件，被告於法院準備程序就前揭被訴事實為有罪之陳述，經法院告知簡式審判程序之旨，並聽取其與公訴人、辯護人之意見後，法院認無不得或不宜改依簡式審判程序進行之處，乃依刑事訴訟法第273條之1第1項、第284條之1，得裁定由受命法官獨任進行簡式審判程序。準此，侵害商標權罪、侵害證明標章罪、販賣侵害商標權或證明標章商品罪、公平交易法之仿冒商標罪，最重法定本刑均為3年以下有期徒刑，故可由地方法院受命法官獨任進行簡式審判程序[1]。

---

[1] 智慧財產法院100年度刑智上易字第138號刑事判決。

第一項　告訴與自訴

　　侵害商標權之被害人包括自然人、法人及非法人團體，商標權人或專屬被授權人均得行使告訴權或自訴權，而非專屬被授權人不得行使告訴權或自訴權。

例題1

　　被告侵害告訴人之商標權，告訴人係國際知名皮包品牌公司，告訴人聲請就扣案商品鑑定，而鑑定人於法院審理中，當庭依據告訴人設計之防偽措施鑑定扣案物品是否為仿品，因事涉營業秘密，檢察官依據智慧財產案件審理法第24條規定，聲請就鑑定人之鑑定程序不公開，被告固請求法院賦予在場、保障聽審權之機會，惟法院以被告已選任辯護人參與鑑定程序，已能周密保障訴訟上權利為由，命被告於鑑定程序中應暫出庭外。試問法院所踐行之訴訟程序，是否有違背法定程序？

例題2

　　商標權人甲將其註冊商標指定使用商品之全部專屬授權乙，因丙侵害該商標權，乙對丙提起刑事告訴，丙則抗辯該商標權專屬授權非經智慧財產局登記者，乙不得對其提起告訴。試問乙之告訴是否合法？理由為何？

壹、告訴或自訴要件

　　犯罪之被害人，得為告訴或自訴（刑事訴訟法第232條、第319條第1項前段）。未經認許之外國法人或團體，就本法規定事項得為告訴、自訴或提起民事訴訟。我國非法人團體經取得證明標章權者，亦同（商標法第99條）。

貳、商標專屬授權

　　專屬被授權人在被授權範圍內，排除商標權人及第三人使用註冊商標（商標法第39條第5項）。商標權受侵害時，於專屬授權範圍內，專屬被授權人得以自己名義行使權利。但契約另有約定者，從其約定（第6項）。準此，商標權之專屬授權人得為告訴權人或自訴權人，而在專屬授權範圍內，原商標權人除不得行使權利與不得使用註冊商標外，亦不得提出告訴或自訴。

參、例題解析

一、營業秘密之保護與審理

（一）營業秘密之要件

　　所謂營業秘密者，係指方法、技術、製程、配方、程式、設計或其他可用於生產、銷售或經營之資訊，而符合左列要件者：1.非一般涉及該類資訊之人所知者；2.因其秘密性而具有實際或潛在之經濟價值者；3.所有人已採取合理之保密措施者。營業秘密法第2條定有明文。告訴人係國際知名皮包品牌公司，告訴人設計之皮包防偽設計，未經告訴人揭露社會大眾，核非一般涉及該類資訊者所知悉之秘密事項，告訴人之防偽設計秘密，具有實際或潛在之經濟價值，故防偽設計應屬告訴人之營業秘密。參諸有罪之判決書，應於理由記載認定犯罪事實所憑之證據及其認定之理由。公務員因承辦公務而知悉或持有他人之營業秘密者，不得使用或無故洩漏之。當事人、代理人、辯護人、鑑定人、證人及其他相關之人，因司法機關偵查或審理而知悉或持有他人營業秘密者，不得使用或無故洩漏之（刑事訴訟法第310條第1款；營業秘密法第9條第1項、第2項）。準此，判決書固應說明有關本案真品與仿品間之差異，然涉及有關告訴人商標商品之防偽設計，既屬告訴人之營業秘密，為免因本判決書之揭露，而無端損及告訴人之營業秘密，並兼衡被告之攻擊與防禦權利，是法院判決就告訴人之防偽設計之營業秘密事項，可不予記載。

（二）法院之審理程序

　　當事人提出之攻擊或防禦方法涉及營業秘密，經當事人聲請，法院認為適當者，得不公開審判或限制閱覽訴訟資料。刑事案件訴訟資料涉及營業秘密者，法院得依聲請不公開審判，亦得依聲請或依職權限制卷宗或證物之檢閱、抄錄或攝影（營業秘密法第14條；智慧財產案件審理法第24條）。故鑑定人於法院當庭表示，將依據各告訴人設計之防偽設計鑑定本案扣案物品，是否為仿品，該等防偽方法屬告訴人之營業秘密。法院得依聲請就鑑定人之鑑定程序不公開審理，而被告對鑑定人之詰問權，屬憲法上所保障之訴訟權，除被告主動放棄或由交由辯護人行使外，不容剝奪，倘被告無辯護人，不欲行詰問時，審判長仍應予被告詢問鑑定人或證人之適當機會。因本案為關於真品、仿品鑑定方式，涉及專業能力之判斷，應賦予具有販賣經驗之被告就鑑定人之說法表示意見，而鑑定人未符合檢察機關概括選任鑑定人之要件[2]，且辯護人在場基於專業受限，實無法直接就鑑定人或證人之證述作說明。倘被告無放棄在場詰問、詢問鑑定人或將其交由辯護人行使之意。而法院審判程序中，諭知於訊問鑑定人時，被告應暫出庭外，已有妨害被告訴訟權與防禦權，且有害於實體真實之發現，其所踐行之調查程序，難謂適法[3]。反之，當事人與辯護人均受在場權之保障，並應依法定程序製作筆錄，具有直接審理之意義，故法院所為之勘驗筆錄具有證據能力[4]。

二、告訴權人

　　商標權人得就其註冊商標指定使用商品或服務之全部或一部指定地區為專屬或非專屬授權（商標法第39條第1項）。前項授權，非經商標專責

---

[2] 最高法院96年度台上字第2860號、99年度台上字第2730號刑事判決。
[3] 最高法院100年度台上字第1134號刑事判決。
[4] 吳燦，刑事證據能力，101年度智慧財產法院法官在職研修課程，司法院司法人員研習所，2012年8月8日，21頁。

機關登記者，不得對抗第三人（第2項）。係採登記對抗主義，並非採登記生效主義，即授權契約簽訂完成後，雖未登記仍屬有效，然係不得對抗第三人。所謂非經登記不得對抗第三人，係指當事人間就有關商標權讓與、信託、授權或設定質權之權益事項，有所爭執時，始有適用，其目的在於保護交易行為之第三人，非保護侵權行為人。故被授權人不得對抗第三人，係指不得對抗爭執該授權關係之第三人而言，並非指不得對抗侵權行為之第三人，故專屬授權契約雖未經向智慧財產局登記，仍可對侵權人提出告訴[5]。

第二項　罪數計算

　　侵害商標權之刑事案件常涉及行為罪數認定之問題，究屬單純一罪、包括一罪、裁判上一罪或數罪併罰，因各犯罪類型之案情差異，而有不同之認定，故有探討之必要性。

例題3

　　甲先於2020年10月間某日，販入仿冒A牌香菸後，旋即持向第三人兜售尋求銷售管道。嗣於2021年3月間某日販入仿冒A牌香菸後，並至各地之檳榔攤兜售。試問甲應成立一罪或數罪？理由為何？

壹、接續犯

　　刑法上之接續犯，係指行為人之數行為於同時同地或密切接近之時、地實行，侵害同一之法益，各行為之獨立性極為薄弱，依一般社會健全觀念，在時間差距上，難以強行分開，在刑法評價上，以視為數個舉動之

---

[5]　司法院98年度智慧財產法律座談會彙編，司法院，2009年7月，33至34、63至65頁。

接續施行，合為包括之一行為予以評價，較為合理，而論以單純一罪而言[6]。準此，行為人侵害商標權、侵害證明標章、販賣侵害商標權或證明標章商品，係在密集期間內以相同方式持續進行，而未曾間斷者，該等侵害商標之犯行，具有反覆、延續實行之特徵，自行為之概念以觀，縱有多次侵害商標權之舉措，仍應評價為包括一罪之接續犯。

貳、數罪併罰

　　侵害商標權之犯罪，非屬於應反覆或延續實行者，始能成立之犯罪，該等侵害商標權之行為，亦有單一或偶發性販賣之情形，並非絕對具有反覆、延續實行之特徵[7]。職是，行為人侵害商標權而經查獲後，倘仍繼續為前開侵害商標權之犯行，自可認定犯意已中斷，其嗣後之行為，係另行起意所為，其與查獲前之犯行，應依數罪併合處罰[8]。

參、例題解析——販賣侵害商標商品

　　是否為包括之一罪，在主觀上應視其是否出於行為人單一或概括之決意或目的，在客觀上則應依其犯罪構成要件類型斟酌法律規定之本來意涵、實現該犯罪目的之必要手段、社會生活經驗中該犯罪具有反覆或延續實行之常態及社會通念等因素，並秉持刑罰公平原則，加以判斷。現行刑法上有關販賣之罪，在立法者預定之構成要件類型上，並非屬於必須反覆或延續實行始能成立之犯罪。且該等販賣行為，常有單一或偶發性販賣之情形，亦非絕對具有反覆、延續實行之特徵[9]。準此，甲先於2020年10月間某日，販入仿冒A牌香菸後，旋即持向第三人兜售尋求銷售管道。嗣於2021年5月間某日販入仿冒A牌香菸後，並至各地之檳榔攤兜售。因甲

---

[6] 最高法院100年度台上字第5085號刑事判決。
[7] 最高法院98年度台上字第7878號刑事判決。
[8] 最高法院99年第5次刑事庭會議決議。
[9] 最高法院98年度台上字第7878號、99年度台上字第2458號、99年度台上字第3149號、99年度台上字第3998號、100年度台上字第4242號刑事判決。

之前後犯刑期間逾6個月，足認甲並非在密集期間內以相同之方式持續進行，係分別起意，應依數罪併合處罰。

第三項　新舊法比較

　　商標法修正而刑罰有實質之更異，致修正後新舊商標法之法定本刑輕重變更，始有比較新法或舊法之適用；反之，商標法之修正為無關要件內容之不同或處罰之輕重者，自應適用現行有效之商標法論處。

例題4

　　甲明知他人所為侵害證明標章權之商品，甲經由網際網路之方式，販賣該侵害證明標章權之商品予相關消費者。試問有無商標法新舊法之比較問題？理由為何？

壹、比較事項

　　行為後法律有變更者，適用行為時之法律。但行為後之法律有利於行為人者，適用最有利於行為人之法律，刑法第2條第1項定有明文。係規範行為後法律變更所生新舊法律比較適用之準據法。所謂行為後法律有變更者，包括構成要件之變更而有擴張或限縮，或法定刑度之變更。行為後法律有無變更，端視所適用處罰之成罪或科刑條件之實質內容，修正前後法律所定要件有無不同而斷。是法律修正而刑罰有實質之更異，致修正後新舊法法定本刑輕重變更。始有比較適用新法或舊法之問題。而比較新舊法時，應就罪刑有關之事項。例如，共犯、未遂犯、想像競合犯、牽連犯、連續犯、結合犯，暨累犯加重、自首減輕及其他法定加減原因與加減例等一切情形，綜合全部罪刑之結果而為比較，予以整體適用。

貳、適用現行與有效之裁判時法

　　法律之修正為無關要件內容之不同或處罰之輕重，而僅為文字、文義之修正或原有實務見解、法理之明文化，或僅條次之移列等無關有利或不利於行為人，非屬該條所指之法律有變更者，自毋庸為新舊法之比較，而應依一般法律適用原則，適用裁判時法。故新舊法處罰之輕重相同者，並無有利或不利之情形，即無比較之餘地，自應依一般法律適用之原則，適用現行、有效之裁判時法論處。

一、侵害商標權罪

　　修正前商標法第81條第1款至第3款之侵害商標權罪於2011年6月29日商標法公布修正，2012年7月1日施行後，改列於商標法第95條第1款至第3款，其法定刑度均未修正，僅增訂為行銷目的為之，刑罰實質未更異，自無比較新舊法之問題，應適用現行與有效之裁判時法論處[10]。

二、販賣侵害商標權罪

　　修正前商標法第82條之販賣侵害商標權罪於2011年6月29日商標法公布修正，2012年7月1日施行後，改列於商標法第97條，其法定刑度均未修正，僅增訂為經由電子媒體或網路方式為之者，刑罰實質未更異，自無比較新舊法之問題，應適用現行與有效之裁判時法論處[11]。

---

[10] 102年度智慧財產法律座談會彙編，智慧財產法院，2013年5月，14頁。智慧財產法院101年度刑智上易字第68號、101年度刑智上易字第81號、101年度刑智上訴字第28號刑事判決。

[11] 102年度智慧財產法律座談會彙編，智慧財產法院，2013年5月，7、12頁。智慧財產法院101年度刑智上易字第56號、101年度刑智上易字第81號、101年度刑智上易字第83號、101年度刑智上訴第49號、101年度刑智上訴第58號、101年度刑智上訴第59號、101年度刑智上訴第64號、101年度刑智上訴第75號刑事判決。

三、義務沒收主義

修正前商標法第83條之義務收規定於2011年6月29日商標法公布修正，2012年7月1日施行後，改列於商標法第98條，均屬義務收規定，僅為部分文字修正，刑罰實質未更異，自無比較新舊法之問題，應適用現行與有效之裁判時法論處[12]。

參、例題解析——侵害證明標章權之商品或服務罪

明知他人所為之前2條商品而販賣，或意圖販賣而持有、陳列、輸出或輸入者，處1年以下有期徒刑、拘役或科或併科新臺幣5萬元以下罰金；透過電子媒體或網路方式為之者，亦同。2011年6月29日公布，2012年7月1日施行之商標法第97條定有明文。而刑法第2條第1項，係規範行為後法律有變更時，所生新舊法律比較適用之準據法，而基於罪刑法定主義及法律不溯及既往原則，必犯罪之行為事實，其於行為時法、中間法、裁判時法，均與處罰規定之犯罪構成要件該當，始有依刑法第2條第1項就行為時法、中間法、裁判時法為比較，以定適用其中有利於行為人法律之餘地[13]。準此，商標法第97條所規範之販賣他人所為侵害證明標章權之商品或服務；或意圖販賣而持有、陳列、輸出或輸入所為侵害證明標章權之商品或服務，均係本次修正始新增處罰之行為，自無新舊法比較之問題。

第四項　阻卻違法事由

犯罪之成立，除須其行為與刑罰法規所規定之構成要件合致外，尚有其行為具有違法性始可構成，而行為違法性之判斷，雖可自行為之構成要件合致性加以推定，然在行為具有阻卻違法事由時，仍可排除其行為之違

---

[12] 智慧財產法院101年度刑智上易字第83號刑事判決。
[13] 最高法院100年度台上字第626號刑事判決。

法性。職是，行為人之行為雖該當於侵害商標之構成要件，然商標有撤銷事由或商標權未及之範圍，即可排除該行為之違法性。

例題5

　　甲生產A商標之電視機，經行銷市場由相關消費者購買取得，乙大舉收購報廢之A商標之電視機，經修復後再重新出售。試問乙有無侵害甲之A商標權而成立犯罪？理由為何？

例題6

　　甲為進口商經商標權人本人或其授權同意之下合法製造，貼上商標之商品後，另行擅自加工、改造或分包，仍表彰同一商標圖樣於該商品，或附加該商標圖樣於商品之廣告等同類文書加以陳列或散布之結果，致使相關消費者發生混淆、誤認其為商標權人或其授權之使用者、指定之代理商、經銷商時。試問有無成立犯罪？理由為何[14]？

壹、商標有撤銷事由

一、異議事由

　　所謂商標異議者，係指任何人因商標註冊有異議事由，得以聲明異議之方式，請求智慧財產局對其已核准之商標註冊，重新審查並為撤銷註冊之救濟處分，以確保他人或公眾之利益，俾補救商標審查之錯誤與疏失。申言之，商標註冊違反商標法第29條第1項、第30條第1項規定之消極註冊要件，即商標不得註冊之18種情形，倘異議案件經審定異議成立者，

---

[14] 最高法院82年度台上字第5380號刑事判決。

應撤銷其註冊（商標法第48條第1項、第54條）。例如，兩商標近似程度極高，均指定使用於類似之服務，是系爭商標易使相關消費者誤認兩商標出自同一來源或產生同一系列商標之聯想，或誤認兩商標之使用人間存在關係企業、授權關係、加盟關係或其他類似關係，而產生混淆誤認之虞，自有商標法第30條第1項第10款規定之適用[15]。

二、評定事由

所謂評定者，係指利害關係人或審查人員認為智慧財產局核准註冊之商標，有違反商標法57條規定之事由，請求原處分機關撤銷原授與商標權之行政處分。商標之評定事由有二：（一）商標註冊違反商標法第29條第1項、第30條第1項之消極註冊要件；（二）商標註冊違反商標法第65條第3項規定之事由（商標法第57條第1項）。例如，系爭商標指定使用於皮包、旅行箱、手提箱等商品，而據以評定商標亦使用之皮包、手提包、旅行箱等商品，兩商標圖樣成立高度近似性。依社會通念及市場交易情形，其用途、功能、材料、產製者、銷售對象、販售場所、行銷管道等因素均具有共同及相關聯之處。故系爭商標與據以評定商標之使用商品係屬同一或類似，系爭商標有商標法第30條第1項第10款之評定事由。

貳、商標權未及之範圍

一、商業交易習慣之誠信方法

（一）構成要件

以符合商業交易習慣之誠實信用方法，表示自己之姓名、名稱或其商品或服務之名稱、形狀、品質、性質、特性、用途、產地或其他有關商品或服務本身之說明，非作為商標使用者，不受他人商標權之效力所拘束

---

[15] 智慧財產法院99年度行商訴字第194號行政判決。

（商標法第36條第1項第1款）[16]。其構成要件有三：1.以符合商業交易習慣之誠實信用方法表示商品或服務之說明[17]；2.表示自己之姓名、名稱或其商品或服務之名稱、形狀、品質、性質、特性、用途、產地或其他有關商品或服務本身之說明；3.非作爲商標使用者，即將他人之商標作表達性之使用[18]。

（二）商標識別性與商業交易習慣之誠信方法

商標識別性之高低與符合商業交易習慣之誠實信用方法使用呈反比關係，商標之識別性越高，可成立誠實信用方法使用之空間越窄；反之，商標之識別性越低，則成立誠實信用方法之空間即較廣。故冒用他人之商標造成相關消費者混淆誤認，或以依附他人商標之方式掠奪他人之商譽，即屬不正競爭之態樣，難謂符合商業交易習慣之誠實信用方法使用。例如，原告取得「金門」商標註冊，指定使用於高粱酒商品，被告在其高粱酒產品本身或外包裝之顯眼處，標示「金門遠東高粱酒」、「金門遠東」表彰其商品，而非「遠東高粱酒」、「產地金門」，足見被告爲上開標示，主觀有表彰自己商品來源之意思及行銷商品之目的，客觀所標示者足以使相關消費者認識「金門」爲商標，顯已構成商標之使用，自非符合商業交易習慣之誠實信用方法[19]。

二、發揮商品或服務之功能

（一）功能性使用

爲發揮商品或服務功能性所必要者，應不受他人商標權效力所拘束

---

[16] 修正前商標法第30條第1項第1款之文字爲凡以善意且合理使用之方法。

[17] 新修正商標法參考2009年2月26日歐洲共同體商標條例第12條規定，將「善意且合理使用之方法」修正爲「符合商業交易習慣之誠實信用方法」。

[18] 王敏銓、扈心沂，商標侵害與商標使用——評臺灣高等法院96年度上易字第2091號判決與智慧財產法院97年度民商上易字第4號判決，月旦法學雜誌，185期，2010年10月，頁163。

[19] 智慧財產法院100年度民商訴字第30號民事判決。

（商標法第36條第1項第2款）。所謂功能性者，係指商品之設計得使產品有效發揮其功能，或者為確保商品功能而為之設計，並非以區別商品來源作為主要之設計目的[20]。蓋商品或包裝之立體形狀，倘係為發揮該商品或包裝而設置者，除非已依專利法取得發明或設計專利外，任何人均得使用，不得賦予商標權人獨占權。例如，電風扇之風扇形狀。商標權人之專有權利不應及於對商標作主要為功能性之使用，其包括美感功能性之使用，他人將該商標用於裝飾其商品，使購買人得表現其認同或個性。為區別該使用究竟為功能性之使用或作為商標之使用，應審究商品本身、商品市場及相關消費者是否將商品與商標權人有所連結。

（二）商標商品化

將商標商品化，易使相關消費者誤認該商品或服務為商標權人所製造、販賣或提供者，致有混淆誤認之虞，故採肯定說之見解。例如，甲向商標業務專責機關申請註冊「Kitty貓」圖形商標指定於時鐘、手錶等商品，業經核准公告在案，乙嗣後將「Kitty貓」平面商標圖樣立體化後，製造Kitty貓造型之立體時鐘，並販售予不特定多數人，相關消費者丙購得乙所販賣之時鐘，均誤認該時鐘為甲製造或授權製造，致產生商品來源或授權關係之混淆。職是，乙之行為侵害「Kitty貓」商標權[21]。

三、善意先使用

在他人商標註冊申請日前，善意使用相同或近似之商標於同一或類似之商品或服務者。但以原使用之商品或服務為限；商標權人並得要求其附加適當之區別標示（商標法第36條第1項第3款）。本款規範之目的，在於平衡當事人利益與註冊主義之缺點，並參酌使用主義之精神，故主張善意先使用之人，必須於他人商標註冊申請前已經使用在先，並非以不正當

---

[20] 陳昭華，商標法，經濟部智慧財產局，2008年3月，初版3刷，64頁。
[21] 司法院99年度智慧財產法律座談會提案，2012年5月，頁33至36。大會研討結果採肯定說。

之競爭目的，使用相同或近似之商標於同一或類似之商品或服務，始不受嗣後註冊之商標效力所拘束。商標權人得視實際交易需求，有權要求善意使用人附加適當之標示，以區別商標權人之商標。例如，系爭商標為甲公司於2010年10月11日所申請，嗣於2010年12月9日核准註冊公告，而乙公司前2000年間起將近似於系爭商標圖樣使用於同一之商品上，其無可能預知甲公司於日後申請系爭商標之註冊，自屬善意使用之情形，不受系爭商標權之效力所拘束，乙公司得於原使用之商品範圍，繼續使用該近似於系爭商標圖樣[22]。

四、權利耗盡原則

（一）非商標權所及

　　附有註冊商標之商品，由商標權人或經其同意之人於市場上交易流通，或經有關機關依法拍賣或處置者，商標權人不得就該商品主張商標權，此為權利耗盡原則或稱首次銷售原則。換言之，商標權人或其被授權人所販賣之商品，商標權人既然已行使商標權，對於該已銷售之商品不再享有商標權，商品購買人得自由處分該商品。例如，商標權人甲將附有註冊商標之商品出售予乙，乙再將商品出售予丙，丙再轉售予丁，甲均不得對乙、丙及丁等人主張渠等販賣該商品侵害商標權。例外情形，係商標權人為防止商品變質、受損或有其他正當事由者，對於權利耗盡原則之情形，仍得主張商標權（商標法第36條第2項）。例如，未經商標權人同意，以假品裝入附有商標商品之機油空罐內，以冒充真品出售圖利，雖未仿造商標，因其無權使用商標，顯已侵害商標權。

（二）真品平行輸入

1. 國際耗盡原則

　　依據我國商標法條文以觀，商標權人並無專有進口之權利。故我國商

---

[22] 智慧財產法院98年度民商訴字第8號民事判決。

標法不禁止眞品平行輸入，其認爲眞正商品之平行輸入，其品質與我國商標權人行銷之同一商品相若，且無引起相關消費者混淆、誤認或受欺矇之虞者，對我國商標權人之營業信譽及消費者之利益均無損害，並可防止我國商標使用權人獨占國內市場，控制商品價格，因而促進價格之競爭，使相關消費者購買同一商品有選擇之餘地，享受自由競爭之利益，就商標法之目的並不違背，在此範圍內應認爲不構成侵害商標[23]。

2. 惡意使用商標

(1)擅自加工、改造或分包

商品平行輸入之進口商，對其輸入之商標權人所產銷附有商標圖樣之眞正商品，倘未爲加工、改造或變更，均以原裝銷售時，因其商品來源正當，不致使商標權人或其授權使用者之信譽發生損害，復因可防止市場之獨佔、壟斷，促使同一商品價格之自由競爭，相關消費者亦可蒙受以合理價格選購之利益，在未違背商標法之立法目的範圍，應認已得商標權人之同意，並可爲單純商品之說明，適當附加同一商標圖樣於該商品之廣告等同類文書。反之，進口商雖經商標權人本人或其授權同意而合法製造，貼上商標之商品後，然其另行擅自加工、改造或分包[24]，仍表彰同一商標圖樣於該商品，或附加該商標圖樣於商品之廣告等同類文書加以陳列或散布之結果，致使相關消費者發生混淆、誤認其爲商標權人或其授權之使用者、指定之代理商、經銷商時，自屬惡意使用他人商標之行爲，顯有侵害他人商標權之犯意，應依其情節，適用商標法第95條第1款之刑罰規定論處[25]。

(2)商品回收或維修

廠商將眞品碳粉匣附有原商標之標識，而碳粉使用完畢之眞品碳粉匣，經第三人回收填充欲加以行銷時，因該商品已與眞品之內容及品質有

---

[23] 最高法院81年度台上字第87號、台上字第2444號民事判決；最高行政法院91年度判字第361號行政判決。
[24] 智慧財產法院99年度刑智上易字第27號刑事判決。
[25] 最高法院82年度台上字第5380號刑事判決。

別,基於保障消費者權益及維護市場公平競爭,第三人即負有將商標除去之義務。否則與標示商標之積極標示行為無異,仍屬商標之使用,應依商標法第97條第1款之刑罰規定論處[26]。

參、例題解析

一、使商品變質或受損

　　商標權人為防止商品變質、受損或有其他正當事由者,對於權利耗盡原則之情形,自得主張商標權(商標法第36條第2項)。甲生產A商標之電視機,經行銷市場由相關消費者購買取得,乙大舉收購報廢之A商標之電視機,經修復後再重新出售,導致A商標之電視機變質或受損,乙不得主張權利耗盡原則,核乙之所為,成立同一商品使用相同註冊商標之侵害商標權罪(商標法第95條第1款)

二、加工、改造或變更商品

　　商品平行輸入之進口商,對其輸入之商標權人所產銷附有商標圖樣之真正商品,倘未為加工、改造或變更,均以原裝銷售時,因其商品來源正當,不致使商標權人或其授權使用者之信譽發生損害,復因可防止市場之獨占、壟斷,促使同一商品價格之自由競爭,相關消費者亦可蒙受以合理價格選購之利益,在未違背商標法之立法目的範圍內,應認已得商標權人之同意為之,並可為單純商品之說明,適當附加同一商標圖樣於該商品之廣告等同類文書。反之,進口商雖經商標權人本人或其授權同意而合法製造,貼上商標之商品後,然其另行擅自加工、改造或分包[27],仍表彰同一商標圖樣於該商品,或附加該商標圖樣於商品之廣告等同類文書加以陳列或散布之結果,致使相關消費者發生混淆、誤認其為商標權人或其授權之

---

[26] 智慧財產法院98年度刑智上易字第48號刑事判決。
[27] 智慧財產法院99年度刑智上易字第27號刑事判決。

使用者、指定之代理商、經銷商時，自屬惡意使用他人商標之行為，顯有侵害他人商標權之犯意，應依其情節，適用商標法第95條第1項之侵害商標權罪規定論處[28]。

第二節　侵害商標權罪

　　行為人僅單純將商標作為裝飾使用，並非以行銷為目的，自與商標法第5條規定之商標之使用情形不符，不成立商標法第95條之犯行。同理，行為人將他人平面商標加以立體商品化，重點在於商品之造型，而非表彰商品來源之商標，基於罪刑法定主義，雖得成立民事之侵權行為，然不得以侵害商標罪論處。

例題7

　　臺灣大哥大股份有限公司取得「臺灣大哥大」商標註冊在案，甲未經同意或授權，擅自以「臺灣大哥大電信有限公司」名稱，經營通訊器材販賣與維修業務。試問甲之行為，是否侵害臺灣大哥大股份有限公司之商標權？

例題8

　　甲家具公司為生產高級家具業者，丙為製造家具業者，其以平價銷售家具，乙未經甲家具公司之同意，擅自偽造甲公司之商標使用於其所製造之家具，並於外包裝紙箱上表彰為甲公司生產規格之「EA403B」、「EA603B」文字。試問乙之行為，有何刑事責任？

---

[28] 最高法院82年度台上字第5380號刑事判決。

例題9

> 甲收購真「OK頂好牌」機油空罐，裝入船舶廢油，冒充真「OK頂好牌」機油出售圖利，該空罐有「OK頂好牌」商標，業經乙公司呈准註冊在案，且甲出售上開船舶廢油售價與真品相同。試問甲之行為，應成立何罪名？

壹、構成要件

行為人未得商標權人或團體商標權人同意，為行銷目的而有下列情形之一，處3年以下有期徒刑、拘役或科或併科新臺幣20萬元以下罰金（商標法第95條）。申言之，其處罰要件有四：

一、故意犯

因商標法第95條之侵害商標權罪，並無處罰過失行為之特別規定，應以行為人出於故意侵害商標權之行為，其包含直接故意與間接故意。始能成罪，倘行為人欠缺此項主觀要件，縱使其行為有所過失，而造成侵害他人商標權之結果，要屬民事損害賠償之問題，自無從以商標法第95條規定相繩[29]。倘行為人因疏未查證，不知其使用之商標為他人之註冊商標，或主觀上認為自己有使用之權利，而誤予使用之過失行為，則不構成犯罪[30]。再者，商標權人無庸證明被告有意圖欺騙他人之情事。例如，行為人在路邊攤販賣便宜之仿冒勞力手錶，縱使購買者不知為仿品，仍成立商標法第95條第1款之犯行。

---

[29] 智慧財產法院100年度刑智上易字第92號、101度刑智上易字第6號刑事判決。
[30] 智慧財產法院101年度刑智上易字第105號刑事判決。

二、行為人有行銷之主觀目的而使用商標

（一）行銷目的

　　所謂商標使用者，係指為行銷之目的，利用平面圖像、數位影音、電子媒體、網路或其他媒介物足以使相關消費者認識其為商標，而有下列情形之一：1.將商標用於商品或其包裝容器；2.持有、陳列、販賣、輸出或輸入商品；3.將商標用於與提供服務有關之物品；4.將商標用於與商品或服務有關之商業文書或廣告（商標法第5條第1項）。前開各款情形，以數位影音、電子媒體、網路或其他媒介物方式為之者，亦同（第2項）。

（二）商標使用

1. 要　件

　　商標使用必需具備之要件有：(1)使用人需有行銷商品或服務之目的，此為使用人之主觀意思；所謂行銷者，係指向市場銷售作為商業交易之謂，行銷範圍包含國內市場或外銷市場；(2)需有標示商標之積極行為；(3)所標示者需足以使相關消費者認識其為商標[31]。法院除審查前揭要件外，並應斟酌平面圖像、數位影音或電子媒體等版面之配置、字體字型、字樣大小、有無特別顯著性，暨是否足以使相關消費者藉以區別所表彰之商品或服務來源等情綜合認定之[32]。例如，將平面猴型圖形商標作成立體造型之商品；或將「半島」文字商標使用在名片中，均非屬商標使用[33]；或者因家庭或個人愛好而使用在個人用品，亦不成立商標權之侵害[34]。申言之，所謂商標之使用，係指商標使用人有行銷商品或服務之目的，並有標示商標之積極行為，而所標示者足以使相關消費者認識其為商標。而行銷目的係於交易過程使用商標，其範圍不僅指生產、銷售、輸入

---

[31] 經濟部智慧財產局，商標法逐條釋義，2005年12月，16至17頁。

[32] 智慧財產法院99年度民商訴字第29號民事判決。

[33] 智慧財產法院99年度民商訴字第10號、97年度民商上易字第4號民事判決。

[34] Lionel Bently, Brad Sherman: Intellectual Property Law, p866-867, Oxford University Press (2001).

等直接處於交易過程之使用行為，亦涵蓋從事銷售或銷售之要約等目的所為之促銷、陳列等行為[35]。

2. 案例分析

仿冒之遊戲光碟片內已燒錄儲存商標，透過電視遊樂器主機執行程式，電視螢幕上可出現商標圖樣。因商標已為消費者所熟識，足以表彰商品一定品質或商譽之保證，仿冒之遊戲光碟片已與商標結為一體，不能僅以該等遊戲光碟片之外觀或包裝未顯示商標，即認未違反商標法第95條規定[36]。

三、侵害之客體為商標或團體商標

（一）商品商標與服務商標

所謂商品商標或服務商標，係指任何具有識別性之標識，得以文字、圖形、記號、顏色、立體形狀、動態、全像圖、聲音等，或其聯合式所組成（商標法第18條第1項）。前項所稱識別性，指足以使商品或服務之相關消費者認識為指示商品或服務來源，並得與他人之商品或服務相區別者（第2項）。例如，以鱷魚或企鵝圖形作為服飾商品之商標；麥當勞以M圖形作為提供速食之服務商標。

（二）團體商標

所謂團體商標者，係指具法人資格之公會、協會或其他團體，為指示其會員所提供之商品或服務，並得藉以與非該團體會員所提供之商品或服務相區別（商標法第88條第1項）。團體商標之使用，指團體或其會員依團體商標使用規範書所定之條件，使用該團體商標（商標法第90條）。例如、農會、漁會、商業同業公會得註冊團體商標，其成員所產製之商品得標示該團體商標，使該團體成員之商品得與他人之商品相區隔[37]。

---

[35] 智慧財產法院102年度刑智上易字第17號刑事判決。
[36] 最高法院92年度台上字第4764號刑事判決。
[37] 林洲富，商標法案例式，五南圖書出版股份有限公司，2021年7月，5版1刷，22頁。

四、行為態樣

（一）相同商標用於同一商品或服務

1. 要　件

相同商標之同一商品或服務於同一商品或服務，使用相同於其註冊商標之商標者（商標法第95條第1款）。例如，甲為A註冊商標之商標權人，甲使用A商標於其所指定之運動鞋商品，乙不得再使用A商標於其所提供之運動鞋商品。商標法第95條第1款雖未明文規定，需有致相關消費者有混淆誤認之虞之要件，然基於商標法之立法目的與刑法謙抑性原則，行為人就於同一商品或服務，使用相同之註冊商標或團體商標，倘未造成相關消費者有混淆誤認之虞，即不構成商標法第95條第1款之罪[38]。

2. 相關消費者

所謂相關消費者，不以直接交易之相對人為限，亦包含第三人。詳言之，直接交易之相對人雖不致誤認被告之商品為商標權人所販賣，倘有可能誤認被告所經營之公司與商標權人間有授權關係或其他類似關係，且仿冒商標商品之品質及價格，其與商標權人所販賣之真品間存有高度差異，甚或附加自創標識，此習見之情形，為直接交易之相對人明知為仿冒商標商品而加以購買。對於非直接交易之其他消費者而言，其僅憑商品之外觀，而未接觸其價格、品質及其他商品標識時，有可能誤認該商品係來自商標權人或其所授權之人，該當有致相關消費者混淆誤認之虞之客觀構成要件[39]。

（二）相同商標用於類似商品或服務

相同商標之類似商品或服務於類似之商品或服務，使用相同於其註冊商標之商標，有致相關消費者混淆誤認之虞者（商標法第95條第2款）。例如，丙為B註冊商標之商標權人，丙使用B商標於其所指定之運動鞋商

---

[38] 98年度智慧財產法律座談會彙編，司法院，2009年7月，111至113頁。
[39] 智慧財產法院98年度刑智上易字第59號刑事判決。

品，丁使用B商標於其所提供之休閒鞋商品，運動鞋與休閒鞋雖爲不同之商品，然兩者爲類似商品，丁不得使用B商標。

（三）近似商標用於同一或類似之商品或服務

同一或類似之商品或服務，使用近似於其註冊商標之商標，有致相關消費者混淆誤認之虞者（商標法第95條第3款）。例如，戊爲C註冊商標之商標權人，戊使用C商標於其所提供之運動鞋商品，己使用與C商標近似之D商標在其所提供之休閒鞋商品，C商標與D商標構成近似商標。

貳、商標近似

相同或近似於他人同一或類似商品或服務之註冊商標或申請在先之商標，有致相關消費者混淆誤認之虞者，即不得註冊（商標法第30條第1項第10款）。所謂商標圖樣相同，係指兩者圖樣完全相同，難以區分而言。而商標圖樣近似者，則指異時異地隔離與通體觀察，兩者商標圖樣在外觀、觀念或讀音方面有相似處，具備普通知識經驗之相關消費者，施以通常之辨識與注意，有致混淆誤認之虞[40]。

一、商標近似之類型

（一）外觀近似

所謂外觀近似者，係指商標圖樣之構圖、排列、字型或設色等近似，有產生混淆誤認之虞[41]。例如，經比對甲之商標及乙所銷售原子筆之商標圖樣，乙在原子筆上所標示「O.Ball.office-pen」之字樣，其與甲之「O.B.office-ball」商標，均爲英文字體，且起首字母相同，在文字編排上極爲相似，由外觀、讀音及觀念綜合判斷，經異時異地隔離觀察結果，

---

[40] 臺北高等行政法院91年度訴字第3539號行政判決：衡酌兩商標是否近似，以具備普通知識經驗之購買人，在購買時施以普通所用之注意，有無混淆誤認之虞。

[41] 臺北高等行政法院92年度判字第3652號行政判決。

其外觀上實足使相關消費者發生混淆誤認之虞，自屬近似之商標[42]。

（二）觀念近似

　　所謂觀念近似者，係指商標圖樣之實質意義有產生混淆誤認之虞者。例如，申請註冊商標「天長」與註冊商標「天長地久」，其圖樣中之中文部分雖有簡繁之別，外觀亦迥異。然其中「天長」與「地久」 觀念相同，係指恆久之意，常接連併用爲成語「天長地久」，足使相關消費者發生混淆誤認之虞，其屬近似之商標[43]。

（三）讀音近似

　　商標之讀音有無混淆誤認之虞，應以連貫唱呼爲標準。商標所用之文字包括讀音在內，審究商標所用之文字是否近似自應以其文字之形體與讀音有無混淆誤認之虞。判斷商標之讀音，包括中文或外文讀音在內[44]。是兩商標名稱之文字讀音相類，足以使相關消費者發生混淆誤認之虞者，即屬商標近似。例如，申請註冊商標「家麗寶」與註冊商標「佳麗寶」，其中文近似，讀音混同，屬近似之商標[45]。

二、商標近似之判斷

（一）總體觀察

　　總體觀察者，係指比較兩商標是否近似時，應就商標之整體予以比對觀察，並非將構成商標之每一部分區隔，而加以比較分析[46]。例如，「大臺北銀行」與「臺北銀行」、「臺北富邦」商標之中文字，「臺北」占據商標圖樣之絕大部分，使相關消費者寓目所及，均以該圖樣之中文字部分

---

[42] 智慧財產法院98年度民商上字第20號民事判決。
[43] 行政法院85年度判字第973號行政判決。
[44] 智慧財產法院98年度民商訴字第26號民事判決。
[45] 最高行政法院87年度判字第2271號行政判決。
[46] 司法院24年院字第1384號解釋。

為主，經整體觀察後，上開商標應屬構成近似之商標[47]。

（二）主要部分觀察

主要部分觀察者，係指商標圖樣之某一構成部分特別顯著突出，該部分得取代商標整體而與另一商標之顯著部分加以比對。換言之，商標可分主要部分與附屬部分時，應以比較主要部分為主，總體觀察為輔，其主要部分近似，致相關消費者發生混淆誤認之虞，縱使其附屬部分不近似，亦屬近似之商標[48]。再者，商標以文字、圖形或記號為聯合式者，要判斷兩商標是否近似，得就其各部分觀察，以構成主要之部分為標準[49]。

（三）異時異地觀察

商標之近似與否，應將兩商標隔離觀察之，不能僅以互相比對之觀察為標準。即自相關消費者之觀點，異時異地，從時間、空間上予以隔離觀察[50]。例如，兩者之商標中均有中文「四季」與英文「FOUR SEASONS」，兩者之商標予消費者印象最為深刻者均為商標圖樣中相同之中文「四季」及外文「Four Seasons」，縱使兩者外文字母之大小寫或中文排列位置有所不同，惟以具有普通知識經驗之消費者於異時異地隔離觀察，易產生同一系列商標之聯想，應屬構成近似之商標[51]。

---

[47] 智慧財產法院98年度民商訴字第41號民事判決。

[48] 最高行政法院96年度判字第1879號、99年度判字第180號行政判決；最高法院75年度台上字第3240號民事判決；智慧財產法院97年度行商訴字第126號行政判決。

[49] 最高行政法院97年度判字第224號行政判決；智慧財產法院99年度民商訴字第22號民事判決。

[50] 行政法院49年判字第3號、行政法院55年判字第60號行政判決；臺北高等行政法院91年度訴字第3645號行政判決。

[51] 智慧財產法院97年度行商訴字第83號行政判決。

參、商品或服務類似

一、商品類似

（一）定　義

　　所謂商品類似者，係指二個不同之商品，在功能、材料、產製者或其他因素上具有共同或關聯之處，倘標示相同或近似之商標，依一般社會通念及市場交易情形，易使商品之相關消費者誤認其為來自相同或雖不相同而有關聯之來源，則該等商品間即存在類似之關係。商品類似之判斷，應綜合該商品之各相關因素，以一般社會通念及市場交易情形為依據[52]。例如，鞋子與襪子之功用均係為行路時保護腳部之用，兩者之產製過程容有不同，因其使用目的係屬相同；且依現今管銷理念、相關消費者整體搭配之採購習性及企業多角化經營態勢，兩者之銷售通路幾無差異，兩者雖非同一商品，然應認屬類似商品[53]。

（二）判斷因素

　　類似商品間通常具有相同或相近之功能，或者具有相同或相近之材質。準此，原則上在判斷商品類似問題時，可先從商品功能考量，繼而就材質以觀，最後考量產製者等其他相關因素。例外情形，某些商品重在其材質。例如，貴金屬。則得以材質之相近程度為優先考量[54]。倘商品未具替代性，市場區隔甚為明顯，而相關消費者於選購商品時，客觀上並無對其表彰之商品來源或產製主體產生聯想者，自無造成混淆誤認之虞[55]。

二、服務類似

　　所謂服務類似者，係指服務在滿足消費者的需求上以及服務提供者或其他因素上，具有共同或關聯之處，倘標示相同或近似之商標，依一般社

---

[52] 混淆誤認之虞審查基準5.3.1。
[53] 最高行政法院90年度判字第1750號行政判決。
[54] 混淆誤認之虞審查基準5.3.4。
[55] 臺北高等行政法院91年度訴字第3284號行政判決。

會通念及市場交易情形，易使一般接受服務者誤認其為來自相同或雖不相同而有關聯之來源者[56]。再者，商品與服務間亦有可能構成類似。例如，咖啡廳服務與咖啡商品構成類似[57]。

肆、混淆誤認之虞

所謂混淆誤認之虞，係指商標或服務標章圖樣有使相關消費者對其商品或營業服務之性質、來源或提供者發生混淆誤認之虞而言[58]。是相同或近似之商標，有致相關公眾或相關消費混淆誤認之虞者（商標法第30條第1項第10款、第11款）。即不足區別商品或服務之來源，應不得註冊，以保護著名商標或商標權人。

一、混淆誤認之類型

（一）誤認為同一來源

由於商標圖樣之關係，使相關消費者誤認不同來源之商品或服務，係出自同一處，此為錯誤之混淆誤認。例如，「神鬼牌」商標，其與「鬼女神及圖」相較，兩者中文均有相同之「神」、「鬼」二字，外觀與人寓目印象相仿、觀念相近，且均指定使用於調味用醬、醬油及醋商品，屬同一商品，以具有普通知識經驗之相關消費者，其於購買時施以普通之注意，自易產生其商品係源自於同一產製主體或有關聯之聯想，而致生混淆誤認之虞[59]。

（二）誤認有關聯性

商品或服務之相關消費者雖不致誤認兩商標為同一商標，然極有可能誤認兩商標之商品或服務為同一之系列商品或服務；或誤認兩商標之使用

---

[56] 混淆誤認之虞審查基準5.3.1。
[57] 最高行政法院92年度判字第610號行政判決。
[58] 臺北高等行政法院91年度訴字第1514號行政判決。
[59] 智慧財產法院98年度民商訴字第9號民事判決。

人間存在關係企業、授權關係、加盟關係或其他類似關係。例如，甲所使用之「老曾記」與乙之「曾記」商標，文字與讀音僅有「老」字之差別，而均使用於糕餅商品或其行銷廣告，致相關消費者之整體印象有其相近處，且使用於相同之商品，有使相關消費者誤認「曾記」、「老曾記」間，係同一廠商之系列商品或服務，或廠商間存在特定關係[60]。

二、判斷因素

法院認定是否致混淆誤認之虞，應考慮相關重要因素存在，或者有混淆誤認衝突之排除因素存在，不得僅憑單一因素決定之。茲說明判斷混淆誤認之虞因素如後[61]。

（一）商標識別性之強弱

商標識別性與混淆誤認成反比，即識別性越強的商標，商品或服務之相關消費者之印象越深，他人稍有攀附，即可能引起購買人產生混淆誤認。依據識別性之強弱，依序為創造性商標、隨意性商標、暗示性商標、描述性商標及通用名稱商標。識別性越強之商標，商品或服務之相關消費者印象越深，第三人稍有攀附，即可能引起相關消費者或購買者產生混淆誤認。例如，系爭商標之圖形由「AE」二個英文字母組合所構成，其組合方式具有設計概念，並非普通習見之字母形態，以之作為商標指定於皮夾、鑰匙包、公事包、手提箱等商品，均與指定商品無關聯，並非社會大眾所知悉之普通名詞，故為自創用字，係刻意設計之商標圖樣[62]。

（二）商標近似之程度

兩商標予人之整體印象有其相近處，而其標示在相同或類似之商品或服務上時，具有普通知識經驗之消費者，其於購買時施以普通之注意，可能會有所混淆而誤認兩商品或服務，來自同一來源或誤認不同來源之間有

---

[60] 智慧財產法院98年度民商上字第10號民事判決。
[61] 最高行政法院98年度判字第1505號、99年度判字第1144號行政判決。
[62] 智慧財產法院101年度行商訴字第114號行政判決。

所關聯[63]。例如，在觀念上雖均為犬類，然由於外觀設計之不同，「史努比」與「可魯」均可為商標註冊。

（三）商品或服務之類似程度

1. 商品類似

所謂商品是否類似者，係指不同之兩商品，在功能、材料、產製者或其他因素上具有共同或關聯之處，倘標示相同或近似商標，依一般社會通念及市場交易情形，易使商品之相關消費者誤認其為來自相同，或不相同而有關聯之來源，可認兩商品間存有類似關係[64]。例如，鞋子與襪子之功用均係為行路時保護腳部之用，兩者之產製過程固有不同，惟其使用目的係屬相同；且依現今管銷理念、相關消費者整體搭配之採購習性及企業多角化經營情事，兩者之銷售通路幾無差異，雖非同一商品，然應認為兩者為類似商品[65]。

2. 服務類似

所謂服務類似者，係指服務在滿足相關消費者之需求及服務提供者或其他因素上，具有共同或關聯之處，倘商標上相同或近似商標，依一般社會通念及市場交易情形，易使一般接受服務者誤認其為來自相同，或不相同而有關聯之來源者而言。例如，便當與飲食店類似[66]、鞋子與襪子類似、奶嘴與奶嘴鍊夾[67]。

（四）先權利人多角化經營之情形

先權利人有多角化經營，而將其商標使用或註冊在多類商品或服務者，在考量與系爭商標間有無混淆誤認之虞時，不應僅就各類商品或服務

---

[63] 最高行政法院87年度判字961號行政判決；臺北高等行政法院90年度訴字第2067號、91年度訴字第2082號、92年度訴字第2446號、93年度訴字第1367號行政判決。

[64] 最高行政法院89年度判字第237號行政判決。

[65] 最高行政法院90年度判字第1750號行政判決。

[66] 臺北高等行政法院90年度訴字第5157號行政判決。

[67] 胡秉倫，智慧財產專業法官培訓課程——商標爭議程序及實務，經濟部智慧財產局，2006年3月21日，40頁。

分別比對，而應將該多角化經營情形納入考量。反之，先權利人僅經營特定商品或服務，無跨越其他行業者，則其保護範圍得較為限縮。例如，商標權人係禮品製造公司，其在國內外有逾百家公司，販賣上千種商品，並設有網站，足認商標權人有多角化經營之情形。

（五）實際混淆誤認之情事

相關消費者對於商品或服務，誤認後案商標之商品或服務，係源自先權利人之情形，該實際混淆誤認之事實，應由先權利人提出相關事證證明之。例如，提出市場調查報告證明相關消費者就兩者提供之商品或服務，有混淆誤認[68]。

（六）相關消費者對商標熟悉之程度

相關消費者對互相衝突之兩商標，均為相當熟悉者，就兩商標在市場併存之事實已為相關消費者所認識，並足以區辨為不同來源者，即應尊重該併存之事實。反之，相關消費者對衝突之兩商標，倘僅熟悉其中之一，應優先保護較為熟悉之商標。相關消費者對商標之熟悉程度，應由主張者提出相關使用事證證明之。例如，因系爭商標之知名程度較高，相關消費者對系爭商標之熟識度高於據以異議商標，依一般社會交易觀念，客觀上相關消費者不致誤認為其與據以異議商標之商品，係相同或有相關性之來源，而無使相關消費者對其所表彰之商品來源或產製主體，發生混淆誤認之虞。

（七）商標申請人之意圖

商標之主要功能在表彰自己之商品或服務，俾以與他人之商品或服務相區別，故申請註冊商標或使用商標，應在發揮商標之識別功能。倘明知可能引起相關消費者混淆誤認其來源，甚至企圖致相關消費者混淆誤認其來源，而為申請註冊商標者，其申請即非屬善意，應不受保護。例如，申請人經商標權人授權使用以中文為圖樣商標，嗣後逕以該中文之英譯作為

---

[68] 智慧財產法院99年度民商上更（三）字第3號民事判決。

商標申請註冊。

（八）行銷方式與場所

就商品或服務之行銷方式而言，商品或服務之行銷管道或服務提供場所相同者，相關消費者同時接觸之機會較大，致混淆誤認之可能性較高。反之，經由直銷、電子購物或郵購等行銷管道者，其與一般市場行銷者，發生混淆誤認之虞程度較低。而商品銷售或提供服務之場所，亦會影響混淆誤認之虞程度。例如，兩者均屬餐飲服務者，分別以大飯店、路邊攤之形式提供服務，兩者較不易造成相關消費者混淆誤認。

三、相關消費者之注意力

商標是否近似，應以具有普通知識之相關消費者，其於購買商品或服務時施以普通注意力，有無混淆誤認之虞，作為判斷基準，而不以專家或商標審查員之立場與注意力，加以判斷。申言之，判斷兩商標間有無混淆誤認之虞，首先應確立者，係應以何人之角度進行觀察。因商標最主要之功能，在使商品或服務之相關消費者，藉以區辨商品或服務來源。故是否致混淆誤認之虞，應以具有普通知識經驗之相關消費者，其於購買時施以普通之注意為準。例如，就普通日常消費品而言，普通消費者之注意程度較低，對兩商標間之差異辨識較弱，容易產生近似之印象。專業性商品或單價較高之商品，其相關消費者多為專業人士或收入較多者，其購買時會施以較高注意，對兩商標間之差異較能區辨，判斷混淆誤認之標準，自然高於日常消費品之相關消費者[69]。

---

[69] 林洲富，商標法案例式，五南圖書出版股份有限公司，2021年7月，5版1刷，117頁。

伍、本罪與他罪之關係

一、商標法第97條

　　商標法第95條之處罰目的在於商標使用,而商標使用係以行銷為目的,其方式不一而足,故侵害商標之態樣亦變化多端。行銷之目的係針對行銷商品或服務而言,並非指行銷商標。申言之,使用商標之行為,本質上即以行銷為目的,依社會生活經驗使用相同商標之行為,亦常伴隨後續之商品販售行為,而具體實現對商標權法益之侵害,此常態伴隨使用行為而生之後續販賣行為,其不法內涵應為主要之使用近似商標罪所吸收,即不另論罪。職是,使用相同商標於類似商品,復加以販賣之行為,因現行商標法第5條規定商標使用之定義已包含販賣行為,其販賣相同商標商品之行為,不另論第97條之販賣仿冒商標商品罪[70]。例如,商標權人將商標圖樣使用於錄有電腦程式之遊戲光碟及硬體、軟體等產品,其所以成為交易之客體,乃在於光碟片與遊戲程式相結合,始能達成預定之效用,自屬商品之一種,不應將硬體與軟體割裂為二,故該仿冒之遊戲光碟已與商標結合為一。倘行為人仿冒他人商標後,復販賣所仿冒之遊戲光碟,其屬未經商標權人同意或授權,將相同商標使用在其商品上,應逕依商標法第95條第1款處斷,不適用吸收關係或想像競合犯[71]。

二、偽造文書罪

　　所謂行使偽造之文書,乃依文書之用法,以之充作真正文書而加以使用之意,故必須行為人就所偽造文書之內容向他方有所主張,始足當之;倘行為人僅提出該文書,而尚未達於他方可得瞭解之狀態者,字不得謂為行使之既遂[72]。職是,所謂行使偽造或不實之文書,係行為人依文書之用

---

[70] 智慧財產法院102年度刑智上易字第17號刑事判決。

[71] 98年度智慧財產法律座談會彙編,司法院,2009年7月,95至96頁、107至108頁。

[72] 最高法院72年台上字第4709號刑事判決。

法，以之冒充作真正文書而加以使用之意，故必須行為人就該偽造或不實之文書內容向他人有所主張，始足當之。例如，行為人雖在其攤位上公開陳列侵害商標權之商品，並準備販售予不特定人，該仿冒商品並附掛之標籤，其上載有授權來源之文字。然行為人未向不特定人行使該偽造文書內容，用以主張證明該布偶係經合法授權製造，自不成立刑法第216條、第210條之行使偽造私文書罪[73]。

三、商標法第95條第1款至第3款

因商標法第95條第1款規定，行為人於同一商品或服務，使用相同於註冊商標或團體商標之商標者，其犯罪情節重於商標法第95條第2款與第3款之罪。職是，依商標法第95條第1款規定，被告應以仿冒相同註冊商標之商標罪處斷[74]。

陸、例題解析

一、商標法第95條第3款

未得商標權人或團體商標權人同意，為行銷目的而於同一或類似之商品或服務，使用近似於註冊商標或團體商標之商標，有致相關消費者混淆誤認之虞者，處3年以下有期徒刑、拘役或科或併科新臺幣20萬元以下罰金（商標法第95條第3款）。臺灣大哥大股份有限公司業以「臺灣大哥大」服務商標申請註冊在案，並為著名商標。甲明知上情，竟以「臺灣大哥大電信有限公司」之名稱作為自己公司之名稱，經營通訊器材之販賣與維修業務，致令相關消費者混淆誤認，甲除應依商標法第68條第3款、第70條第2款及第71條負擔損害賠償之責任外，甲所販賣通訊器材，使用他人近似註冊商標於同一或類似商品或服務，有致相關消費者混淆誤認之

---

[73] 智慧財產法院101年度刑智上更（一）字第6號刑事判決。

[74] 智慧財產法院103年度刑智上訴字第63號、104年度刑智上訴字第19號刑事判決。

虞，應依商標法第95條第3款負其刑責。

二、偽造商標與文書冒充高品質商品出售

　　甲家具公司為生產高級家具業者，乙為製造家具業者，其以平價銷售家具，乙未經甲家具公司之同意，擅自偽造甲公司之商標使用於其所製造之家具，並於外包裝紙箱上表彰為甲公司生產規格之文字，乙偽造甲公司之商標使用於其所製造之家具與表彰為甲公司生產規格之文字，其成立商標法第95條第1款之侵害商標權罪，暨刑法第220條、第210條及第216條之行使偽造私文書罪。係一行為而觸犯數罪名者，從一重行使偽造私文書罪處斷（刑法第55條本文）。

三、以假品裝入真商標之包裝

　　甲以真品機油空罐裝入廢油，冒充真品出售圖利之行為，除構成詐欺罪外，縱使未仿造商標，然無權使用該商標，其侵害乙公司之商標權，應另成立商標法第95條第1款之侵害商標權罪，一行為而觸犯數罪名者，從一重詐欺取財書罪處斷（刑法第339條第1項）。

第三節　侵害證明標章罪

　　鑒於證明標章為證明商品或服務之特性、品質、精密度、產地等事項，本身具有公眾信賴之期待與消費者保護之功能，較一般商標具有更高之公益性質，侵害證明標章權對社會公眾造成之損害較一般商標權為鉅，一般商標侵害尚且有罰則之規定，證明標章遭受侵害時，亦應加以規範。

例題10

　　行為人甲所製造生產之米糧並非產自臺東池上鄉，其為增加銷售量，在其銷售之米糧包裝上標示有關池上米之證明標章。試問甲之行為，應成立何罪？

壹、證明標章

所謂證明標章者，係指證明標章權人用以證明他人商品或服務之特定品質、精密度、原料、製造方法、產地或其他事項，並藉以與未經證明之商品或服務相區別之標識（商標法第80條第1項）。例如，UL為電器安全之標誌；ST為玩具安全之標誌[75]；地理標誌（Geographical Indication, GI）係產地證明標章，表彰商品產自特定之區域而足以辨識商品來源，「池上米」即為我國最早之證明標章；CNS為我國國家標準；CAS證明農產品、農產加工品之安全性與優良性。

貳、構成要件

未得證明標章權人同意，為行銷目的而於同一或類似之商品或服務，使用相同或近似於註冊證明標章之標章，有致相關消費者誤認誤信之虞者，處3年以下有期徒刑、拘役或科或併科新臺幣20萬元以下罰金（商標法第96條第1項）。對於明知有前項侵害證明標章權之虞，仍販賣或意圖販賣而製造、持有、陳列附相同或近似於他人註冊證明標章標識之標籤、包裝容器或其他物品者，其不僅侵害證明標章權，同時亦危及公益，自應加以規範禁止，亦應科以相同罰責（第2項）。

參、本罪與他罪之關係

商標法第96條生效後，就販賣仿冒證明標章商品行為，依法條競合之關係，認新法優於舊法，且特別法優於普通法，應適用商標法第96條之規定論處，不論刑法行使偽造準私文書或公文書罪[76]。

---

[75] 臺灣地區玩具工業同業公會以「ST」申請登記證明標章，用以證明玩具商品之安全性。
[76] 司法院，法官辦理智慧財產刑事案件參考手冊，2013年2月，346頁。

肆、例題解析——侵害證明標章罪

　　行為人未得池上鄉證明標章權人同意，其為行銷目的而於同一或類似之商品，將所製造生產之米糧並非產自臺東池上鄉，在銷售之米糧包裝上標示有關池上米之證明標章，致相關消費者誤認誤信其銷售米糧為池上米之虞，核其所為，成立侵害證明標章罪（商標法第96條第1項）。

第四節　販賣侵害商標權商品

　　因網際網路之發展，侵害商標權人在網路上販賣使用相同或近似於他人之商標於同一或類似之商品或服務者，其侵權行為之效力常擴及至侵權人所在地或侵權產品遭查獲地以外之地方。職是，在網路上販賣侵害他人商標之商品或服務者，其管轄法院不以侵權行為人及其商品放置地點為限，即網路所及處，亦應認為係侵權行為之行為地，由該行為地之法院取得管轄權。

例題11

　　甲利用電腦上網連線至拍賣網站，在該網站網頁上，刊登仿冒他人有「LV」皮包之圖片與售價，供不特定人上網瀏覽及出價購買。試問甲之行為，是否構成商標法第97條之罪？

例題12

　　甲明知某商標向經濟部智慧財產局申請核准在案之商標，在商標權期間內指定使用於皮包、領帶、絲巾、吊飾等商品，現仍在商標權期間內。詎被告明知其販入之使用商標圖樣商品，均係未經商標權人同意或授權，其與商標權人所生產或授權製造之同一商品，使用相同註冊商標之仿冒商

品。竟仍基於販賣營利之犯意，利用所有之電腦及筆記型電腦連接網際網路後登入「雅虎奇摩」拍賣網站，以「Banana」名義，刊登販售各商品之圖片及訊息，並留有電子郵件信箱與行動電話門號，供不特定之相關消費者上網瀏覽選購而公開販售。試問甲之行為，是否侵害商標權？

壹、構成要件

明知他人所為之侵害商標罪或侵害證明標章罪之商品而販賣，或意圖販賣而持有、陳列、輸出或輸入者，處1年以下有期徒刑、拘役或科或併科新臺幣5萬元以下罰金。目前行銷商品或提供服務之型態日新月異，為因應電子商務及網際網路發達之經濟發展情勢，故透過電子媒體或網路方式為本條規範行為者，亦應列為處罰之對象，以遏止侵權商品散布之情形（商標法第97條）。

一、直接故意

商標法第97條之販賣仿冒商標商品罪或證明標章罪，以行為人明知為仿冒商標或證明標章商品而販賣，為其犯罪構成要件，倘行為人非明知，即不得以該罪名相繩。所謂明知者，係指刑法第13條第1項之直接故意，行為人對於構成犯罪之事實，明知並有意使其發生者而言[77]。倘行為人對構成犯罪之事實，在主觀之心態上，僅有所預見，而消極之放任或容任犯罪事實之發生者，則為刑法第13條第2項之間接故意，仍非本罪所欲規範處罰之對象[78]。行為人明知為商標法第95條所規定之仿冒遊戲光碟，而販賣、意圖販賣而陳列、輸出或輸入者，不論行為人主觀有無「欺騙他人」或「使相關消費者或購買者誤認係真品」意圖，亦不問相關消費者或購買者有無受欺騙或係認為真品，均應以商標法第97條處斷。

---

[77] 最高法院94年度台上字第5368號刑事判決。
[78] 智慧財產法院100年度刑智上易字第113號刑事判決。

二、販賣不符合約定規格商品

　　被授權人經商標權同意使用商標而製造商品，嗣後將商品於交付予商標權人時，因不符合約定之規格而遭退貨，該商品未符合商標權人使用商標所欲確保之品質，自不得繼續標示商標而流通販賣。因商標兼具有表彰商品或服務來源及品質保證之功能，相關消費者選購有瑕疵之商品，將致相關消費者之權益受有損害。故被授權人未予除去商標之標示予以販售，仍成立商標法第97條之販賣侵害商標權商品罪[79]。

三、商品回收或維修

　　商標法第97條之販賣使用相同於他人註冊商標商品之行為，不以該商標係出自行為人之擅自仿冒者為限，僅要使用之商標圖樣與註冊商標相同即可成立，是以真品碳粉匣倘原有附加商標之標識，而碳粉使用完畢之真品碳粉匣，經第三人回收填充欲加以行銷時，因該商品已與真品之內容及品質有別，基於保障消費者權益及維護市場公平競爭，第三人負有將商標除去之義務，倘第三人明知其未將商標除去，猶加以販賣、意圖販賣而陳列或輸入、輸出，應構成商標法第97條之罪[80]。反之，第三人所用回收之原廠空墨水匣，雖留有外殼烙印之商標，惟此商標圖樣係於開模時即直接烙印其上，事後欲刮除、磨除，相關除去成本過高，顯非節省資源之回收目的。倘第三人已撕除原廠標籤，並換貼自行製作之標籤，載明 品牌及商標均歸相關權利人所有，此僅為描述性目的。明確表明其上商標圖樣純為商品，為與印表機相容使用之墨水匣型號，相關商標權歸屬原商標權人所有，足供相關消費者分辨該回收墨水匣商品來自不同之產製者，而與原廠墨水匣有所區別。就第三人之使用狀態為整體觀察，其標示方式不足使相關消費者認識為商標使用，不構成商標法第97條之罪[81]。

---

[79] 智慧財產法院100年度刑智上易字第86號刑事判決。
[80] 智慧財產法院98年度刑智上易字第48號刑事判決。
[81] 智慧財產法院98年度刑智上易字第48號刑事判決。

貳、販賣要件

一、既遂之判斷

販賣仿冒商標或證明標章商品行為，具有營利之意思，而有販入與賣出均成立，始為既遂[82]。否則僅有販入或賣出行為，則成立意圖販賣而持有或陳列罪。因意圖販賣而陳列為販賣之低度行為，其為販賣之高度行為所吸收，不另論罪[83]。商標法第97條所稱之輸入，解釋上應包括自大陸地區、香港及澳門。

二、犯罪情節之輕重

被告明知他人所為第95條第1款至第3款商品而販賣，為一行為侵害數法益而觸犯數罪名之想像競合犯，同法第1款規定行為人於同一商品或服務，使用相同於註冊商標或團體商標之商標者，其犯罪情節重於第2款與第3款之罪，應以非法販賣於同一商品或服務，使用相同於註冊商標之商標罪處斷[84]。

參、本罪與他罪之關係

一、警員或調查員之偵查

警員、調查員為便利破案，佯為購買販賣仿冒商標商品，主觀上並無買受之意思，故販賣行為均僅止未遂，因販賣仿冒商標商品罪未處罰未遂犯（商標法第97條前段），應成立意圖販賣而持有或陳列仿賣商品罪（商標法第97條後段）[85]。

---

[82] 最高法院101年度第10次刑事庭會議（五）。

[83] 智慧財產法院100年度刑智上易字第143號刑事判決。

[84] 智慧財產法院103年度刑智上易字第52號、第75號刑事判決。

[85] 最高法院99年度台上字第3009號、101年度台上字第5830號、101年度台上字第5762號刑事判決。

二、意圖販賣而陳列

　　行為人持有仿冒商標商品在於販賣，不論係出於原始持有之目的，抑或初非以營利之目的而持有，如受贈。嗣變更犯意，意圖販賣繼續持有，均與意圖販賣而持有仿冒商標商品罪之要件該當（商標法第97條後段）[86]。

三、意圖販賣而輸出或輸入

　　輸入或攜帶進入臺灣地區之大陸地區物品，以進口論，其檢驗、檢疫、管理、關稅等稅捐之徵收及處理等，依輸入物品有關法令之規定辦理（臺灣地區與大陸地區人民關係條例第40條第1項）。本條例第40條所稱有關法令，指商品檢驗法、動物傳染病防治條例、野生動物保育法、藥事法、關稅法、海關緝私條例及其他相關法令（臺灣地區與大陸地區人民關係條例施行細則第55條）。職是，商標法所稱輸入，亦包含自大陸地區輸入之情形[87]。

四、商標之戲謔仿作

（一）商標權與表達自由之衡平

　　所謂商標之戲謔仿作（parody），係指基於言論自由、表達自由及藝術自由之尊重，而對商標權予以合理之限制。因商標法本為保護商標權及消費者利益，維護市場公平競爭，促進工商企業正常發展而制定（商標法第1條）。商標權人經由商標之使用及商標權之保護逐漸建立其品牌價值，且相關消費者藉由商標之識別性，而得以區辨各別商品或服務來源（商標法第5條、第18條第2項）。是商標權涉及商標權人之利益與避免相關消費者混淆誤認之公共利益，倘欲允許商標之戲謔仿作，模仿知名商

---

[86] 最高法院101年度台上字第5830號、101年度台上字第5762號刑事判決。
[87] 最高法院101年度台上字第2612號刑事判決。

標之商標必須具詼諧、諷刺或批判等娛樂性，並同時傳達兩者對比矛盾之訊息，且應以避免混淆之公共利益與自由表達之公共利益，予以衡平考量。職是，除應保障戲謔仿作所代表之言論自由或創作自由外，亦應避免戲謔商標與被戲謔商標之近似，而藉以竊取他人之商譽、侵害商標權或妨害市場之公平交易秩序[88]。

（二）香奈兒雙C反向交疊商標圖樣

被告所陳列、持有之物，均於其正面使用「掉漆實心鎖扣」圖樣，係將商標之雙「C」反向交疊圖案，加以類似溶化之設計意象。被告雖辯稱相關消費者看到「掉漆實心鎖扣」圖樣理應會會心一笑，明白清楚扣案提包之「掉漆實心鎖扣」圖樣，係為戲謔圖樣云云。然可認屬詼諧之娛樂性質，而其所欲表達與商標所建立之形象相反或矛盾之訊息為何？未見被告具體之表明，難認「掉漆實心鎖扣」圖樣與表達性作品，有何文化之貢獻或社會價值，而具有犧牲商標權之保護必要性，實屬商業之搭便車行為。故被告之分抗辯，並非可取。職是，被告未經商標權人同意，其於手提袋、購物紙袋之同一商品，使用高度近似於商標「掉漆實心鎖扣」圖樣，復無商標法第36條不受他人商標權效力所拘束之情形，而違反同法第35條第2項第3款規定，構成商標權之侵害。被告犯行洵堪認定，係犯商標法第97條之意圖販賣而陳列仿冒商標商品罪[89]。

肆、例題解析

一、網路販賣侵害商標權商品

明知他人所為之前2條商品而販賣，或意圖販賣而持有、陳列、輸出或輸入者，處1年以下有期徒刑、拘役或科或併科新臺幣5萬元以下罰

---

[88] 陳匡正，商標戲謔仿作之合理使用判斷，評智慧法院100年度行商訴字第104號行政判決及智慧財產法院103年度刑智上易字第63號刑事判決，月旦法學雜誌，243期，2015年8月，頁238。

[89] 智慧財產法院103年度刑智上易字第63號刑事判決。

金；透過電子媒體或網路方式為之者，亦同（商標法第97條）。商標法第97條所稱意圖販賣而陳列之犯罪態樣，固以行為人將侵害商標權之商品直接陳列於貨架上為其典型，然隨時代變遷及交易型態之改變，毋庸藉助實體銷售通路而透過網際網路進行商品交易，從中降低店租及庫存成本，已成現今邁入資訊時代之重要趨勢。而當行為人將所欲販售之商品外型或其細微設計，藉由單一或不同角度進行拍攝呈現影像，並張貼於拍賣網站之網頁上，使不特定多數人均可直接瀏覽觀看上開影像並挑選所需商品時，行為人既已對於其所侵害之商標圖樣有所主張，相對一方之買家亦可清楚辨識表彰該項商品來源之商標，就商標法所揭示之保障商標權及消費者利益之立法目的而言，上開交易模式所達成之效果實與在貨架上陳設擺放商品無異，屬商標法第97條所稱之意圖販賣而陳列行為。準此，核甲之所為，係犯商標法第97條規定，明知為未得商標權人同意於同一商品使用相同之註冊商標之商品而意圖販賣而陳列罪。

二、販賣仿冒商標商品吸收陳列仿冒商標商品

　　甲明知系爭商標向經濟部智慧財產局申請核准在案之商標，在商標權期間內指定使用於皮包、領帶、絲巾、吊飾等商品，現仍在商標權期間內。詎被告明知其販入之使用系爭商標圖樣商品，均係未經商標權人同意或授權，其與商標權人所生產或授權製造之同一商品，使用相同註冊商標之仿冒商品。竟仍基於販賣營利之犯意，利用所有之電腦及筆記型電腦連接網際網路後登入「雅虎奇摩」拍賣網站，以「Banana」名義，刊登販售各商品之圖片及訊息，並留有電子郵件信箱與行動電話門號，供不特定之相關消費者上網瀏覽選購而公開販售。核甲之所為，係犯商標法第97條之非法販賣侵害商標權之商品罪。其意圖販賣而在網路上陳列仿冒商標商品之低度行為，為販賣仿冒商標商品之高度行為所吸收，不另論罪。而扣案仿冒商標商品，均應依商標法第98條規定宣告沒收。扣案電腦主機及筆記型電腦，為甲其所有，亦為其連接網際網路，並於網站上刊登販售

本案扣案物品之訊息及圖片所用之物，是爲甲所有供犯本案所用之物，應依刑法第38條第1項第2款規定沒收之[90]。

第五節　沒　收

　　衡量犯侵害商標罪所製造、販賣、持有、陳列、輸出或輸入之商品，或所提供於服務使用之物品或文書，雖非違禁物，然任令該等物品在外流通，將繼續侵害商標權人、證明標章權人或團體商標權人權益，並助長他人遂行侵害行爲之情形，故應義務沒收，以防止流入市面，以降低侵害行爲發生之風險。

例題13

行爲人基於販賣盜版仿冒商標商品以行使僞造準私文書之包括犯意，購得未經A公司同意或授權製造之遊戲機周邊商品、規避防盜拷措施之轉接卡後，旋在雅虎奇摩拍賣網站架設網路帳號，刊登欲以每件新臺幣（下同）200至500元不等之價格販售之訊息以陳列，並販售予不特定網路買家牟利，再以郵局包裹或宅配方式寄送該盜版仿冒商標商品予網路買家，侵害A公司之著作財產權及商標權，足生損害於A公司。嗣經警僞裝扣得上開侵害著作財產權及商標權之物品。試問扣案物品，應依據何法律宣告沒收？

壹、義務沒收主義

　　侵害商標權、證明標章權或團體商標權之物品或文書，不問屬於犯人與否，沒收之（商標法第98條）。此爲刑法第38條有關於沒收物之特別規定，應優先適用，採義務沒收主義。從刑附屬於主刑，除法律有特別規

---

[90] 智慧財產法院100年度刑智上易字第94號刑事判決。

定者外，依主刑所適用之法律。故被告行為後主刑之法律有修正，依刑法第2條規定比較主刑所應適用之新法或舊法，從刑應依主刑適用之新法或舊法。同時違反著作權法及商標法之刑事案件。例如，扣案之盜版遊戲光碟，係被告販入或重製之盜版光碟，係供被告犯本件侵害著作權犯罪所用之物，亦係侵害他人商標權所製造之商品，且均屬被告所有，著作權法及商標法均有沒收之規定。因商標法第98條義務沒收規定，應優先於著作權法第98條職權沒收適用，自應依商標法第98條規定宣告沒收[91]。

貳、單獨宣告沒收

一、緩起訴處分

　　被告違反商標法案件，經檢察官依刑事訴訟法第253條之1為緩起訴處分後，檢察官依商標法第98條規定、刑法第40條第2項規定，對於扣案經鑑識結果，認定屬仿冒商標商品聲請單獨宣告沒收，法院應予准許。申言之，刑法第40條第2項之專科沒收之物，雖非違禁物，然其性質究不應令在外流通，自有單獨宣告沒收之必要。因商標侵害案例中，涉案被告主張仿冒之商品非其所有，為被告所屬之法人或其他人所有時，致法院無法對仿冒諭知沒收，反而須發還所有人任其重回市面流通，則有礙取締仿冒之成效。職是，扣案之仿冒商標屬絕對義務沒收之物，為專科沒收之物，檢察官依商標法第98條及單獨宣告沒收之規定，得聲請將仿冒商標商品宣告沒收[92]。

二、不起訴處分

　　檢察官以被告犯罪嫌疑不足，雖依刑事訴訟法第252條第10款為不處分，然扣案商品確為仿冒商品，檢察官亦得依據刑法第40條第2項規定，

---

[91] 最高法院95年度第8次刑事庭會議決議（五）。
[92] 智慧財產法院98年度刑智抗字第13號、99年度刑智抗字第4號、100年度智抗字第3號刑事裁定。

向法院聲請單獨宣告沒收[93]。例如，被查扣之仿冒LV圍巾，經鑑定結果認係仿冒LV商標之圍巾，被告供稱其將銀行帳號借前女友乙上網拍賣使用，而扣案之仿冒LV圍巾條係警員上網向乙購得，而乙被查獲坦承上網拍賣仿冒LV商品等情，經檢察官認乙犯商標法第97條之販賣仿冒商品罪嫌，因其已於網路刊登悔過書等情，而依職權不起訴處分確定，則檢察官依商標法第98條、刑法第40條第2項規定，得聲請將上開仿冒LV圍巾條宣告沒收[94]。

三、無罪判決確定

被告因涉犯商標法第97條之販賣仿冒商品案件，業經法院判決無罪確定，且本案扣案物均經判決認定確有使相關消費者產生混淆誤認與商標權人註冊之商標圖樣之商品來自同一或有關聯之來源，確屬仿冒商標之商品，且非違禁物，上開扣案物可依刑法第40條第2項規定單獨宣告沒收。質言之，刑罰法令關於沒收之規定，有採職權沒收主義與義務沒收主義，職權沒收，指法院就屬於被告所有，並供犯罪所用或因犯罪所得之物，仍得本於職權為斟酌沒收與否之宣告。例如刑法第38條第1項第2款、第3款或第3項前段。義務沒收，可分為絕對義務沒收與相對義務沒收，前者指凡法條規定不問屬於犯人與否，沒收之者，法院就此等之物，無審酌餘地，除已證明滅失者外，不問屬於犯人與否或有無查扣，均應沒收之。後者指凡供犯罪所用或因犯罪所得之物，雖均應予以沒收，然仍以屬於被告或共犯所有者為限[95]。商標法第98條之沒收，為絕對沒收原則之規定，除證明已滅失者外，不問屬於犯人與否，有無查扣，均應予以沒收，無審酌之餘地[96]。職是，被告涉犯商標法第97條之販賣仿冒商標商品罪，經法院

[93] 98年度智慧財產法律座談會彙編，司法院，2009年7月，87頁。
[94] 智慧財產法院98年度刑智抗字第6號刑事裁定。
[95] 最高法院93年度台上字第2751號刑事判決。
[96] 最高法院97年度台上字第2786號刑事判決。

審理，以被告非明知扣案皮件為仿冒商標之商品，而判決無罪確定，本案所扣得仿冒商標之商品，係被告所有。故扣案物係未得商標權人同意，而於同一或類似商品，使用與商標權人相同之註冊商標之物，確係仿冒商標之商品，屬商標法第98條規定之專科沒收之物，不因被告主觀上是否欠缺販賣仿冒商品之犯意，而影響仿冒商品之性質，是本案之扣案仿冒皮件自得依刑法第40條第2項規定單獨宣告沒收。

參、例題解析——扣案物之沒收

　　著作權法及商標法均有沒收之規定。因商標法第98條義務沒收規定應優先於著作權法第98條職權沒收適用，自應依商標法第98條規定宣告沒收。準此，扣案侵害著作財產權及商標權之物品，應依商標法第98條規定宣告沒收，此為義務沒收應優先於著作權法第98條適用之。而僅侵害著作財產權之扣案物品，倘為被告所有、供本案犯罪所用之物，則依著作權法第98條規定宣告沒收[97]。

---

[97] 智慧財產法院101年度刑智上訴字第58號刑事判決。

第四章

著作權法

目　次

（續）

目 次

關鍵詞：明知、光碟、市場、接續犯、事業主、告訴乃論、意圖營利、公開陳列、改機晶片、想像競合犯、構想與表達二分法、防盜拷措施

　　侵害著作權者之刑事責任，分別由著作權法第7章之第91條至第103條加以規範。原則上著作權侵害之案件，為告訴乃論之罪。例外情形，係犯著作權法第91條第3項之意圖銷售或出租而擅自以重製光碟、第91條之1第3項之明知係侵害著作財產權之重製物而散布或意圖散布而公開陳列或持有光碟之罪，則屬非告訴乃論之罪。有關著作要件與是否侵害著作權之事實，應由檢察官或自訴人負舉證責任[1]。本章佐以29則例題，用以分析、探討侵害著作權之刑事案件。

刑事責任	法條依據
重製罪	著作權法第91條
侵害散布罪	著作權法第91條之1
侵害重製罪以外之專有權罪	著作權法第92條
侵害著作人格權罪	著作權法第93條第1款
違反音樂強制授權罪	著作權法第93條第2款
視為侵害著作權罪	著作權法第93條第3款
違反過渡條款罪	著作權法第95條
違反合理使用罪	著作權法第96條
破壞權利管理電子資訊罪	著作權法第96條之1
沒收、沒入、銷燬	著作權法第98條、第98條之1
刑事判決書登報	著作權法第99條

第一節　概　說

　　外國人之著作合於著作權法第4條之互惠原則者，該外國之著作在我國享有著作權，屬受我國著作權法所保護之著作。我國自2002年1月1日正式加入世界貿易組織（WTO），依世界貿易組織協定（WTO Agree-

---

[1]　最高法院99年度台上字第50號刑事判決。

ment）所包含之與貿易有關之智慧財產權協定（TRIPS）第9條第1項及伯恩公約第3條規定，我國對於同屬世界貿易組織會員國國民之著作，應加以保護[2]。

第一項　追訴條件

著作財產權人得授權他人利用著作，其授權利用之地域、時間、內容、利用方法或其他事項，依當事人之約定（著作權法第37條第1項前段）。專屬授權之被授權人在被授權範圍內，得以著作財產權人之地位行使權利，並得以自己名義為訴訟上之行為。著作財產權人在專屬授權範圍內，不得行使權利（第2項）。準此，第三人侵害著作財產權時，專屬授權之被授權人係犯罪之直接被害人，得依法提起告訴或自訴。

例題1

甲將其創作之音樂著作之著作財產權非專屬授權予乙，因丙侵害該音樂著作財產權。試問乙主張其為犯罪被害人，向法院對丙提起刑事告訴，法院應如何審理？

例題2

丙因違反著作權法與犯恐嚇取財罪嫌，經檢察官以丙所犯二罪，係一人犯數罪之相牽連案件，且屬地方法院管轄之相牽連案件，依據刑事訴訟法第7條第1款、第6條第1項規定，將二罪合併偵查，並於偵查終結後，依智慧財產案件審理法第23條與刑事訴訟法第15條前段規定，向地方法院合併起訴，經地方法院依通常程序合併審理，依數罪併罰，對丙分別判處罪刑。

---

[2]　智慧財產法院101年度刑智上訴字第56號刑事判決。

丙就其違反著作權法之罪，依智慧財產審理法第25條第1項規定，向智慧財產提起上訴，另就恐嚇取財罪向高等法院提起上訴。試問檢察官僅就恐嚇取財罪向智慧財產及商業法院提起上訴，法院應如何處理？

壹、告訴與非告訴罪

一、告訴乃論之罪

　　關於著作權侵害之案件，原則上須告訴乃論，係以有告訴權人提出合法告訴為訴追要件。專屬授權之被授權人在被授權範圍內，得以著作財產權人之地位，以自己名義提起刑事告訴（著作權法第37條第4項）。告訴人非著作權人或專屬授權之被授權人，並非直接被害人，故告訴不合法者，法院應為不受理判決之諭知[3]。

二、非告訴乃論之罪

　　著作權侵害之案件，係犯第91條第3項之意圖銷售或出租而擅自以重製光碟、第91條之1第3項之明知係侵害著作財產權之重製物而散布或意圖散布而公開陳列或持有光碟罪，則屬非告訴乃論之罪（著作權法第100條）。縱使告訴人未享有著作權或非被授權人，僅告訴人所提告訴不合法，法院仍應為實體審理與判決[4]。

貳、外國法人

一、世界貿易組織會員國

　　我國自2002年1月1日正式加入世界貿易組織，依據世界貿易組織協

---

[3]　最高法院99年度台上字第50號刑事判決。智慧財產法院98年度刑智上訴字第44號、99年度刑智上易字第45號、100年度刑智上訴字第55號刑事判決。

[4]　智慧財產法院98年度刑智上易字第7號、100年度刑智上訴字第55號刑事判決。

定所含之與貿易有關之智慧財產權協定第9條第1項、伯恩公約第3條規定，我國對於同屬世界貿易組織會員國國民之著作，應加以保護，依著作權法第4條第2款之規定，其等著作財產權存續期間內，自應受我國著作權法之保護。而未經認許之外國法人，對於第91條至第93條、第95條至第96條之1之罪，得爲告訴或提起自訴（著作權法第102條）。

二、委任代理人代行告訴

　　外國法人在我國進行訴訟而委任代理人代行告訴者，授權人是否有權代表該外國法人委任受任人爲代理人，受任之代理人有無合法代行告訴權限，因屬私法性質，仍應依其適用之準據法定之。職是，外國公司在我國所進行之訴訟，有關該公司是否成立，有無享有法人人格，其公司之行爲能力、責任能力及組織、權限如何等私法問題，仍應依外國之本國公司法或其他法律定之，不得逕行適用我國民事法律之規定，僅以我國公司法所定之公司負責人爲有權代表公司之人[5]。

參、告訴權之變更

　　被告所犯之罪，法律是否規定須告訴乃論，其內容及範圍之劃定，暨其告訴權之行使、撤回與否，事涉國家刑罰權，非僅屬單純之程序問題，倘有變更，應認係刑罰法律之變更，即有刑法第2條第1項但書之適用。倘其行爲時之舊法原規定屬告訴乃論之罪，裁判時之新法經修正變更爲非告訴乃論之罪，如未經告訴或告訴不合法，則舊法對國家刑罰權之發動所爲一定限制之規定，其訴追條件之具備與否，依舊法之規定觀察，較有利於被告，自應適用舊法之規定，認須告訴乃論，法院應在其訴追條件完備之前提，始得爲實體判決。準此，必須已依法告訴及未經撤回告訴時，始就其罪刑有關之一切情形，綜合全部之結果，而爲比較適用對被告最有利

---

[5] 最高法院92年度台上字第789號刑事判決。

之法律[6]。而司法警察官或司法警察對侵害他人之著作權或製版權，經告訴、告發者，得依法扣押其侵害物，並移送偵辦（著作權法第103條）。

肆、判斷著作權侵害

構想與表達二分法理論係著作權法最基本與重要之法理，因著作權法不保護著作內所蘊含之構想或事實，僅保護對該構想或事實之一定表達形式，而觀念本身在著作權法上並無獨占之排他性，任何人均可自由利用[7]。申言之，判斷是否侵害著作財產權，應自二層面思考之，首先判斷所侵害者表達或者為思想或觀念本身，前者始為著作權法所保護之標的[8]。繼而認定侵害者是否有接觸及實質相似之抄襲行為。抄襲有主觀要件與客觀要件，接觸為確定故意抄襲之主觀要件，而實質相似為客觀要件，實質相似包含量之相似與質之相似。所謂實質相似，係指表達方式相似，非為觀念之相似。思想與表達二分法理論，源自美國聯邦最高法院1880年之Baker v. Selden事件，認為思想屬公共資產，不受著作權法之保護，著作權法所保護之標的為表達[9]。故著作權之保障不及於該著作中之觀念、程序、過程、系統、操作方法、概念、原理或發現（著作權法第10條之1）。所謂表現形式或表達，係指作品內構想與事實所用之語言、闡發、處理、安排及其順序。

一、接 觸

所謂接觸者（access），除直接實際閱讀外，亦包含依據社會通常情況，被告應有合理之機會或合理之可能性閱讀或聽聞原告之著作。原告對

---

[6] 最高法院95年度台上字第1685號刑事判決。

[7] 美國著作權法第102條(b)規定，對原創性著作之保護，不應及於其內所合之任何構想、程序、過程、系統、操作方法、概念、原理或發現，無論其在該著作中是以何種形式被描述、闡釋、例證或具體表現。TRIPS第9條第2項亦有相同之規範。

[8] 最高法院81年度台上字第3063號民事判決。

[9] Baker v. Selden, 101 U.S.99 (1880).

於被告有接觸原告著作之事實，應負舉證責任，其有直接證據或間接證據。前者，如原告因執行業務之故，自著作人處取得或接觸被抄襲之著作[10]。後者，倘原告之著作已行銷於市面或公眾得於販賣同種類之商店買得該著作，被告得以輕易取得，即滿足接觸之舉證。準此，原告主張被告之著作係抄襲其著作者，此有利於原告之事實，應舉證證明被告曾接觸被抄襲之著作（民事訴訟法第277條本文）[11]。至於接觸雖應以直接或間接證據證明，惟兩造之著作有明顯近似處，其有合理排除被告有獨立創作之可能性時，即可推定被告曾接觸原告之著作，原告自不負舉證責任。例如，著作間有共同錯誤、無意義之成分、不當引註或非必要贅語，自可認定被告曾接觸原告之著作[12]。倘被告抗辯稱兩造之著作有非明顯近似，或被告著作係獨立創作，則應由被告舉反證證明之。

二、實質相似

（一）量之近似與質之近似

判斷是否實質相似（substantial similarity），應審究量之近似與質之近似等因素。所謂量之相似，係指抄襲部分所佔比例為何，實質相似所稱量之相似，其與著作之性質有關。故寫實或事實作品比科幻、虛構或創作性之作品，通常有較多之相似分量，故雷同可能性較高[13]。所謂質之相似，係指抄襲部分是否為重要成分，倘屬重要部分，即構成實質之近似，不因使用著作者有添加部分不重要或不相關之內容，則可免除侵害著作權之責任[14]。準此，抄襲部分為原告著作之重要部分，縱使僅占原告著作之

---

[10] 智慧財產法院97年度刑智上訴字第48號刑事判決。

[11] 最高法院81年度台上字第3063號民事判決。

[12] 羅明通，著作權法罰則專題研究─著作抄襲之刑責判斷，智慧財產專業法官培訓課程，司法院司法人員研習所，2006年6月，449頁。智慧財產法院98年度民著訴字第42號民事判決。

[13] 羅明通，著作權法論2，群彥圖書股份有限公司，2005年9月，6版，465頁。

[14] 智慧財產法院99年度民著訴字第40號民事判決。

小部分，亦構成實質之相似[15]。

（二）整體觀念與感覺

　　法院於認定有無侵害著作權之事實時，應審酌一切相關情狀，就接觸及實質相似爲審愼調查，其中實質相似不僅指量之相似，亦兼指質之相似。在判斷圖形、攝影、美術、視聽等具有藝術性或美感性之著作是否抄襲時，倘使用與文字著作相同之分析解構方法爲細節比對，常有其困難度或可能失其公平，故爲質之考量時，應特加注意著作間之整體觀念與感覺[16]。例如，比對被告作品與原告美術著作物結果可知，就量之相似而言，兩者在量上已達相當比例相同或相似程度。就質之相似以觀，被告作品之整體線條布局，分爲右上半部、左半部及右下半部，其中右上半部有圓圈狀之主體，該圓圈狀向上呈放射狀之弧狀，而圖面左半部有重疊圓弧，圖面右下半部有自向右呈放射狀之線條與呈藍紅色帶之區域，被告作品之表達處，均與原告美術著作物之精華部分相同，即構成質之相似[17]。

三、分析比對

　　侵害著作權態樣與技巧日新月異，實不易有全部抄襲之例。故有意剽竊者，自會爲相當程度之變化，以降低或沖淡近似之程度，以避免成立侵權，致侵權之判斷益形困難。職是，判斷是否抄襲時，應同時考慮使用之質與量，以杜投機之舉，故縱使抄襲之量非大，然其所抄襲部分爲精華或重要核心，仍會成立侵害。法院進行分析比對時，不僅以文字比對之方法判斷是否抄襲，亦應對非文字部分進行分析比較，並區分具有原創性與非原創性之表達。因未經同意複製具原創性之表達部分，固應成立違法重製，然僅抄襲其他不具原創性之表達部分，非屬著作權法所保護之標的，

---

[15] 羅明通，著作權法論2，群彥圖書股份有限公司，2005年9月，6版，465至466頁。

[16] 最高法院97年度台上字第6499號刑事判決。

[17] 智慧財產法院99年度民著訴字第36號民事判決。

自不構成著作權法之重製[18]。例如，就語文著作而言，判斷二件著作是否實質近似時，不僅應就有原創性之文字部分判斷，亦應就非文字之部分，即其故事結構、鋪陳次序、布局或角色互動等具有原創性表達部分，予以判斷。因法院為判斷實質相似之主體機關，故證人、鑑定人或鑑定報告僅為證據方法，其為法院判斷之參考，對法院並無拘束力，不得直接取代法院之判斷（民事訴訟法第222條第1項），自應踐行調查證據之程序繼而定其取捨[19]。

伍、例題解析

一、非專屬被授權人提起告訴

　　著作權之授權利用，有專屬授權與非專屬授權之類型。非專屬授權，著作財產權得授權多人，不受限制。而專屬授權者，係獨占之許諾，著作財產權人不得再就同一權利更授權第三人使用，甚至授權人自己亦不得使用該權利。專屬授權之被授權人於其被授權之範圍內既獨占利用著作財產權，其權利之被侵害與原著作財產權人之權利被侵害，並無不同，其係犯罪之直接被害人，自得依法提起告訴或自訴[20]。因非專屬授權與專屬授權不同，其未獨占利用著作財產權，故非犯罪被害人，依法即不得提起告訴[21]。準此，甲雖將其音樂著作之著作財產權非專屬授權予乙，然乙非犯罪被害人，乙對侵害該音樂著作之著作財產權人提起告訴，屬告訴乃論之罪未經合法告訴，法院應為公訴不受理之諭知（刑事訴訟法第303條第3款）[22]。

---

[18] 黃銘傑，重製權侵害中「實質類似」要件判斷之方式與專家證人之運用──板橋地方法院96年度智字第18號判決，月旦法學雜誌，189期，2011年2月，196頁。
[19] 最高法院79年台上字第540號民事判決。
[20] 最高法院86年度台上字第3612號刑事判決。
[21] 最高法院92年度台上字第5731號刑事判決。
[22] 智慧財產法院101年度刑智上更（一）字第6號刑事判決。

二、智慧財產刑事案件有相牽連關係之管轄法院

其與智慧財產案件審理法第23條案件有刑事訴訟法第7條第1款所定相牽連關係之其他刑事案件，經地方法院合併裁判，並合併上訴者，應向管轄之智慧財產及商業法院提起上訴（智慧財產案件審理法第25條第1項、第2項本文）。丙就其違反著作權法之罪，向智慧財產及商業法院提起上訴，而檢察官就恐嚇取財罪向智慧財產及商業法院提起上訴，符合合併上訴之要件，是智慧財產及商業法院取得管轄權。至於丙就恐嚇取財罪向高等法院提起上訴，其上訴雖合法。然高等法院就此並無管轄權，故高等法院應以管轄錯誤判決，將恐嚇取財罪之上訴移轉智慧財產及商業法院審理，或逕行函送智慧財產及商業法院併予審理[23]。

第二項　罪數計算

侵害著作權之刑事案件常涉及行為罪數認定之問題，究屬單純一罪、包括一罪、裁判上一罪或數罪併罰，因各犯罪類型之案情差異，而有不同之認定，實有論究之必要性。

例題3

甲自2020年7月10日起至2020年10月12日之被警查獲日止，在其玩具店內先後多次行使偽造私文書、販賣仿冒商標商品、販賣侵害著作財產權光碟重製物、違法為公眾提供規避防盜拷措施之零件之行為。試問甲之犯行，應如何處斷？

---

[23] 98年度智慧財產法律座談會彙編，司法院，2009年7月，77至81頁。

壹、接續犯

犯罪行為人所為究竟應成立一罪或數罪,決定之依據,在於罪數論所描述之一行為,係指人之單一意思決定所啟動之一個複合性因果流程,一個複合之因果流程,是由數個彼此相互連結而具有方法目的、原因結果或持續複製關係之因果事實所構成。該一行為係社會經驗認知之一行為,其為構成一罪之行為,不論實現一個或數個構成要件,均僅評價為一罪。所謂接續犯者,係指數個在同時同地或密切接近之時地,侵害同一法益之行為,因各舉動之獨立性甚為薄弱,社會通念認為無法強行分開,故將之包括視為一個行為之接續進行,給予單純一罪之刑法評價。準此,行為人侵害著作權之行為,係在密集期間內以相同方式持續進行,而未曾間斷者,該等侵害著作權之犯行,具有反覆、延續實行之特徵,自行為之概念以觀,縱有多次侵害商標之舉措,仍應評價為包括一罪之接續犯。

貳、數罪併罰

行為人侵害同一法益之行為,具有獨立性,依社會通念可區隔者,則不應被評價為罪數上之一行為[24]。申言之,侵害著作權之犯罪,非屬於應反覆或延續實行者,始能成立之犯罪,該等侵害著作權之行為,亦有單一或偶發性販賣之情形,並非絕對具有反覆、延續實行之特徵。職是,行為人侵害著作權而經查獲後,倘仍繼續為前開侵害著作權之犯行,自可認定犯意已中斷,其嗣後之行為,係另行起意所為,其與查獲前之犯行,應依數罪併合處罰[25]。

參、例題解析──想像競合犯

甲自2020年7月10日起至2020年10月12日之被警查獲日止,在其玩具

---

[24] 智慧財產法院101年度刑智上訴字第9號刑事判決。
[25] 智慧財產法院101年度刑智上訴字第69號刑事判決。

店內先後多次行使偽造私文書、販賣仿冒商標商品、販賣侵害著作財產權光碟重製物、違法為公眾提供規避防盜拷措施之零件之行為，均位於同一地點，且係持續進行未曾間斷，顯出於甲之一個犯意決定，復在客觀上具有反覆、延續實行之特徵，即反覆性之構成要件實現行為，雖該反覆、延續實行之特徵提高不法內涵與罪責之量，然仍屬同質之行為，故在法律評價上應認為係一行為者，始符合社會通念，始屬適度之評價而不至過苛。準此，甲以法律評價之一行為，同時觸犯行使偽造私文書罪、販賣仿冒商標商品罪、明知係侵害著作財產權之重製光碟而散布罪、違法為公眾提供避防盜拷措施之零件罪，且同時侵害著作權，其為想像競合犯，應依刑法第55條規定，從一重之行使偽造私文書罪處斷[26]。

第三項　兩罰主義

　　兩罰規定之目的，在於業務主為事業之主體者，應負擔其所屬從業人員於執行業務時，不為違法行為之注意義務，是處罰其業務主，係罰其怠於使從業人員不為此種犯罪行為之監督義務，就同一犯罪，同時處罰行為人與業務主。

例題4

　　A出版公司之職員甲未經語文著作權人乙之同意，將乙之語文著作交予A出版公司印製與銷售，乙以甲有侵害著作權為由，提起告訴，經檢察官提起公訴。試問檢察官是否可得對A出版公司提起公訴？理由為何？

---

[26] 最高法院101年度台上字第4332號刑事判決；智慧財產法院101年度刑智上訴字第49號刑事判決。

例題5

> 　　甲為A公司之負責人，先以新臺幣1萬元之價格，為顧客組裝電腦主機1臺後，並於擅自以重製方法侵害他人著作財產權之犯意，以光碟安裝方式，將他人有著作財產權之電腦程式軟體，重製組裝在電腦主機內。復經6個月後，亦以相同之價格與方式，為顧客組裝電腦主機1臺與重製電腦程式軟體。試問甲與A公司有何刑責？理由為何？

壹、業務主與行為人

一、兩罰責任

　　法人之代表人、法人或自然人之代理人、受雇人或其他從業人員，因執行業務，犯第91條至第93條、第95條至第96條之1之罪者，除依各該條規定處罰其行為人外，對該法人或自然人亦科各該條之罰金（著作權法第101條第1項）。對前開行為人、法人或自然人之一方告訴或撤回告訴者，其效力及於他方（第2項）。

二、法人代表人之送達

　　法人之代表人可能於審理時變更，是應於收案時調閱相關公司登記資料，並於判決時再次調閱，以確保審判之對象無誤。例如，被告公司之代表人前於第一審之審理時變更，因第一審疏未注意，仍以前任代表人為審判對象，並為一審判決正本之送達，然此顯非合法。嗣於第二審審理時，重行送達予現任代表人，並經其表明提起上訴之意，刑事案件之訴訟程序始謂合法[27]。

---

27 智慧財產法院97年度刑智上易字第70號刑事判決。

貳、著作權法第101條第1項

　　著作權法第101條第1項之規定，係爲保障著作權，就從業人員因執行業務，犯著作權法第91條至第93條、第95條至第96條之1之罪者，併處罰其業務主或事業主之兩罰規定，對於從業人員因執行業務之違法行爲，既處罰實際行爲之從業人員，並罰其業務主。業務主爲事業之主體者，應負擔其所屬從業人員於執行業務時，不爲違法行爲之注意義務，是處罰其業務主，乃罰其怠於使從業人員不爲此種犯罪行爲之監督義務，故兩罰規定，就同一犯罪，既處罰行爲人，亦處罰業務主，無關責任轉嫁問題，從業人員係就其自己之違法行爲負責，而業務主則就其所屬從業人員關於業務上之違法行爲，負業務主監督不周之責任，從業人員及業務主就其各自犯罪構成要件負其責任。準此，著作權法第101條第1項規定，係以業務主爲處罰對象；從業人員因執行業務犯該法第91條至第93條、第95條至第96條之1之罪者，依各該條規定處罰之[28]。

參、例題解析

一、追加起訴事業主

　　檢察官於第一審辯論終結前，得就與本案相牽連之犯罪或本罪之誣告罪，追加起訴。追加起訴，得於審判期日以言詞爲之（刑事訴訟法第265條）。事業主之屬從業人員因犯著作權法罪嫌而經檢察官起訴，可依著作權第101條應科事業主相關之罰金爲由，向法院追加起訴，增列事業主爲刑事被告[29]。職是，A出版公司之職員甲未經語文著作權人乙之同意，將乙之語文著作交予A出版公司印製與銷售，乙以甲有侵害著作權爲由，提起告訴，經檢察官提起公訴在案，檢察官得於第一審辯論終結前，追加起訴A出版公司。

---

[28]　最高法院92年度台上字第2720號刑事判決。
[29]　智慧財產法院101年度刑智上易字第66號刑事判決。

二、法人之代表人犯著作權法第91條第1項與法人應科之罰金

（一）罪數認定

　　所謂接續犯者，係指立法者所制定之犯罪構成要件中，本即預定有數個同種類行為而反覆實行之犯罪而言。故是否接續犯之判斷，客觀上應斟酌法律規範之本來意涵、實現該犯罪目的之必要手段、社會生活經驗中該犯罪必然反覆實行之常態及社會通念等；主觀上視其反覆實行之行為是否出於行為人之單一犯意，並秉持刑罰公平原則，加以判斷。著作權法第91條第1項之擅自以重製之方法侵害他人之著作財產權罪，並未規定須反覆實行始得成立，實無從憑以認定立法者本即預定該項犯罪之本質，必有數個同種類行為，而反覆實行。倘重製一次與重製多次同視，均論以一罪，無異變相鼓勵侵害他人之著作財產權，顯非社會通念所能接受。

（二）數罪併罰

　　甲前開二次重製電腦程式軟體之犯行，兩者已相隔逾半年，時間顯非密接，其係基於個別犯意所為，非出於主觀之單一犯意所為。核甲之犯行，均係犯著作權法第91條第1項之擅自以重製之方法侵害他人著作財產權罪。甲為A公司負責人，故A公司因其代表人甲執行業務之行為，係犯著作權法第91條第1項之罪，是A公司應依著作權法第101條第1項規定，科以同法第91條第1項之罰金刑。職是，A公司與其代表人甲之2次犯行，顯係基於各別犯意而為，行為有異，自均應分論併罰[30]。

第四項　酌量加重罰金

　　犯罪所得利益，超過罰金最多額時，倘不加重處罰，易失懲戒之初意，爰比照刑法第58條規範意旨，賦予法官於所得利益內，酌量加重權限。

---

[30] 智慧財產法院101年度刑智上易字第43號刑事判決。

例題6

> 甲意圖銷售而擅自以重製方法侵害乙之語文著作財產權，其因而獲利計有新臺幣500萬元。試問法院處併科罰金時，可否逾法定罰金之最高數額？

壹、罰金加重要件

刑法第58條規定，科罰金時，除依第57條規定之量刑標刑外，並應審酌犯罪行為人之資力及犯罪所得之利益。所得之利益超過罰金最多額時，得於所得利益之範圍內酌量加重。著作權法第96條之2規定，依第七章則科罰金時，應審酌犯人之資力及犯罪所得之利益。倘所得之利益超過罰金最多額時，得於所得利益之範圍內酌量加重。

貳、例題解析——所得之利益逾罰金最多額

按意圖銷售或出租而擅自以重製之方法侵害他人之著作財產權者，處6月以上5年以下有期徒刑，得併科新臺幣20萬元以上200萬元以下罰金（著作權法第91條第2項）。甲意圖銷售而擅自以重製方法侵害乙之語文著作財產權，其因而獲利計有新臺幣500萬元，已逾罰金最多額200萬元，法院處併科罰金時，得於200萬元至500萬元間併科罰金。

第五項　刑事判決書登報

民事判決登報應依著作權法第89條規定，以民事訴訟方式處理。而刑事確定判決書之登載，則依據著作權法第99條規定，應由刑事裁定為之，以刑事訴訟法方式處理。

例題7

　　甲明知乙享有電腦程式軟體，非經著作財產權人乙之同意或授權，不得擅自重製。甲基於擅自以重製方法侵害乙著作財產權之犯意，侵害乙之著作財產權。試問乙以甲違反著作權法為由，在侵害著作權之刑事案件，提起附帶民事訴訟，請求甲登載刑事判決書，有無理由？

壹、刑事裁定

　　犯第91條至第93條、第95條之罪者，因被害人或其他有告訴權人之聲請，得令將判決書全部或一部登報，其費用由被告負擔（著作權法第99條）。倘被告拒絕負擔費用，可依刑事判決為執行名義，對被告財產進行強制執行。至於民事判決登報之規定，應依著作權法第89條規定，以民事訴訟方式處理之。著作權法第89條係規定於權利侵害之救濟章，而同法第99條規定於罰則章，依立法體例之解釋，第89條係指民事判決書之登載，第99條則指刑事確定判決書之登載。參諸著作權法第99條於1992年6月10日之立法理由，係參考刑事訴訟法第315條之規定而增訂，法院就此聲請所為之處分，刑事訴訟法未規定須經判決，依同法第220條規定，應由法院以裁定行之，倘被告延不遵行，由檢察官準用同法第470條及第471條等規定執行[31]。

貳、例題解析──刊登刑事判決書之要件

　　甲基於擅自以重製方法侵害乙著作財產權之犯意，侵害乙之著作財產權，乙以甲違反著作權法為由，在侵害著作權之刑事案件，提起附帶民事訴訟，雖請求甲登載刑事判決書。然刑事確定判決書之登載，應依刑事訴

---

[31] 司法院釋字第159號解釋及其解釋理由書；智慧財產法院101年度重附民上字第7號刑事附帶民事訴訟判決。

訟法第220條規定，由法院以刑事裁定行之，非以民事訴訟方式處理，故乙於刑事附帶民事訴訟案件請求登載刑事判決書，其無理由。

第六項 阻卻違法事由

著作權法固賦予著作人各種權利，保障私益，然為促進國家文化發展，乃規定合理使用制度，以調和私益與公益，故對著作權人所享之著作權，予以一定限制。倘有合理使用之事由，行為人無庸應經著作權人同意或授權，仍得使用著作。準此，行為人之行為雖該當於侵害著作權之要件，然有合理使用他人著作之事由存在，即可排除該行為之違法性，為阻卻違法事由[32]。

例題8

A機關將甲所著之民法概要重製500本，作為該機關之訓練教材，民法概要為語文著作。試問A機關未經甲同意，得否主張合理使用？是否侵害甲之著作權？

例題9

乙為公立高中學校之英文教師，其編製學校試題時，利用坊間教科書業者所編製供學生練習測驗卷或學習講義之試題。試問乙之行為，得否主張合理使用？

壹、合理使用之個別條款

著作權法第44條至第64條為合理使用之個別條款，分別規範中央或

---

[32] 智慧財產法院98年度刑智上更（一）字第16號刑事判決。

地方機關（著作權法第44條）、司法機關（著作權法第45條）、學校授課（著作權法第46條）、編製教科書與其教學輔助用品（著作權法第47條第1項、第2項）、教育目的之公開播送（著作權法第47條第3項）、身障礙者之利用（著作權法第53條）、考試用途（著作權法第54條）、文教機構之收藏（著作權法第48條）、報導或學術之目的（著作權法第52條）、論文摘要之重製（著作權法第48條之1）、美術或攝影著作（著作權法第57條）、長期展示之美術或建築著作（著作權法第58條）、時事報導之必要利用（著作權法第49條）、機關或公法人之著作（著作權法第50條）、廣播或電視之公開播送（著作權法第56條）、社區共同天線之轉播（著作權法第56條之1）、新聞自由（著作權法第61條）、維護知之權利（著作權法第62條）、個人或家庭使用（著作權法第51條）、公益活動使用（著作權法第55條）、電腦程式等合理使用（著作權法第59條）、依法利用他人著作（著作權法第63條）及註明出處（著作權法第64條）等合理使用範圍。

貳、合理使用之一般條款

著作之合理使用，係使用者依法享有利用他人著作權之權利，不構成著作財產權之侵害（著作權法第65條第1項），係著作權侵害之違法阻卻事由[33]。著作之利用是否合於第44條至第63條規定或其他合理使用之個別具體情形，應審酌一切情狀，並應注意一般條款，以為判斷之基準（第2項）。因著作權法第65條第2項所列4款判斷基準，係直接援引美國著作權法第107條有關合理使用之要素內容，該等條款並無輕重之差別，故法院認定被訴行為，是否構成合理使用，自應逐一審酌[34]。其中第1款判斷基準強調利用著作之人之主觀利用目的與利用著作之客觀性質，其有關利

---

[33] 最高法院93年度台上字第851號刑事判決。

[34] 林洲富，著作權法案例式，五南圖書出版股份有限公司，2020年6月，5版1刷，97頁。

用著作性質之判斷，應審究著作權人原始創作目的爲何？是否明示或默示同意第三人得利用其著作。而同條項第2款至第4款屬客觀因素之衡量。換言之，縱使行爲人未能符合著作權法第44條至第64條所例示之個別條款，然行爲人所爲仍有可能符合著作權法第65條第2項所列之判斷標準，而成爲同條項所稱之其他合理使用之情形，得據以免除行爲人侵害著作權責任。故法院應就行爲人主張其行爲，是否合於合理使用之一般條款事由，加以調查並載明其理由，否則爲有罪之判決，自有職權調查未盡及理由不備之違法[35]。

一、利用之目的及性質

（一）商業目的或非營利教育目的

利用目的與性質，包括係爲商業目的或非營利教育目的（著作權法第65條第2項第1款）。一般而言，非營利性之教育目的，其與具有商業目的之利用相比，較容易成立合理使用[36]。所謂商業目的，並非以獲取利潤爲必要，雖非以出售爲目的，然可減免購買之花費者，亦屬以商業爲目的。例如，學生下載音樂或影片供自用或借予他人適用，雖未出售牟利，亦屬商業目的之利用[37]。

（二）調和社會公共利益或國家文化發展

利用之目的及性質，雖分商業目的或非營利教育目的，然依著作權法第1條所規定之立法精神解析其使用目的，並非單純採二分法。申言之，倘使用者之使用目的與性質，有助於調和社會公共利益或國家文化發展，使用目的縱使非屬於教育目的，應予以正面之評價。反之，使用目的及性質，對於社會公益或國家文化發展毫無助益，使用者雖未以之作爲營利之手段，然該使用行爲未有利於其他更重要之利益，致必須犧牲著作財產權

---

[35] 最高法院96年度台上字第3685號刑事判決。
[36] 智慧財產法院98年度民著訴字第15號、100年度民著上字第9號民事判決。
[37] 羅明通，著作權法論2，群彥圖書股份有限公司，2005年9月，6版，265頁。

人之利益,該使用行為,自應給予負面之評價[38]。簡言之,非商業之教育使用,未必為合理使用;反之,商業上使用未必不被容許[39]。

二、著作之性質

　　所謂著作之性質,係指被利用著作之性質而言(著作權法第65條第2項第2款)。例如,在教室使用之一般著作,相較於教科書,其容易成立合理使用;或者著作物之結構、體系、章次、標題雖屬著作物內容之一部,其僅係著作物之抽象架構與理論名目,尚未涉及實質內涵,作者雖予援用,然係以自己之見解,敘述或解釋其內容,且於書上註明其出處,自與剽竊抄襲有別,尚難認已構成著作權之侵害[40]。一般而言,創作性越高或創作性逾事實性內容之著作,應給予較高度之保護,故他人主張對該著作之合理使用的機會越低[41]。

三、利用質量所占比例

(一)精華與核心

　　合理使用他人著作之範圍,除考慮量之利用外,亦應審究利用之質(著作權法第65條第2項第3款)。著作常有其精華與核心部分,故利用他人著作時,倘為全部著作之精華或核心所在,較不易主張合理使用。例如,Play Boy之封面女郎照片,對該著作全體而言甚為重要,係吸引顧客之重心所在,故僅使用該封面照片,亦不構成合理使用[42]。

---

[38] 最高法院94年度台上字第7127號刑事判決。

[39] 黃惠敏、黃千娟、許容慈,「Google圖書館計畫」—美麗新世界?著作權侵害?還是合理使用,萬國法律,170期,2010年4月,76頁。

[40] 刑事法律專題研究6,司法周刊雜誌社,1993年6月,88至90頁。

[41] 羅明通,著作權論2,群彥圖書股份有限公司,2005年9月,6版,266頁。

[42] 許忠信,論著作財產權合理使用之審酌因素,月旦法學雜誌,188期,2011年1月,192頁。

（二）些微利用

行為人所利用之質量占著作之比例，甚為微少，其屬在合理之範圍內。例如，將「昆蟲圖鑑」視為1件著作，僅使用該圖鑑中之1張照片，應屬些微利用之適用。所謂些微利用，係指利用之數量或利用部分之重要性，在數量上微不足道，或實質上屬於非顯著性者，不生侵害著作權之問題。反之，單張攝影著作構成1件著作，故逕自將圖片予以完全重製於其網頁上，並供人重製或下載，其利用攝影著作之質量為100%，該利用全部攝影著作之行為非合理使用[43]。

四、利用結果對潛在市場與現在價值之影響

法院衡量本款基準時，除考量使用人之使用對現在市場的經濟損失外，亦應參酌對市場未來之潛在市場影響，該兩者在判斷時應同具重要性（著作權法第65條第2項第4款）[44]。衡諸常理，利用結果越會影響著作潛在市場與現在價值者，其較不容易成立合理使用。例如，著作已絕版無法經由相關消費市場取得，而教科書較易自消費市場取得者，故絕版著作較易主張合理使用。準此，法院應探討著作物於市面之流通量與著作權有無授權，以判斷利用行為對著作經濟價值之影響。

參、例題解析

一、中央或地方機關重製他人著作

中央或地方機關，因立法或行政目的所需，認有必要將他人著作列為內部參考資料時，在合理範圍內，得重製他人之著作（著作權法第44條本文）。合於第44條之合理使用情形者，亦具有翻譯權（著作權法第63條第1項）。此為政府機關內部之合理使用。所謂內部參考資料，係指僅

---

[43] 智慧財產法院98年度民著訴字第2號民事判決。
[44] 羅明通，著作權法論2，群彥圖書股份有限公司，2005年9月，6版，267頁。

供行政機關公務員內部參考之用，不對外贈送或販賣。至於合理使用之基準，應依據該著作之種類、用途及其重製物之數量、方法，判斷是否有害於著作財產權人之利益者（著作權法第44條但書）。準此，A機關將甲所著之民法概要重製500本，作為該機關之訓練教材，其侵害該書籍之潛在銷路，不得主張合理使用，成立擅自以重製方法侵害他人著作財產權罪（著作權法第91條第1項）。

二、因試題用途而重製他人著作

中央或地方機關、依法設立之各級學校或教育機構辦理之各種考試，原則上得重製、翻譯及散布已公開發表之著作，原則上可供為試題之用（著作權法第54條本文、第63條第1項、第3項）。此為試題之合理使用範圍。例外情形，係已公開發表之著作，其內容為試題者，則不得重製（著作權法第54條但書）。職是，乙為公立學校之教師，其編製學校試題時，利用坊間教科書業者所編製供學生練習測驗卷或學習講義中之試題，其屬非依法令舉行之各類考試試題，應取得著作財產權人之同意或授權[45]。否則不得主張合理使用，成立擅自以重製方法侵害他人著作財產權罪（著作權法第91條第1項）。

第二節　重製罪

著作權法第91條、第91條之1規定侵害第22條之重製權與第28條之1之散布權，其區分光碟以外與光碟（optical disk）之盜版品，而有不同之處罰，後者之刑責較重，並為非告訴乃論之罪（著作權法第100條）[46]。

---

[45] 經濟部智慧財產局2004年9月29日電子郵件字第930929號函。
[46] 林洲富，著作權法案例式，五南圖書出版股份有限公司，2020年6月，5版1刷，221至222頁。

第一項 單純侵害重製罪

著作權法第91條第1項與第2項之罪,兩者之差異處,在於行為人主觀上是否有意圖銷售或出租該擅自重製他人著作財產權之物。著作權法第91條第2項之罪,應具備此主觀之故意。

例題10

> 甲擅自重製乙所有之機械零件圖樣後,按圖製造剝皮打端機之零件,進而加以組裝成剝皮打端機,並對外銷售牟利。試問甲之行為,應成立著作權法第91條第1項之擅自重製侵害著作財產權罪或同條第2項之意圖銷售而擅自重製侵害著作財產權罪?

壹、構成要件

擅自以重製之方法侵害他人之著作財產權者,處3年以下有期徒刑、拘役,或科或併科新臺幣75萬元以下罰金(著作權法第91條第1項)。所謂重製者,係指以印刷、複印、錄音、錄影、攝影、筆錄或其他方法有形之重複製作而言(著作權法第3條第1項第5款)。有鑑於不具商業規模之侵害,各國之立法例多以民事訴訟程序救濟,並不以刑罰處罰為必要,故非營利之重製他人之著作,雖可能構成犯罪,然著作僅供個人參考或合理使用者,不構成著作權侵害(著作權法第91條第4項)。

貳、出資人之利用權

著作權法第12條第3項所謂出資聘請他人完成之著作,出資人得利用該著作之範圍,應依出資人出資或契約之目的定之,在此範圍內所為之重製、改作自為法之所許。出資人得利用著作,其利用著作之範圍,應依出資人與受聘人間契約之約定;倘無約定,應參酌使用之目的、約定使用之

態樣或契約內容，決定出資人利用著作之行為是否合法。因出資人之利用權係本於法律之規定，並非基於當事人之約定，其與著作完成之報酬給付，並非立於互為對待給付之關係，自無同時履行抗辯之可言[47]。職是，縱使出資人未先徵得受聘人同意，或未先依契約之約定給付費用予受聘人，僅屬民事債務不履行之損害賠償責任範疇，出資人仍得依約定內容使用出資完成之著作，不能認出資人有擅自違法重製受聘人著作之故意，即不成立著作權法第91條第1項之罪[48]。

參、提供電腦伴唱機予消費者付費點唱

著作人除本法另有規定外，專有出租其著作之權利。表演人就其經重製於錄音著作之表演，專有出租之權利。著作原件或其合法著作重製物之所有人，得出租原件或重製物。但錄音及電腦程式著作，不適用之（著作權法第29條、第60條第1項）。所謂出租者，係以著作之原件或著作之重製物為客體，且不移轉所有權僅移轉占有之方式，取得出租物之使用權。KTV營業場將電腦伴唱機擺置於店處提供相關消費者付費點唱，並未將著作之原件或著作之重製物移轉占有相關消費者之行為，縱有收取點歌費用或包廂費用，就相關消費者之主觀意思以觀，係使用視聽設備或包廂之對價，並非取得電腦伴唱機或其中所有歌曲使用權之對價。申言之，KTV營業場設置電腦伴唱機，供相關消費者點歌演唱之行為，係使相關消費者得以現場演唱之方法，向公眾傳達音樂著作內容之行為，屬於以公開演出之方法利用著作之行為，非出租之行為。且KTV營業場所設置電腦伴唱機內，倘有未經授權灌錄之歌曲，提供予相關消費者點播演唱，應屬侵害著作權人之公開演出權[49]。且目前就電腦伴唱機公開演出之利用型

---

[47] 最高法院100年度台上字第1895號民事判決。
[48] 智慧財產法院104年度刑智上易字第3號刑事判決。
[49] 智慧財產法院103年度刑智上易字第44號、102年度刑智上易字第64號、101年度刑智上易字第46號刑事判決。

態，KTV業者均係向著作權集體管理團體繳交使用報酬費率，取得公開演出之合法授權，倘認 KTV 業者提供電腦伴唱機予消費者點唱之著作利用形態，另構成以出租之方法利用著作之行為，顯與實務運作之方式相違，將造成交易秩序之混亂，顯非妥適。況基於罪刑法定原則，不得如民事事件得以類推適用或擴大解釋出租之概念，否有違刑法禁止類推適用之原則[50]。

肆、例題解析——立體形式單純再現平面圖形著作

以立體形式單純再現平面圖形著作之著作內容者，固屬重製之態樣。然著作權法對圖形著作，並未保護所謂實施權。倘將平面著作之內容，按圖施工之方法，並循著作標示之尺寸、規格或器械結構圖，將著作之概念製成立體物，其外觀與工程圖顯不相同，此非單純之著作內容再現，而為實施行為，非屬著作權規範之事項[51]。甲抄襲、重製乙之機械零件圖樣，循該機械零件圖樣所標示之尺寸、規格及結構，將該機械零件圖樣之概念製成立體物之機械，係圖形著作之實施，並非著作之重製或改作。準此，甲擅自重製乙之機械零件圖樣，按圖製造機械之零件，固屬重製行為之範圍，然其進而加以組裝成機械實體，並對外銷售牟利，其終局目的在於意圖銷售實施該圖形著作後組裝完成之機械實物本身，並非意圖銷售擅自重製乙之機械零件圖樣。故甲僅成立著作權法第91條第1項之擅自重製侵害著作財產權罪，而非同條第2項之意圖銷售而擅自重製侵害著作財產權罪[52]。

第二項 意圖銷售或出租而侵害重製罪

意圖銷售或出租而擅自以重製之方法侵害他人之著作財產權者，須行

---

[50] 智慧財產法院103年度刑智上更（一）字第4號刑事判決。
[51] 最高法院97年度台上字第6410號刑事判決。
[52] 智慧財產法院97年度刑智上訴字第48號刑事判決。

為人有意圖銷售或出租之主觀犯意，並不以行為人有銷售或出租行為而成立其犯罪構成要件，其處罰行為人侵害著作財產權人專有重製其著作之權利（著作權法第22條第1項）。職是，本條項所稱意圖銷售或出租之客體，應以重製方法侵害他人之著作財產權為限[53]。

例題11

行為人基於銷售之意圖，明知A電影有著作財產權，其未經著作財產權人之同意或授權，竟以光碟方法重製該著作，並加以販賣而散布。試問行為人有何刑責？理由為何？

壹、重製非光碟

意圖銷售或出租而擅自以重製之方法侵害他人之著作財產權者，處6月以上5年以下有期徒刑，得併科新臺幣20萬元以上200萬元以下罰金（著作權法第91條第2項）。例如，小說出租店之負責人意圖出租而擅自盜印小說、漫畫。意圖銷售或出租而侵害重製罪，並未以法人之代表人執行業務為該罪之構成要件，行為人所犯該罪係個人犯罪行為，並非法人之犯罪行為而轉嫁由身為法人實際負責人代罰[54]。再者，著作權法之立法目的，在杜絕恣意侵害他人之著作權，以保護著作權人之智慧財產權，關於著作權法第91條第2項意圖銷售或出租而擅自以重製之方法侵害他人之著作財產權罪責部分，法定刑雖為6月以上5年以下有期徒刑，然未區分擅自重製意圖銷售、出租之數量、目的及所造成著作財產權人侵害之多寡，均處以6月以上有期徒刑之重刑，自非立法所欲達成之刑事政策目的與手段。

---

[53] 最高法院97年度台上字第1921號刑事判決。
[54] 智慧財產法院100年度刑智上訴字第94號、101年度刑智上訴字第6號刑事判決。

貳、重製光碟

因盜版光碟成本低、速度快及容量大，對著作權人造成重大損害，故應加重處罰，以收遏阻之功效。是意圖銷售或出租而以光碟之方法侵害重製罪，處6月以上5年以下有期徒刑，得併科新臺幣50萬元以上500萬元以下罰金（著作權法第91條第3項）。盜版光碟包含CD、VCD、DVD、CD-R等。

參、重製罪與散布罪之關係

意圖銷售而擅自重製罪與明知係侵害著作財產權之重製物而散布罪，係不同犯罪構成要件之行為，故行為人擅自重製後，持以出售散布之行為，應成立第91條第2項之罪，其與第91條之1第2項之罪，依高度行為吸收低度行為之法則，論以第91條第2項之罪處斷[55]。同理，犯著作權法第91條第3項之意圖銷售而擅自以重製於光碟方法侵害他人著作財產權罪時，就明知係侵害著作財產權之光碟重製物而散布販售之低度行為而言，為意圖銷售而擅自以重製於光碟之方法，侵害他人著作財產權之高度行為所吸收，不另論罪[56]。

肆、重製罪與出租方法侵害著作財產權罪之關係

行為人違反著作權法第91條第2項之意圖出租而擅自以重製之方法侵害他人之著作財產權罪，而出租其所擅自重製著作物之低度行為，應為其擅自重製之高度行為所吸收，不另論著作權法第92條之以出租方法侵害他人著作財產權罪[57]。

---

[55] 最高法院89年度台上字第3300號、93年度台上字第950號刑事判決。
[56] 最高法院95年度台上字第1812號刑事判決；智慧財產法院100年度刑智上訴字第70號刑事判決。
[57] 最高法院92年度台上字第1425號刑事判決；智慧財產法院101年度刑智上訴字第77號刑事判決。

伍、公開傳輸行為與擅自重製行為之關係

　　刑法之一行為而觸犯數罪名之想像競合犯存在之目的，在於避免對於同一不法要素予以過度評價。所謂同一行為，係指所實行者為完全或局部同一之行為而言[58]。著作權法第91條第1項之擅自重製他人著作財產權罪、著作權法第92條之擅自公開傳輸侵害他人著作財產權罪，兩者法定刑均處3年以下有期徒刑、拘役，或科或併科新臺幣75萬元以下罰金。被告基於一個犯罪決意，將未經著作財產權人同意或授權之將著作下載重製至電腦，再上傳至個人網頁，侵害者為同一法益，使不特定人得以進入網頁瀏覽著作財產權人之著作，則被告所為公開傳輸及重製之行為，並非一行為侵害數法益，而觸犯數罪名之想像競合犯，其是具有階段式保護法益同一之法條競合關係、默示補充關係或吸收關係，而後者公開傳輸行為較前者擅自重製行為，其犯罪情節較重，從後階段之著作權法第92條之擅自以公開傳輸方法而侵害他人著作財產權罪處斷[59]。

陸、變更法條

　　科刑之判決，得就起訴之犯罪事實，變更檢察官所引應適用之法條（刑事訴訟法第300條）。倘法院審理結果所認定之事實，其與起訴之基本社會事實同一，僅係與檢察官論罪法條有異，自得逕行變更起訴法條，無須就起訴之罪名不另為無罪之諭知。所謂變更法條者，係指罪名之變更，倘法院審理結果認定之罪名，其與檢察官起訴所引應適用法條之罪名有所不同，縱屬同一法條，僅項款不同，仍應變更法條[60]。職是，公訴人起訴法條由著作權法第91條第1項變更為同條第2項，法院審理結果所認定之事實，其與起訴之基本社會事實同一，自得逕行變更起訴法條，諭知

---

[58] 最高法院97年度台上字第3494號刑事判決。

[59] 智慧財產法院103年度刑智上易字第68號、104年度刑智上易字第29號、110年度刑智上易字第15號刑事判決。

[60] 最高法院98年度台上字第3641號刑事判決。

被告成立著作權法第91條第2項之罪[61]。

柒、例題解析——銷售而散布與意圖銷售而重製光碟之行為

行為人基於意圖銷售之主觀意思，明知A電影有著作財產權，其先以光碟重製影片（著作權法第90條第2項、第3項），進而為銷售散布行為（著作權法第91條之1第2項、第3項）。其銷售而散布之低度行為，自應為意圖銷售而重製光碟之高度行為所吸收，屬實質上一罪關係，即成立著作權法第91條第3項之意圖銷售以重製於光碟之方法，侵害他人之著作財產罪[62]。

第三節　侵害散布罪

盜錄、盜版物之大量重製與散布，係影響我國著作權市場秩序最嚴重之問題，不僅破壞知識經濟產業之發展，亦形成文化進步發展之障礙，故對於散布著作原件或其重製物而侵害他人之著作財產權者，除另有規定外，不論是否意圖營利，均應科以刑罰。著作權法第91條之1規定侵害散布權（著作權法第28條之1）與散布盜版品之刑責，其區分光碟以外與光碟之盜版品，而有不同之處罰；後者之刑責較重。

第一項　單純侵害散布罪

散布罪之成立要件，以移轉所有權之方法對公眾散布，故將著作原件或其重製物之所有權移轉與極少數特定者，因不符合對公眾散布之構成要件，自不成立本罪。

---

[61] 智慧財產法院103年度刑智上更（一）字第4號刑事判決。
[62] 最高法院92年度台上字第1425號刑事判決；臺灣高等法院96年度上訴字第4879號、96年度上訴字第5201號刑事判決；智慧財產法院97年度刑智上訴字第43號、98年度刑智上訴字第5號刑事判決。

例題12

授權契約明訂重製發行之期限,而被授權人違反約定而於期滿後繼續銷售庫存之著作重製物,或者被授權人將庫存之著作重製物贈與親友。試問被授權人是否成立著作權法第91條之1第1項之罪?理由為何?

壹、構成要件

擅自以移轉所有權之方法散布著作原件或其重製物而侵害他人之著作財產權者,處3年以下有期徒刑、拘役,或科或併科新臺幣50萬元以下罰金(著作權法第91條之1第1項)。本項之罪,應以移轉所有權之散布為要件。準此,贈送或販賣予朋友、同學等極少數特定者,不屬於對公眾提供者,不成立侵害第91條之1散布權之問題,因以移轉所有權方法散布者,係指對公眾提供;而所謂公眾者,係指特定多數人或不特定人[63]。

貳、散布要件與類型

一、散布要件

所謂散布者,係指不問有償或無償,將著作之原件或重製物提供公眾交易或流通(著作權法第3條第1項第12款)。是著作權法所稱散布者,係指現實占有著作原件或重製物之一方所為提供交易或流通之單方行為,既不須有相對之一方為承諾之意思表示,亦不以買賣雙方意思相互合致完成交易為必要。此與刑事特別法中所稱販賣行為,須以買受人確實基於購買目的進行交易,並與賣方之意思合致而完成特定物之交付,始可認為販賣行為既遂之情形,迥然有別。故縱使告訴人基於破獲犯罪意思而喬裝買家,並出面與被告進行交易,仍無礙於散布著作原件或重製物之犯罪成

---

[63] 經濟部智慧財產局2004年9月24日電子郵件字第930924號函。

立，行為人明知係侵害著作財產權之重製物而散布[64]。反之，行為人將侵害著作財產權之製物所有權移轉予偵查機關，因偵查機關自始無買受之真意，不能完成交易，即屬未遂犯[65]。

二、散布類型

著作權法第3條第1項第12款規定之散布，可區分：（一）以移轉所有權之方法；（二）出租之方法；（三）以移轉所有權及出租以外之方法。對於侵害者，則分別依第91條之1、第92條及第93條第3款加以處罰。申言之：

（一）移轉所有權

第91條之1各項規定，均係指以移轉所有權方法之散布，不因第2項、第3項法條文字未明載「以移轉所有權之方法散布」文字，即認第2項、第3項所規範之散布方法並非以移轉所有權之方法為之。

（二）散布之標的

第91條之1第1項規定散布之標的為「著作原件或其重製物」；第2項規定散布之標的為「侵害著作財產權之重製物」。故本於立法本旨、法條文義及系統解釋，第91條之1第1項所稱之重製物，應僅限於合法重製物；第2項所稱之重製物，則限於非法重製物。例如，在夜市或商店販賣盜版光碟，或販賣違反第87條第1項第4款之平行輸入之商品者，應依第91條之1第2項、第3項規定處罰[66]。

參、例題解析——單純侵害散布罪之構成要件

以移轉所有權方法散布者，係指對公眾提供侵害著作物。所謂公眾

---

[64] 臺灣高等法院臺中分院96年度上易字第1754號刑事判決；智慧財產法院101年度刑智上易字第40號刑事判決。
[65] 最高法院98年度台上字第6477號刑事判決。
[66] 最高法院98年度台上字第5238號刑事判決。

者，係指特定多數人或不特定人。準此，授權契約明訂重製發行之期限，而被授權人違反約定而於期滿後繼續銷售庫存之著作重製物，應成立著作權法第91條之1第1項之擅自以移轉所有權方法散布著作重製物而侵害他人著作財產權罪。反之，被授權人將庫存之著作重製物贈與親友，不符合散布之要件，不成立著作權法第91條之1第1項之罪。

第二項　惡意侵害散布罪

　　明知係侵害著作財產權之重製光碟而散布或意圖散布而公開陳列或持有者，係侵害著作權人之散布權，散布不問有償或無償。準此，意圖銷售而擅自重製光碟罪與明知係侵害著作財產權之重製光碟物而散布罪，固屬不同犯罪構成要件之二個行為。然行為人擅自重製他人著作後，再持之出賣散布之行為，該等行為之態樣，其與意圖供行使之用而偽造有價證券，偽造後復持以行使；或偽造私文書後，復持之行使者，渠等之犯罪態樣，並無不同，得依高度行為吸收低度行為之法理，論以意圖銷售而擅自以光碟方式重製他人著作罪處斷（著作權法第91條第3項）[67]。

例題13

　　甲明知A公司之商標名稱與圖樣，均向我國經濟部智慧財產局申請註冊登記，經核准取得商標權之商標圖樣。亦明知PS2系統遊戲光碟內所儲存「Library Program」電腦程式軟體，為他人享有之著作財產權，均屬我國著作權法保護之著作，不得擅自重製、散布或意圖散布而持有該等著作。且上開盜版之PS2遊戲光碟，透過電視遊樂器主機執行，在電視螢幕上均會出現如上述相同之註冊商標圖樣或文字，用以表明遊戲光碟內載軟體與內容為某公司所製造或授權製造之意思。甲基於販賣仿冒商標商品及散布上開

---

[67] 石木欽，智慧財產權犯罪專題研究，智慧財產專業法官培訓課程，司法院司法人員研習所，2006年6月，8頁。最高法院93年度台上字第950號刑事判決。

侵害著作財產權之重製物之意圖，未經權利人之同意或授權，販入未經授予著作財產權或未經授權使用商標之仿冒商標盜版商品，並在其所經營之店內，出售該等仿冒商標盜版商品。試問甲有何刑責？理由為何？

例題14

行為人於拍賣網站上刊登販售盜版光碟之訊息，著作財產權人託人佯裝買家而買受盜版光碟。試問行為人是否成立著作權法第91條之1第3項之散布侵害著作財產權之光碟罪？理由為何？

例題15

行為人僅買入侵害商標權與著作權之盜版遊戲光碟，其未賣出侵害商標權與著作權之重製物前，即為警查獲在案。試問行為人應成立何罪？理由為何？

例題16

2006年7月1日施行之修正後刑法刪除連續犯後，行為人基於同一營利意圖，在密切接近之一定時、地，多次販賣而散布侵害著作權重製物之行為。試問法院應如何論罪科刑？理由為何？

例題17

　　甲擅自在網路上建立超連結,供不特定多數人得以下載未經授權重製之院線片電影壓縮檔。試問丁提供該超連結之行為,是否構成著作權法第91條之1第2項所規定之公開陳列?倘未經任何人下載前,期間僅有警方基於蒐證查緝目的而予以下載,甲之行為是否構成散布?

例題18

　　甲為影視社負責人,明知影音視聽著作光碟片為他人享有著作財產權之著作物,其基於散布、意圖散布而持有侵害著作財產權之光碟重製物之犯意,竟在跳蚤市場,以每片新臺幣(下同)30元價格,自第三人處購入侵害著作之盜版光碟,旋即在其經營之影視社內,以每片盜版光碟片50元之價格公然陳列而販售予不特定人牟利。試問甲有何刑責?理由為何?

例題19

　　甲明知高考之教學講義與影音教學光碟,係A公司向作者,取得專屬授權,在臺灣地區享有專屬重製、公開口述、公開播送、公開傳輸、改作及編輯等著作財產權之著作。詎甲利用電腦網路設備連結上網,登入雅虎奇摩拍賣網站,公開刊登有關高考之教學講義與影音教學光碟之廣告訊息。試問A公司法務人員假扮買主,向甲購買該教學講義與影音教學光碟,甲有何刑責?

例題20

　　甲未經A片著作財產權人之同意或授權，基於意圖銷售而擅自以重製於光碟之方法，侵害A片著作財產權及販賣猥褻物品之犯意，利用電腦網路下載A片後，擅自重製燒錄成光碟，再出售販售予不特定人牟利。試問甲有何刑責？理由為何？

例題21

　　行為人明知光碟內所示之電影與歌曲，分別為甲電影公司、乙音樂公司享有著作財產權之著作，未經該等著作財產權人之同意或授權，不得擅自重製該等著作及散布侵害著作財產權之重製物。而甲亦知悉光碟內所示之影音檔案，均含有男女口交、性交行為或特寫男女性器官等客觀上足以刺激或滿足性慾，並引起普通一般人羞恥或厭惡感，而有侵害性之道德感情、有礙社會風化之猥褻內容。詎行為人自2020年10月1日起自警查獲止，意圖銷售而反覆基於擅自以重製於光碟之方法侵害著作財產權，暨反覆販賣猥褻光碟之聯絡，其未經上開著作財產權人同意或授權，在網際網路販賣該著作及猥褻影音光碟。試問行為人應成立何罪？理由為何？

壹、構成要件

一、主觀構成要件

　　刑法第13條第1項規定，行為人對於構成犯罪之事實，明知並有意使其發生者，其為故意，此即學理所稱之直接故意，須行為人對於構成犯罪之事實具備明知及有意使其發生之兩個要件。同法條第3項規定，行為人對於構成犯罪之事實預見其發生，而其發生並不違背其本意者，以故意論，此為學理所稱之間接故意，其與直接故意雖同屬故意之範疇，在行為

人之意思決定內涵究有不同[68]。著作權法第91條之1第2項或第3項之罪，就主觀構成要件方面，僅限於明知者，始予處罰，倘行爲人僅具未必故意，即非在可罰之列。申言之，著作權法第91條之1條第2項或第3項之要件，係以行爲人明知係侵害著作財產權之重製物爲非光碟或光碟[69]。至於行爲人是否明知非光碟或光碟內所含之著作名稱、類型及其著作權人爲何，要非所問。故僅要行爲人明知其散布之客體係未經著作權人授權而重製之非光碟或光碟，即該當著作權法第91條之1第2項或第3項之罪，而行爲人是否知悉光碟內含之著作類型，就主觀構成要件之成立，並無影響[70]。

二、重製物非光碟

意圖散布之公開陳列、持有等之行爲，爲實際散布之前置行爲，自有禁止之必要。即明知係侵害著作財產權之重製物而散布或意圖散布而公開陳列或持有者，處3年以下有期徒刑，得併科新臺幣7萬元以上75萬元以下罰金（著作權法第91條之1第2項）。著作權法第91條之1第2項所稱意圖販賣而公開陳列之犯罪態樣，固以行爲人將侵害著作財產權之商品直接陳列於貨架上爲其典型，然隨時代變遷及交易型態之改變，毋庸藉助實體銷售通路而透過網際網路進行商品交易，以降低店租及庫存成本，已成爲資訊時代之重要趨勢。故陳列之定義不再侷限於傳統類型，在未逸脫文義解釋之範圍內，應依其法條規範意旨而爲適度調整。準此，行爲人將欲販售之盜版光碟外型，藉由單一或不同角度進行拍攝呈現影像，並張貼於拍賣網站之網頁上，使不特定多數人均可直接瀏覽觀看該影像，並挑選所需商品，上開交易模式所達成之效果，實與在貨架上陳設擺放商品無異，即

---

[68] 最高法院91年度台上字第7260號刑事判決。
[69] 智慧財產法院102年度刑智上訴字第11號刑事判決。
[70] 智慧財產法院101年度刑智上訴字第49號刑事判決。

屬意圖販賣而公開陳列行為[71]。

三、重製物為光碟

（一）加重規定

　　為有效遏阻盜版光碟之散布，故將銷售盜版光碟之罰責予以加重。職是，犯著作權法第91條之1第2項之罪，其重製物為光碟者，處6月以上3年以下有期徒刑，得併科新臺幣20萬元以上200萬元以下罰金[72]。例如，網路拍賣盜版光碟不論有無營利或數量多寡，均為違反著作權法之行為（第3項本文）。但違反第87條第1項第4款規定，即未經著作財產權人同意而輸入著作原件或其重製物為光碟者，不在此限（第3項但書）。因非法進口之真品，雖屬侵害著作財產權之重製物，然究與盜版品有別，應適用著作權法第100條本文之告訴乃論，而在罰責刑度上，適用著作權法第91條之1第2項規定刑度，以求立法之衡平。

（二）法條引用

　　著作權法第91條之1第3項，係同條第2項之加重規定，其罪刑均屬獨立，此與借刑立法之例，毋庸併引第2項。反之，刑法第320條第2項、第339條第2項，雖亦有獨立之罪名，然其條文本身並無刑罰之規定，是法院在裁判時，應併引其刑罰所出刑由之法條依據者[73]。

（三）減刑規定

　　行為人犯著作權法第91條之1第2項、第3項之罪，經供出其物品來源，因而破獲者，得減輕其刑（著作權法第91條之1第4項）。有期徒刑、拘役、罰金減輕者，減輕其刑至2分之1（刑法第66條本文）。

---

[71] 智慧財產法院99年度刑智上易字第7號、102年度刑智上易字第31號刑事判決。
[72] 智慧財產法院101年度刑智上易字第61號刑事判決。
[73] 最高法院97年度台上字第1509號刑事判決。

四、共同正犯

刑法關於正犯、從犯之區別，係以其主觀之犯意及客觀之犯行為標準，凡以自己犯罪之意思而參與犯罪，無論其所參與者是否犯罪構成要件之行為，均為正犯，其以幫助他人犯罪之意思而參與犯罪，其所參與者，倘係犯罪構成要件之行為，亦為正犯，必以幫助他人犯罪之意思而參與犯罪，其所參與者為犯罪構成要件以外之行為，始為從犯。職是，行為人參與擺設販賣影音光碟之攤位，而公開陳列盜版影音光碟，所為即屬明知係侵害著作財產權之光碟重製物意圖散布而公開陳列之犯罪構成要件行為，縱以幫助他人犯罪之意思，而參與明知係侵害著作財產權之光碟重製物意圖散布而公開陳列之行為，其應論以共同正犯（著作權法第91條之1第3項），而非從犯[74]。

貳、本罪與偽造文書罪之關係

一、販賣而交付盜版遊戲光碟

（一）光碟片為準文書

光碟片已記載儲存錄音、錄影及電磁紀錄，藉機器或電腦之處理所顯示之聲音、影像或符號，足以為表示其用意之證明者，依刑法第220條第2項之規定，應認以文書論，係準文書之一種。擅自重製他人之光碟片即所謂仿冒或盜版之光碟片，其外觀包裝雖無被害人名稱及授權生產文字，惟該光碟片內已燒錄儲存被害人名稱及授權生產文字，藉機器或電腦之處理，螢幕會顯示被害人名稱及授權生產文字，足以生損害於公眾或他人，應認係偽造之準文書。

（二）以偽作真

販賣仿冒之光碟片，是否成立刑法第216條之行使偽造文書罪，因其

---

[74] 智慧財產法院101年度刑智上易字第61號刑事判決。

態樣不一，販賣者是否以偽作真之意思販賣？有無本於仿冒光碟內容之偽
造準文書有所主張？是否足以生損害於公眾或他人？為事實認定問題，應
依販賣者主觀之意思及客觀之行為，以資審斷。倘販賣者主觀上係以偽作
真之意思販賣，且知買受者一經藉機器或電腦之處理，仿冒光碟內容之偽
造準文書必當顯現，仍予以出售，將該偽造之準文書置於可能發生文書功
能之狀態，應認係對偽造準文書之內容有所主張之行使行為，其足以生損
害於公眾或他人，即應成立行使偽造文書罪，買受者是否知其為仿冒品，
並非所問。反之，販賣者主觀上並無以偽作真之意思，則不成立行使偽造
文書罪[75]。準此，是否論處行使偽造之準文書罪，應探討行為人之主觀犯
意。

（三）行使偽造準私文書罪

所稱謂販賣者主觀上並無以偽作真之意思，係指販賣者主觀上不知上
開具準文書屬性之仿冒或盜版之光碟片係偽造或變造者，或不知依該仿冒
或盜版光碟片之用法，得以之充為真正文書加以使用而言[76]。反觀，販賣
者知悉其所販賣者為仿冒或盜版之光碟片，且知買受者一經藉機器或電腦
之處理，仿冒光碟內容之偽造準文書必當顯現，仍予以出售，將該偽造之
準文書置於可能發生文書功能之狀態，自應認係對偽造準文書之內容有
所主張之行使行為[77]。即應成立行使偽造文書罪。至買受者是否知悉其為
仿冒品，或仿冒光碟片販售價格之或高或低，並非所問[78]。就販賣盜版遊
戲光碟而言，行為人在交易時雖未對購買者主張保留盜版遊戲軟體之著作
權利與授權出品之用意，亦未當場藉由電腦或遊戲機，執行使購買者親見
遊戲光碟內儲存之授權出品與保留權利等文字、影像之準私文書，進而主

---

[75] 最高法院94年度第12次刑事庭會議決議；智慧財產法院101年度刑智上訴字第56
號刑事判決。
[76] 最高法院72年台上字第4709號刑事判決。
[77] 最高法院49年台非字第24號刑事判決。
[78] 最高法院95年度台上字第1705號、96年度台上字第1387號、97年度台上字第357
號、第1692號刑事判決。

張其內容及用意。惟其明知該等盜版遊戲光碟，含授權出品及保留著作權文字及影像之準私文書，係屬偽造者，其因販賣而交付予買受者時，顯已將該準私文書置於隨時可得發生文書功能之狀況而達於行使之程度，無待於其在形式上有所主張，已足令人以眞品方式執行使用，在主觀上顯有認識，行為人竟有「以偽作眞」之意思販賣交付予購買者，並藉以行使該等準私文書，應認其所為合於刑法第216條、第210條、第220條行使偽造準私文書罪之構成要件，應併論以該罪[79]。準此，行為人販賣而交付盜版遊戲光碟之同時，亦有行使偽造準私文書之犯行[80]。

二、非法重製電腦程式著作光碟

行為人非法重製之電腦程式著作光碟在執行時，會在螢幕上呈現相關授權文字，足使相關消費者誤認該電腦程式之著作財產權人所製作、發行或銷售，或顯示特定電腦程式之開發商製作等文字，足以對外表示各電腦程式著作製作者之一定用意證明之準私文書。準此，行為人以法律上一行為觸犯上開數罪名，為想像競合犯，應依刑法第55條規定，從一重之行使偽造準私文書罪處斷[81]。

三、藥品仿單

關於藥品仿單，為確保國民用藥安全，衛生署雖非單純依據藥商申請查驗登記所提之仿單逕予核准，而係經審議、修正後始為核定，且藥品上市後，尚可能因重新評估該藥物之安全性後，要求修改仿單內容或加註警語。惟此為藥事行政管理程序，其目的在使用藥大眾易於瞭解仿單之內容，仿單內容仍屬藥商對藥品性質及研發結果之表達，性質上屬私文書，

---

[79] 最高法院100年度台上字第8號刑事判決。
[80] 智慧財產法院100年度刑智上訴字第66號、101年度刑智上訴字第49號、102年度刑智上訴字第17號刑事判決。
[81] 智慧財產法院101年度刑智上訴字第58號刑事判決。

並不因行政機關及公務員之介入，致其性質轉化成爲公務員因處理藥事管理公務而依職務所製作之公文書[82]。

四、僞造版權頁

行爲人以影印機擅自將客人所交付之書籍含版權頁全部掃描成圖檔，並儲存於該影印機所連結之電腦主機內。因該書籍之版權頁，記載著作人、發行人等資訊，自形式上觀察，足以知悉該版權頁係表示附表所示書籍之相關著作人、發行人等資訊，係屬刑法第210條所稱之私文書。至行爲人究將版權頁影印成紙本、或掃瞄成圖檔，乃僞造方式之差異，均不影響版權頁爲私文書之性質，無須另引用刑法第220條第2項規定，而認行爲人係犯刑法第210條之僞造私文書罪[83]。

參、例題解析

一、販賣仿冒商標商品罪及明知侵害著作財產權之重製光碟罪

（一）電腦程式之商品

甲明知日商之商標名稱與圖樣，均向我國經濟部智慧財產局申請註冊登記，經核准取得商標權之商標圖樣。亦明知PS2系統遊戲光碟內所儲存之「Library Program」電腦程式軟體，爲他人享有之著作財產權，均屬我國著作權法保護之著作。而盜版之PS2遊戲光碟，透過電視遊樂器主機執行，在電視螢幕上均會出現相同之註冊商標圖樣或文字，用以表明遊戲光碟內載軟體與內容爲某公司所製造或授權製造之意思。甲基於販賣仿冒商標商品及散布上開侵害著作財產權之重製物之意圖，未經權利人之同意或授權，販入未經授予著作財產權或未經授權使用商標之仿冒商標盜版商品，並在其所經營之店內，出售該等仿冒商標盜版商品。所謂商品者，係

---

[82] 智慧財產法院97年度民專上字第20號民事判決。
[83] 最高法院49年台非字第24號刑事判決；智慧財產法院100年度刑智上訴字第61號刑事判決。

指交易行為之標的物，其為買賣關係之交易客體。交易客體在傳統市場固指有體物之動產、不動產，惟隨著科技之發展與交易之多元化，交易客體已包含權利或無體物。是商標權人將商標圖樣使用於錄有電腦程式之遊戲光碟及硬體、軟體等產品，其所以成為交易之客體，係在於硬體或光碟片與軟體或遊戲程式結合，以達成預定之效用，自屬交易之商品，是硬體或光碟片與軟體或遊戲程式，已結合成整體商品。故商標權人使用商標在商品，除有體物之商品外，使用在電腦程式之商品，亦屬商標使用之範疇[84]。

（二）想像競合犯

核甲之所為，係犯商標法第97條之販賣仿冒商標商品罪及著作權法第91條之1第3項之明知係侵害著作財產權之重製光碟而散布罪。甲明知係侵害著作財產權之重製物，意圖散布而持有之低度行為，應為散布之高度行為所吸收[85]。因甲販賣仿冒商標商品、散布侵害著作財產權重製物之行為，因係於密集期間內以相同之方式持續進行，未曾間斷，均出於一個犯意決定，且客觀以觀，其散布上開盜版光碟、遊戲機及販賣仿冒商標商品之行為，係在密集期間內以相同之方式持續進行，未曾間斷，具有反覆與延續實行之特徵，故甲多次散布上開盜版光碟、遊戲機及仿冒商標商品之舉措，應評價認係包括一罪之接續犯。準此，甲以一販賣散布之行為，同時侵害他人之商標權及著作權，並同時觸犯上開罪名，為想像競合犯，應依刑法第55條規定，從一重之著作權法第91條之1第3項之明知係侵害著作財產權之重製光碟而散布罪處斷。而商標法第83條與著作權法第98條均有關於沒收之特別規定，應優先於刑法第38條第1項第2款適用之。因商標法第98條、著作權法第98條但書均係採義務沒收主義，沒收與否，法院無裁量沒收與否之權限[86]。

---

[84] 最高法院92年度台上字第2368號刑事判決。
[85] 智慧財產法院101年度刑智上易字第90號刑事判決。
[86] 智慧財產法院100年度刑智上易字第69號、101年度刑智上訴字第58號刑事判決。

二、散布侵害著作財產權之光碟罪

　　著作財產權人委託他人佯裝買受者上網標買，並依指示匯款，嗣經行為人郵寄交付盜版光碟，是行為人與買受者業已達成買賣盜版光碟之合意，該買受者如數支付買賣價金，行為人亦依約交付盜版光碟。該買受者自始有買受盜版光碟之真意，該買受者雖為告訴人取得行為人涉犯著作權法之罪的犯罪證據而買受盜版光碟，然其動機及目的不影響買賣之有效成立，此與警察機關為便於破獲販賣偽藥之人，而授意原無購買偽藥意思之人，向販賣偽藥之人購買偽藥，因購買之人自始無買受之真意，不能完成交易，而僅能論販賣之人犯明知為偽藥而販賣未遂罪之情形，兩者不同[87]。職是，行為人於拍賣網站上刊登販售盜版光碟之訊息，經著作財產權人委託他人佯裝買家而買受盜版光碟，係以有償之移轉所有權方式，將侵害視聽著作財產權之光碟重製物提供公眾交易，核屬著作權法所稱之散布行為，而成立著作權法第91條之1第3項之散布侵害著作財產權之光碟罪[88]。

三、持有侵害著作財產權之光碟罪及販賣仿冒商標商品罪

　　證據不足以證明行為人涉有出售盜版遊戲光碟之犯行，倘行為人僅販入盜版遊戲光碟，尚未賣出即為警查獲，並無提供交易或流通之行為，僅構成著作權法第91條之1第3項之持有侵害著作財產權之光碟罪及商標法第97條之販賣仿冒商標商品罪，而不得以散布侵害著作財產權之光碟罪相繩，且無行使盜版遊戲光碟內可藉由遊戲器主機執行，而於螢幕上所呈現之相關授權文字之偽造準私文書，而不成立行使偽造準私文書罪[89]。

---

[87] 最高法院98年度台上字第6477號刑事判決
[88] 智慧財產法院99年度刑智上易字第7號刑事判決。
[89] 智慧財產法院99年度刑智上訴字第76號刑事判決。

四、販賣而散布侵害著作權重製物之接續犯

刑法上之接續犯，係指行為人之數行為於同時同地或密切接近之時、地實行，侵害同一之法益，各行為之獨立性極為薄弱，依一般社會健全觀念，在時間差距上，難以強行分開，在刑法評價上，以視為數個舉動之接續施行，合為包括之一行為予以評價，較為合理，而論以單純一罪而言[90]。準此，行為人販賣非法重製物之犯行，係在密集期間內以相同方式持續進行，而未曾間斷者，而未曾間斷者，該等侵害著作權之犯行，具有反覆、延續實行之特徵，縱有多次散布之舉措，自行為之概念以觀，縱有多次侵害著作權之舉措，仍應評價為包括一罪之接續犯。

五、建立超連結提供一般公眾得以下載電子檔案

所謂公開陳列者，係指行為人將實物陳列於一般公眾得以自由出入與隨時知悉之場所。至於建立超連結提供一般公眾得下載電子檔案之管道，其與實務陳列有異，故甲提供該超連結之行為，不構成公開陳列。再者，甲所為侵害著作財產權行為，未經任何人下載前，期間因警方基於蒐證查緝目的而予以下載，而警方當無再擴散之可能，自不構成散布罪[91]。

六、散布侵害著作財產權之光碟罪

甲為影視社負責人，基於散布、意圖散布而持有侵害著作財產權之光碟重製物之犯意，購入侵害著作之盜版光碟，並在其經營之影視社內，公然陳列而販售予不特定人牟利。核甲之所為，係犯著作權法第91條之1第3項、第2項之散布侵害著作財產權之光碟罪。甲意圖散布而公開陳列、持有盜版光碟之低度行為，應為散布之高度行為所吸收，不另論罪。甲在同一地點先後多次散布侵害著作財產權之光碟重製物之犯行，因係於密集

---

[90] 最高法院100年度台上字第5085號刑事判決。
[91] 98年度智慧財產法律座談會彙編，司法院，2009年7月，121至123頁。

期間內以相同之方式持續進行，未曾間斷，是該散布犯行，即具有反覆、延續實行之特徵，從而在行為概念上，仍應評價認係包括一罪之接續犯，僅論以一罪[92]。

七、著作權法第91條之1第2項與第3項之想像競合犯

　　著作權法所稱散布者，係指現實占有著作原件或重製物之一方所為提供交易或流通之單方行為，既不須有相對之一方為承諾之意思表示，亦不以買賣雙方意思相互合致完成交易為必要。縱使係基於破獲犯罪意思而喬裝買家，並出面與被告進行交易，仍無礙於散布著作原件或重製物之犯罪成立。甲明知高考之教學講義與影音教學光碟，係A公司向作者取得專屬授權著作財產權之著作。詎甲利用電腦網路設備連結上網，公開刊登有關資訊，A公司法務人員假扮買主向甲購買該盜版教學講義與影音教學光碟。核甲之所為，係犯著作權法第91條之1第2項之明知係侵害著作財產權之重製物而散布、著作權法第91條之1第3項之明知係侵害著作財產權之光碟重製物而散布之罪。甲以一個意思決定發為一個行為，而觸犯上開二罪名，應依刑法第55條之想像競合犯，從一重違反著作權法第91條之1第3項規定，明知係侵害著作財產權之光碟重製物而散布之罪處斷[93]。

八、色情著作之著作財產權

（一）著作權保護之要件

1. 著作權保護之消極要件

　　著作權保護之標的，事涉創作要件與公益文化之發展，各國雖均限制或禁止色情著作自由流通，並以出版法、刑法等法律處罰散布者。然著作權法僅規範著作是否有原創性，並未限制色情著作不得取得著作權。職是，倘色情著作具相當之原創性，自應受著作權法之保護，排斥他人非法

---

[92] 智慧財產法院100年度刑智上易字第122號刑事判決。
[93] 智慧財產法院101年度刑智上易字第40號刑事判決。

之侵害。因人民有創作之自由,縱使色情著作之創作有違社會道德或法律標準時,導致色情著作之製造、陳列、散布、播送及持有等行為,雖應受刑法或其他法令之限制或規範,然此與取得著作權無涉,因其他法令之限制,並非取得著作權保護之消極要件。

2. 言論與出版自由

基於尊重憲法保障人民言論與出版自由之本旨,兼顧善良風俗及青少年身心健康之維護,公序良俗風化之觀念,應隨社會發展與風俗變異而有不同之詮釋[94]。故色情著作符合猥褻出版品,散布、販賣、持有及製造色情著作之行為人,固應受刑事之追訴,然此非不受著作權保護之消極要件。質言之,基於比例原則,國家為兼顧善良風俗及青少年身心健康之維護,固可對色情著作採取適當之管制措施或限制其權利行使,然不得否定有原創性之色情著作應有之著作權,否則對著作權人所造成之損害與所欲達成保護未成年人、維護公序良俗之利益間,兩者之權益顯失平衡。

3. 猥褻物品分為硬蕊與軟蕊

猥褻物品分為硬蕊與軟蕊。前者係指對含有暴力、性虐待或人獸性交等情節,不具藝術性、醫學性或教育性價值之猥褻資訊或物品。後者係指除硬蕊之外,客觀上足以刺激或滿足性慾,而令一般人感覺不堪呈現於眾或不能忍受而排拒之猥褻資訊或物品。因硬蕊著作之性質,非屬文學、科學、藝術或其他學術價值,顯無促進國家文化發展之功能,即無保護之必要性。而性言論之表現與性資訊之流通,不問是否出於營利之目的,自應受上開憲法對言論及出版自由之保障。職是,探討色情著作是否受著作權法之保護,著重於軟蕊之範疇[95]。

4. 著作人權益與社會公共利益之調和

我國司法實務上雖認為色情著作違反公序良俗與違反著作權法立法目的,故不受著作權法之保護,然該見解過於道德化。蓋何謂色情或猥褻之

---

[94] 大法官釋字第407號解釋。
[95] 大法官釋字第617號解釋。

定義？因時代與社會風情不同而異。而公序良俗係不確定之法律概念，應隨社會文化之發展而與時俱進，不得僅憑審判者之主觀認知或道德標準，全面否定色情著作應受著作權法之保護，不審查色情著作是否具備創作性。參諸大法官會議釋字第407號、第617號解釋意旨可知，該等大法官解釋之目的，在於釐清猥褻出版品之定義，以判斷散布、播送、販賣、公然陳列猥褻出版品是否該當刑法第235條之猥褻罪構成要件，並未否定猥褻出版品不得取得著作權。基於著作人權益與社會公共利益之調和，雖得對色情著作採取適當之管制措施，然不得否定色情著作應有之著作權，否則恐有以公益名義而過度剝奪私益之虞。參諸TIPO認為色情著作在我國是否受著作權之保護，應視具體個案內容，判斷色情著作是否屬著作權法所稱之著作，倘具有創作性，自得為著作權保護標的。至於其是否為猥褻物品，其取得著作權無涉[96]。益徵我國司法實務上認為色情錄影帶與著作權法之立法目的有違，而排除在著作權法保護之範圍外，顯有誤會[97]。職是，著作權之取得採創作保護主義，不以登記為準，故不論我國或外國之色情著作，倘已取得著作權，原則上未經色情著作權人之同意或授權，不得平行輸入色情著作或其重製物，倘行為人有侵害A片之著作權，色情著作權人得依據著作權法訴究行為人之民事責任與刑事責任。準此，法院判決以公序良俗或不符著作權法之立法目的為由，否認有原創性之色情著作無法取得著作權，認定重製或散布有創作性之色情著作，不構成著作權侵害情事，則有上訴第三審法院之理由[98]。

（二）著作權法第91條第3項與刑法第235條第1項

甲未經色情著作財產權人之同意或授權，基於意圖銷售而擅自以重製於光碟之方法侵害他人著作財產權及販賣猥褻物品之犯意，利用電腦網路

---

[96] 經濟部智慧財產局2008年3月25日智著字第09700025950號函。
[97] 最高法院88年度台上字第250號刑事判決。
[98] 林洲富，色情影片之著作權保護——評析最高法院88年度台上字第250號刑事判決，月旦財經法雜誌，22期，2010年9月，1至15頁。

下載色情著作後，擅自重製燒錄成光碟，再出售販售予不特定人牟利。核行為人所為，除可請求行為人負民事責任外，就刑事任而論，行為人係犯著作權法第91條第3項之意圖銷售而擅自以重製於光碟之方法侵害他人之著作財產權罪、刑法第235條第1項之販賣猥褻物品罪[99]。因著作權法第91條第2項規定意圖銷售或出租而擅自重製他人著作，依低度行為吸收於高度行為之原則，其出賣散布重製他人著作之行為，當吸收於擅自重製行為之中，自應依重製之規定處罰[100]。行為人非法重製盜版光碟後，進而為散布之行為，其散布之低度行為，應為重製盜版光碟之高度行為所吸收，不另論罪。至其意圖販賣而持有猥褻光碟，並進而為販賣行為，該持有之低度行為，應為販賣之高度行為所吸收。倘有扣案之色情著作或販賣色情著作所得，則屬犯著作權法第91條第3項之罪所得之物，應分別依著作權法第98條及刑法第235條第3項規定，不問屬於犯人與否，均宣告沒收之[101]。

九、意圖銷售而重製盜版光碟罪與販賣猥褻物品罪

（一）猥褻物品之定義

刑法第235條第1項規定所謂散布、播送、販賣、公然陳列猥褻之資訊或物品，或以他法供人觀覽、聽聞之行為，係指對含有暴力、性虐待或人獸性交等而無藝術性、醫學性或教育性價值之猥褻資訊或物品為傳布；或者對其他客觀上足以刺激或滿足性慾，而令一般人感覺不堪呈現於眾或不能忍受而排拒之猥褻資訊或物品，未採取適當之安全隔絕措施而傳布，使一般人得以見聞之行為[102]。自扣案猥褻影音光碟可知，其含有男女口交、性交行為或特寫男女性器官等客觀上足以刺激或滿足性慾，並引起普

---

[99] 智慧財產法院101年度刑智上易字第74號刑事判決。
[100] 最高法院92年度台上字第1425號刑事判決。
[101] 智慧財產法院98年度刑智上訴字第10號、99年度刑智上訴字第20號刑事判決；臺灣臺北地方法院91年度訴字第364號刑事判決。
[102] 司法院大法官釋字第617號解釋。

通一般人羞恥或厭惡感而侵害性的道德感情、有礙社會風化之內容,自屬猥褻物品無訛。參諸行為人係於一般人均可自由選購之網際網路,販賣內有上開猥褻影音檔案之光碟,自難認其有採取何適當之安全隔絕措施。

(二)吸收關係

行為人明知光碟內所示之電影與歌曲,分別為甲電影公司、乙音樂公司享有著作財產權之著作,未經該等著作財產權人之同意或授權,不得擅自重製該等著作及散布侵害著作財產權之重製物。行為人自2020年10月1日起自警查獲止,意圖銷售而反覆基於擅自以重製於光碟之方法侵害著作財產權,並反覆販賣猥褻光碟。核行為人販售猥褻光碟之所為,係犯刑法第235條第1項之販賣猥褻物品罪;而擅自重製他人著作於光碟以為販售之所為,則係犯著作權法第91條第3項之意圖銷售而以重製於光碟之方法侵害他人著作財產權罪。行為人明知係侵害著作財產權之重光碟而散布及意圖散布而持有等低度行為,均應為意圖銷售而重製之高度行為所吸收,不另論罪[103]。而行為人意圖販賣而製造、持有猥褻光碟之低度行為,均為販賣猥褻光碟之高度行為所吸收,亦不另論罪。

(三)想像競合犯

行為人基於同一決意,持續意圖銷售而重製盜版光碟及販賣猥褻光碟之營業行為,均係於密集期間內以相同方式持續進行,未曾間斷,具有反覆及延續實行之特徵,客觀上縱有多次構成犯罪行為之舉措,仍應予以包括之評價而以一罪處斷。行為人意圖銷售而重製盜版光碟之行為,既應予包括評價而以接續犯之一罪處斷,則其該多次意圖銷售而重製盜版光碟之行為,侵害多人著作財產權,以一行為觸犯販賣猥褻物品罪及意圖銷售而以重製於光碟之方法侵害他人著作財產權罪等罪名,其為想像競合

---

[103] 最高法院89年度台上字第3300號、90年度台上字第2398號刑事判決。

犯，應從一重以意圖銷售而以重製於光碟之方法侵害他人著作財產權罪處斷[104]。

第四節　侵害重製罪以外之專有權罪

著作權法就擅自重製或擅自改作、編輯而侵害他人之著作財產權者，該法第91條及第92條分別設有處罰之規定。抄襲他人之著作權而侵害他人之著作財產權者，究屬重製或改作、編輯，攸關法律之適用，審理事實之法院，自應詳予釐清並認定[105]。

例題22

> 甲為影音光碟出租店之負責人，其為減少經營成本，遂向乙購買一批盜版光碟，進而陳列盜版光碟以供出租者。試問著作財產人應如何主張權利？理由為何？

壹、構成要件

本條規定對於重製權與散布權以外其他著作財產侵害之刑責，即擅自以公開口述、公開播送、公開上映、公開演出、公開傳輸、公開展示、改作、編輯、出租之方法侵害他人之著作財產權者，處3年以下有期徒刑、拘役、或科或併科新臺幣75萬元以下罰金（著作權法第92條）。

---

[104] 智慧財產法院101年度刑智上訴字第56號、101年度刑智上訴字第69號刑事判決。

[105] 最高法院92年度台上字第5387號刑事判決。

貳、侵害改作權罪

一、音樂設備數位介面

　　所謂改作者，則係翻譯、編曲、改寫、拍攝影片或其他方法，就原著作另為創作者（著作權法第3條第1項第5款）。將音樂著作改為MIDI格式，其為改作行為。申言之，所謂音樂設備數位介面（Musical Instrument Dig ital Interface, MIDI），係指將聲音轉換為一種電子儀器或設備可讀取之資訊，MIDI為此種轉換行為提供轉換之協定（protocol），使不同介面之數位儀器設備均可讀取或瞭解此訊號之意義，並進而將其呈現。此種數位資料，雖非傳送聲音，而是傳送音調或是聲音信號強弱程度之資料，惟此種將他人所創作之曲調檔案轉換成為數位資料，係將原檔案以不同型態之格式儲存，透過可解讀此種訊息之儀器或設備。例如，電腦與音效卡，可將此種訊號以人類五官可感受之旋律或聲音加以傳達。準此，將他人所創作之樂曲旋律，轉換成不同格式之訊號資料，確有將原著作之型態加以改變之情形，依著作權法第3條第1項第11款及第6條規定，此經改變型態後之資料乃原著作之改作，屬另一獨立著作[106]。

二、想像競合犯

　　行為人將多首伴唱歌曲即音樂著作以電腦MIDI音樂程式之檔案格式重製，並錄製或製作成MIDI產品即MIDI伴唱歌曲，並對外經銷，再由放臺主、卡拉OK經營者直接或間接向行為人承租MIDI產品，並取得行為人授權後，將之灌錄於電腦伴唱機內，俾供不特定之顧客來店消費點唱，行為人涉犯著作權法第91條第2項意圖銷售或出租以重製之方法侵害著作財產權罪、第91條之1第2項明知係侵害著作財產權之重製物而散布罪、第92條侵害著作財產權之改作權，依想像競合犯之關係，從一重之意圖銷

---

[106] 智慧財產法院99年度民著上字第2號民事判決。

售或出租以重製方法侵害著作財產權罪論處[107]。

參、侵害編輯權

所謂編輯者，係指就原著作加以整理、增刪、組合或編排而產生新著作[108]。編輯著作所保障者，係編輯者所表現之編輯方式，故行為人抄襲他人表現之編輯方式，即成立侵害編輯權。反之，倘行為人未抄襲他人之編輯著作之情形，係本於自己就資料之蒐集、選擇及編排所獲得之結果時，縱使與他人之編輯著作有近似或雷同處，其亦得另外獨立成為編輯著作，而享有其著作權，自與侵害他人之編輯著作權別[109]。

肆、侵害公開演出權

一、認知與決意要素

著作權法第92條規定，以公開演出方式侵害著作權罪之成立，以行為人具有故意為其構成要件。所謂故意者，係指行為人主觀上必須對於客觀不法構成要件所描述之行為主體、行為客體、行為、行為時特別情狀、行為結果等事項，均有所認識，始可謂具備認知要素；進而具有實現不法構成要件之全部客觀行為情狀之決意，始具故意之決意要素，是行為人應兼具認知及決意要素，自可認為具有犯罪之故意。參諸著作權法第92條之擅自以公開演出方法侵害他人著作財產權罪，以行為人有公開演出之行為構成客觀要件。倘行為人未以公開演出方法向現場公眾傳達著作內容，其與擅自以公開演出方法侵害他人著作權罪之構成要件有間，即不能以該項罪責論斷。

---

[107] 最高法院100年度台上字第5494號刑事判決。
[108] 蕭雄淋，著作權法論，五南圖書出版股份有限公司，2006年3月，3版2刷，163頁。
[109] 最高法院93年度台上字第1690號刑事判決。

二、侵害音樂著作財產權人之公開演出權

構成對音樂著作財產權人所享有公開演出權之侵害者，必須行為人有以前揭方法在現場向公眾傳達音樂著作之事實者，始足相當。例如，現場除告訴人法定代理人及告訴代理人之蒐證行為外，未見被告或第三人點播系爭音樂著作，而得以證明被告確有構成違反著作權法第92條規定之公開演出事實，況本罪亦不處罰預備犯，自不能僅因被告在其店內設置電腦伴唱機，且電腦伴唱機內灌錄有系爭音樂著作，並現場提供演唱器材，得供前往消費之不特定客人點唱，即遽以擬制與推定之方式，認定被告有未經授權而供不知情第三人公開演出系爭音樂著作之歌曲等事實[110]。

伍、侵害公開播送權罪

行為人利用碟型衛星天線盤，接收電視頻道節目之已解碼的衛星訊號後，將衛星電視節目供應商所販售之解碼卡插入機上盒，以解碼上開電視頻道節目訊號，並以有線網路傳輸之方式即使用HUB分別連接，使各房間內分別安裝之具網路傳輸功能之機上盒得以尋得該已插卡機上盒之IP位置，藉以共享該已插卡機上盒所提供已解碼之電視頻道節目訊號，復連同以不詳方式解碼之電視頻道節目訊號，分別利用AV線、5C線（以一進多出之自動分配開關串接）使各房客房間內機上盒與電視、衛星連接，以此方式使房客均可透過房間內之電視自由觀賞電視頻道節目，核其所為，係以擅自公開播送之方法將電視頻道節目的聲音、影像向房客傳達，而侵害各衛星電視節目之著作財產權[111]。

陸、侵害出租權罪

著作原件或其合法著作重製物之所有人，得出租該原件或重製物。

---

[110] 智慧財產法院100年度刑智上易字第105號、第112號刑事判決。
[111] 智慧財產法院101年度刑智上易字第42號刑事判決。

但錄音及電腦程式著作，不適用之。著作權法第60條第1項定有明文。例如，甲在臺灣地區發行影音光碟，屬合法視聽著作之重製物，其不適用著作權法第60條第1項但書之規定[112]。甲所發行之影音光碟均屬授權出租專用版，甲發行DVD影音光碟後，僅授權簽約店家得持以出租使用，至其所有權仍歸甲所有。乙與出售影音光碟者均明知此屬授權出租專用版，且甲對之採取保留所有權之授權模式。準此，出賣人對影音光碟即無自由處分權，其將之售予乙，就此無權處分之行為，未經甲之承認，自不生效力（民法第118條第1項）。且乙明知該出賣人所售影音光碟係屬授權出租專用版，並無讓與之權利，仍予以買受，乙自非屬善意，自無從主張民法第801條、第948條所定善意取得之適用[113]。

柒、侵害公開傳輸權

　　行為人架設伺服器與網路環境，先透過電視轉接盒接收向第四臺業者承租而取得電視節目類比訊號，再藉由電腦設備擅自重製有著作財產權之電視節目，而將重製為數位訊號之電視節目，經由網際網路連結至IP位址、伺服器及網路環境後，相關消費者得於接收端螢幕上選取或觀看電視節目，核其行為，除成立著作權法第91條第2項之意圖銷售而重製侵害著作財產權罪外，亦成立著作權法第92條之擅自以公開傳輸侵害他人之著作財產權罪，即非法重製後復於網路上公開傳輸，因後者之行為情節較重，非法重製之低度行為，為公開傳輸行為之高度行為所吸收，故應論以擅自以公開傳輸侵害他人之著作財產權罪。

---

[112] 著作權法第60條第1項規定：著作原件或其合法著作重製物之所有人，得出租該原件或重製物。但錄音及電腦程式著作，不適用之。
[113] 智慧財產法院99年度刑智上易字第80號刑事判決。

捌、例題解析——出租盜版光碟

一、明知為侵害著作財產權之物而意圖散布而公開陳列或持有

甲為影音光碟出租店之負責人，其向第三人購買一批盜版光碟，進而陳列盜版光碟以供出租者，甲明知為侵害著作財產權之物，意圖散布而公開陳列或持有者，視為侵害著作權（著作權法87條第6款後段）。甲為影音光碟出租店之負責人而出租盜版光碟之行為，違反著作權法第93條第3款，處2年以下有期徒刑、拘役，或科或併科新臺幣50萬元以下罰金。就乙而論，其明知係侵害著作財產權而重製光碟，處6月以上3年以下有期徒刑，得併科新臺幣20萬元以上200萬元以下罰金（著作權法第91條之1第3項本文）。

二、行使私文書罪

甲重製之光碟片倘已記載儲存表意人之意思或思想，藉機器或電腦之處理所顯示之聲音、影像或符號，足以為表示其用意之證明者，依刑法第220第2項之規定，應認係準文書之一種。擅自重製他人之光碟片即所謂仿冒或盜版之光碟片，其外觀包裝雖無被害人名稱及授權生產文字，惟該光碟片內已燒錄儲存被害人名稱及授權生產文字，藉機器或電腦之處理，螢幕會顯示被害人名稱及授權生產文字，足以生損害於公眾或他人，應認係偽造之私文書。而販賣仿冒之光碟片，是否成立刑法第216條、第210條、第220條之行使偽造準私文書罪，應依販賣者主觀之意思及客觀之行為，以資審斷。倘販賣者主觀上係以偽作真之意思販賣，並知買受者一經藉機器或電腦之處理，仿冒光碟內容之偽造準文書必當顯現，仍予以出售，將該偽造之準私文書置於可能發生文書功能之狀態下，應認係對偽造準文書之內容有所主張之行使行為，如足以生損害於公眾或他人，即應成立行使偽造私文書罪，買受者是否知其為仿冒品，並非所問。反之，販賣

者主觀上並無以僞作眞之意思，則不成立行使僞造準私文書罪[114]。

第五節　侵害著作人格權罪

　　著作人格權，係著作人就其著作所享有而以人格之利益，作為保護標的之權利[115]。其為人格權之一種，其與權利主體之人格有不可分離之關係，具有專屬性及不可讓渡性。職是，著作人格權專屬於著作人本身，其係不得讓與或繼承之權利（著作權法第21條）[116]。

例題23

　　出版商與著作權人甲、乙約定出版書籍，著作物應註明作者為甲及乙合編，而乙有別名，而出版商在封面及版權頁上刊印編著者為甲與乙，而未將乙選定之別名表彰於重製物上。試問出版商有無侵害乙之著作人格權？理由為何？

壹、構成要件

　　侵害著作權法第15條之公開發表權、第16條之姓名表示權及第17條之禁止醜化權等著作人格權者，處2年以下有期徒刑、拘役，或科或併科新臺幣50萬元以下罰金（著作權法第93條第1款）。著作人生存時，侵害其著作人格權者固有刑事責任，然著作人死亡後，侵害其著作人格權則

---

[114] 最高法院94年度第12次刑事庭會議決議；最高法院95年度台上字第1242號刑事判決。

[115] 蕭雄淋，著作權法論，五南圖書出版股份有限公司，2004年9月，2版2刷，135頁。

[116] 林洲富，著作權法案例式，五南圖書出版股份有限公司，2020年6月，5版1刷，61至62頁。

無刑事責任（著作權法第18條），僅得依據著作權法第86條請求民事救濟。

貳、例題解析——侵害著作姓名表示權罪

著作人於著作之原件或其重製物上或於著作公開發表時，有表示其本名、別名或不具名之權利，著作權法第16條第1項前段定有明文。出版商與著作權人甲、乙約定出版書籍，著作物應註明作者為甲及乙合編，而乙有別名，而出版商在封面及版權頁上刊印編著者為甲與乙，而未將乙選定之別名表彰於重製物上，其違反乙就著作之姓名表示權，屬侵害乙之著作人格權[117]。

第六節　違反音樂強制授權罪

因音樂為一般生活所常見者，其具有極強之流通性與極高之使用頻率，故音樂之利用不宜由少數人獨占。準此，我國著作權法對於音樂著作之利用採法定授權制。

例題24

甲經智慧財產局之許可強制授權取得利用乙所有音樂著作者之權利後，其將錄音著作之重製物銷售至大陸地區。試問甲之行為，是否成立音樂強制授權罪？

壹、構成要件

錄有音樂著作之銷售用錄音著作發行滿6個月，欲利用該音樂著作

---

[117] 智慧財產法院99年度民著上更（一）字第2號民事判決。

錄製其他銷售用錄音著作者，經申請著作權專責機關許可強制授權，並給付使用報酬後，得利用該音樂著作，另行錄製（著作權法第69條第1項）[118]。爲保護著作財產權人，亦限制依強制授權錄製的錄音著作之利用範圍，即利用依強制授權音樂著作而創作錄音著作者，該新創作之錄音著作的重製物，除僅能供銷售之用外，不得爲其他利用，且不得將其錄音著作之重製物銷售至中華民國管轄區域外（著作權法第70條）[119]。以求私益與公益之衡平。職是，依據音樂強制授權利用音樂著作者，不得將其錄音著作之重製物銷售至中華民國管轄區域外（著作權法第70條），違反者處2年以下有期徒刑、拘役，或科或併科新臺幣50萬元以下罰金（著作權法第93條第2款）。

貳、例題解析——違反音樂著作強制授權之銷售地區

利用依強制授權音樂著作而創作錄音著作者，不得將其錄音著作之重製物銷售至中華民國管轄區域外。準此，甲經智慧財產局之許可強制授權取得利用乙所有音樂著作者之權利，其將錄音著作之重製物銷售至大陸地區，核甲之行爲，應成立音樂強制授權罪。

第七節　視爲侵害著作權罪

違反平行輸入僅有民事責任，倘平行輸入後，進而以移轉所有權之方式散布或予以出租者，則分別成立著作權法第91條之1第2項或第92項之罪。

---

[118] 内政部1998年3月13日臺(87)内著會發字第8704024號函。其發行區域並不限於中華民國區域内。

[119] 内政部1998年4月15日臺(87)内著會發字第8704438號函。

例題25

> 　　未經著作財產權人同意，而輸入著作原件或其重製物者。試問僅違反平行輸入者時，應負何種責任？平行輸入後，進而以移轉所有權之方式散布或予以出租者，應何種責任？

壹、構成要件

　　行為人以第87條第1款、第3款、第5款或第6款方法之一侵害他人之著作權者。但第91條之1第2項及第3項規定情形，不包括在內。處2年以下有期徒刑、拘役，或科或併科新臺幣50萬元以下罰金（著作權法第93條第3款）。例如，明知為侵害著作財產權之物，而以移轉所有權或出租以外之方式散布者（著作權法第87條第1項第6款前段）。對於侵害者，論以著作權法第93條第3款處斷。

一、著作權法第87條第5款

　　著作權法第93條第3款、第87條第5款之犯罪構成要件，係以侵害電腦程式著作財產權之重製物作為營業之使用者（著作權法第87條第5款）。有關營業中使用盜版電腦程式重製物所發生之責任問題，在主觀條件方面，民事上之責任以故意或過失為前提，刑事上之責任則以故意為限，包括直接故意或間接故意。

二、著作權法第87條第3款

　　輸入或攜帶進入臺灣地區之大陸地區物品，以進口論（臺灣地區與大陸地區人民關係條例第40條第1項前段）。故自大陸地區進口至臺灣地區

者，應該當輸入之構成要件[120]。行爲人將盜版遊戲光碟自大陸地區經由香港地區而進口至臺灣地區，依香港澳門關係條例第35條第2項規定，以進口論。準此，行爲人係犯商標法第97條之輸入仿冒商標商品罪及著作權法第93條第3款、第87條第3款輸入侵害著作財產權光碟罪，依想像競合犯之關係，從一重之著作權法第93條第3款論處[121]。

貳、例題解析──平行輸入後以移轉所有權之方式散布或出租

著作權法第59條之1規定，在中華民國管轄區域內取得著作原件或其合法重製物所有權之人，得以移轉所有權之方式散布之。所指合法重製物者，不包括違反第87條第4款規定，未經著作財產權人同意而輸入著作原件或其重製物者。單純違反平行輸入僅有民事責任，平行輸入後，進而以移轉所有權之方式散布或予以出租者，分別適用著作權法第91條之1第2項或第92項規定，以決定其刑事責任[122]：

一、為特定原因輸入

依據著作權法第87條之1第1項所規定之5款事由，係爲特定原因而平行輸入，不視爲侵害之事由，均無民事與刑事責任。例如，爲供輸入者個人非散布之利用或屬入境人員行李之一部分而輸入著作原件或一定數量重製物者（著作權法第87條之1第1項第3款）。

二、視為侵害著作權

陳列盜版光碟以供出租者，其屬明知爲侵害著作財產權之物，意圖散布而公開陳列或持有者，其違反著作權法第93條第3款（著作權法87條第6款後段）。

---

[120] 最高法院100年度台上字第2876號刑事判決。
[121] 智慧財產法院99年度刑智上訴字第91號刑事判決。
[122] 石木欽，著作權法修法對照表，智慧財產專業法官培訓課程，司法院司法人員研習所，2006年6月，13頁。

三、移轉所有權之方式散布

著作人除本法另有規定外，專有以移轉所有權之方式，散布其著作之權利（著作權法第28條之1第1項）。表演人就其經重製於錄音著作之表演，專有以移轉所有權之方式散布之權利（第2項）。對於以移轉所有權之方法之非法散布者，論以散布原著作或重製他人著作罪（著作權法第91條之1）。著作權法第91條之1第1項所稱之重製物，僅限於合法重製物。同條第2項所稱之重製物，係指非法重製物。例如，違反平行輸入之規定而輸入商品，該商品為侵害著作財產權之物（著作權法第87條第4款）。再者，著作權法第91條之1第3項但書特別規定，本項之光碟不包括違反第87條第4款規定輸入光碟。準此，違反第87條第4款規定輸入光碟，應適用第91條之1第2項論斷，其為告訴乃論之罪，不適用第91條之1第3項。

四、以出租之方式散布

著作人除本法另有規定外，專有出租其著作之權利。表演人就其經重製於錄音著作之表演，專有出租之權利（著作權法第29條）。對於侵害者，論以公開侵害著作權罪（著作權法第92條）。著作原件或其合法著作重製物之所有人，得出租該原件或重製物（著作權法第60條第1項本文）。例外情形，係錄音及電腦程式著作，得出租該原件或重製物（第1項但書）。著作權法第60條第1項本文有關著作原件或其合法著作重製物之所有人，得出租該原件或重製物之規定，在保護著作原件或其合法著作重製物所有人之出租權，與同法第37條第1項有關授權之規定，並無衝突，著作財產權人對於出租權之授予，不影響著作原件或其合法著作重製物所有人之出租權[123]。

---

[123] 最高法院95年度台上字第1471號刑事判決。

第八節　提供網路侵害著作權罪

往昔因技術之限制，檔案僅能在主從式架構（Server/Client）平臺，經由一個中央式之伺服器接受上傳資料，並傳輸予下載資料之使用者，伺服器會留下使用者之網址與名稱，不會發生使用者間之直接傳遞[124]。因傳統之網際網路僅能透過特定之伺服器下載資料，倘使用者過多而頻寬不足時，易造成伺服器之當機。故Peer-to-Peer（點對點傳輸，P2P）之傳輸模式亦應運而生，P2P之特色係其沒有中央伺服器，是利用下載者頻寬，讓使用者於下載之同時，亦成為上載者，形成下載人數越多，其下載速度亦越快[125]。職是，P2P為使用者之直接傳遞，具有重製與公開傳輸之行為[126]。

例題26

甲公司為網站業者，經營KURO網站，該網站以「kuro」點對點分享軟體提供服務，並向註冊會員收費，已註冊之會員在成功連線至Kuro主機後，Kuro客戶端軟體即將會員電腦內之MP3 格式之錄音檔案自動設定為分享資料夾，並會將檔案大小、連線速度等資訊自動上傳至飛行網之檔名索引伺服器，以建立集中檔名管理之資料庫，供所有連線之其他會員檢索與下載。故該P2P式網站所提供之電腦軟體與網路搜尋下載服務，可使眾多侵害他人著作財產權之會員，藉由其設施服務，在未經著作權人同意或授權公開傳輸、重製之情況下，大量彼此交換、傳輸、下載及重製他人享有著

---

[124] 曾勝珍，論網路著作權之侵害，元照出版有限公司，2010年11月，2版1刷，8至9頁。

[125] 馮震宇，數位環境下著作權侵害之認定及相關案例研討，17至18頁，著作權侵害之認定及相關案例研討會會議手冊，司法院、最高法院、臺灣本土法學雜誌有限公司，2012年2月7日。

[126] 曾勝珍，論網路著作權之侵害，元照出版有限公司，2010年11月，2版1刷，43頁。

作財產權之錄音或音樂著作，而侵害他人著作權。試問甲公司有無侵害他人著作權而成立犯罪？理由為何？

壹、構成要件

為有效規範不法業者，行為人違反第87條第1項第7款之規定者[127]，處2年以下有期徒刑、拘役，或科或併科新臺幣50萬元以下罰金，以有效遏止網路侵權行為（著作權法第93條第4款）。

貳、例題解析──網路業者非法公開傳輸及重製

甲公司經營KURO網站之主要目的，在於從中獲得私利，而有積極之廣告等作為，提供足以使會員間非法重製、公開傳輸之電腦程式或技術等服務，該當於直接、確定之故意而作為，符合未經著作財產權人同意或授權，意圖供公眾透過網路公開傳輸或重製他人著作，侵害著作財產權，對公眾提供可公開傳輸或重製著作之電腦程式或其他技術，而受有利益者，視為侵害著作權之一種行為態樣（著作權法第87條第1項第7款）。暨採取廣告或其他積極措施，教唆、誘使、煽惑、說服公眾利用電腦程式或其他技術侵害著作財產權者，為具備該款之意圖（第2項）[128]。因Kuro系統具有驗證主機、網頁伺服器、檔名索引伺服器、負載平衡主機，驗證為Kuro運作之必要條件，未經驗證者，則無法使用。況集中檔名索引伺服器知悉每個使用者有何檔案、何使用者搜尋何檔案及何使用者下載何檔案，且會員搜尋及下載時，除用戶端必須保持與檔名索引伺服器連線始能搜尋外，亦應保持與其他用戶端之連線始能下載，倘連線中斷，則無法搜

---

[127] 著作權法第87條第1項第7款規定：未經著作財產權人同意或授權，意圖供公眾透過網路公開傳輸或重製他人著作，侵害著作財產權，對公眾提供可公開傳輸或重製著作之電腦程式或其他技術，而受有利益者。

[128] 最高法院98年度台上字第6177號刑事判決。

尋、下載。準此，甲公司之負責人應負非法公開傳輸及重製之刑事責任（著作權法第91條第1項、第92條）[129]。

第九節　違反合理使用罪

利用他人著作，雖未依著作權法第64條規定，明示出處者，惟僅要構成合理使用之要件，不會因未註明出處而構成侵害著作財產權之行為[130]。然該未明示出處之行為，得依據著作權法第96條規定科以罰金。

例題27

> 甲為教學之必要，在合理範圍內，引用乙授權予他人網站使用在臺灣鄉土鳥類網頁之10張攝影著作。試問甲未註明出處，是否成立違反合理使用罪？

壹、構成要件

行為人違反第59條第2項之電腦程式重製物未銷燬罪或第64條之欠缺註明出處罪之規定者，科新臺幣5萬元以下罰金（著作權法第96條）。因違反該兩種合理使用之情形，對於著作財產權人損害甚大，故應予刑事制裁。

一、電腦程式重製物未銷燬罪

合法電腦程式著作重製物之所有人得因配合其所使用機器之需要，修改其程式，或因備用存檔之需要重製其程式。但限於該所有人自行使用

---

[129] 智慧財產法院98年度刑智上更（一）字第48號刑事判決。
[130] 章忠信，著作權法逐條釋義，五南圖書出版有限公司，2007年3月，170頁。

（著作權法第59條第1項）。前項所有人因滅失以外之事由，喪失原重製物之所有權者，除經著作財產權人同意外，應將其修改或重製之程式銷燬之（第2項）。

二、欠缺註明出處罪

利用他人著作者，為尊重著作人之著作人格權，依第44條至第47條、第48條之1至第50條、第52條、第53條、第55條、第57條、第58條、第60條至第63條規定利用他人著作者，應明示其出處（著作權法第64條第1項）。前項明示出處，就著作人之姓名或名稱，除不具名著作或著作人不明者外，應以合理之方式為之（第2項）。所謂明示出處，依利用之方式，包含原著作著作人、著作名稱、出版社之名稱及利用部分[131]。

貳、例題解析──違反明示出處罪

著作權人第64條規定之違反，其與著作之利用是否構成合理使用，並無必然關係。縱使違反明示出處之義務，亦非當然構成著作財產權之侵害，仍應檢視該利用行為是否合於合理使用各條文之規定。是著作財產權被侵害時，雖可能同時構成本條之違反，惟本條之規定，並非著作合理使用之必要條件。故著作縱使未依第64條以合理之方式明示其出處，亦無妨於合理使用之成立。故著作之利用雖適用合理使用之情形，然未明示出處部分，應依著作權法第64條及第96條處罰[132]。職是，甲為教學之必要，雖在合理範圍內，引用他人網站之攝影著作，然甲未註明出處，其成立違反明示出處罪。

---

[131] 羅明通，著作權法論2，群彥圖書股份有限公司，2005年9月，6版，256頁。
[132] 智慧財產法院97年度民著上易字第4號民事判決。

第十節 破壞權利管理電子資訊罪

世界智慧財產權組織著作權條約（WCT）第11條及世界智慧財產權組織表演及錄音物條約（WPPT）第18條要求對於防盜拷措施必須給予適當之法律保護及有效之法律救濟，故我國著作權法有規範防盜拷措施。

例題28

> 甲明知遊戲主機業者所製造之遊戲主機內，均有提供有檢查、認證遊戲主機所讀取之遊戲光碟，是否為該遊戲主機業者所製造或授權製造之正版遊戲軟體之功能，且於遊戲光碟放入遊戲主機執行之際，須經遊戲主機比對遊戲光碟上是否含有防盜拷碼，倘遊戲光碟不含該防盜拷碼，則遊戲主機即無法讀取遊戲光碟之軟體而無法執行，甲未經遊戲主機業者之同意或授權，基於將可規避防盜拷措施之零件提供公眾使用之犯意，以新臺幣1,000元至1,200元不等之價格收取代工改機費用，將得以規避防盜拷措施之改機晶片或改機程式，置入或安裝於 遊戲主機內，使改機後之遊戲主機無法正確檢查、辨認遊戲軟體光碟內之防盜拷碼，而得以讀取跨區正版光碟與盜版光碟並加以執行。試問甲藉此供不特定之公眾使用可讀取未含防盜拷碼之盜版遊戲光碟，加以牟利，甲有何刑責？

壹、構成要件

行為人違反第80條之1或第80條之2第2項規定之權利管理電子資訊，處1年以下有期徒刑、拘役，或科或併科新臺幣2萬元以上25萬元以下罰金（著作權法第96條之1）。前者，係移除或變更權利管理電子資訊罪（第1項）。後者，則為擅自製造規避防盜拷措施之設備罪（第2項）。

貳、例題解析——違法爲公衆提供規避遊戲主機之防盜拷措施

一、防盜拷措施

　　按防盜拷措施者，係指著作權人所採取有效禁止或限制他人擅自進入或利用著作之設備、器材、零件、技術或其他科技方法（著作權法第3條第1項第18款）。遊戲主機內提供有檢查、認證該遊戲主機所讀取之遊戲光碟是否係原著作權人所製造或授權製造之正版遊戲軟體之功能，在遊戲光碟放入遊戲主機執行之際，應經該主機比對遊戲光碟上是否含有防盜拷碼（copy prevention code）。倘遊戲光碟不含該防盜拷碼，則該遊戲主機即無法讀取遊戲光碟之軟體而無法執行，此爲著作權人所採取禁止或限制他人擅自進入著作之防盜拷措施，未經著作權人合法授權不得予以破解、破壞或以其他方法規避之，亦不得提供公衆使用破解、破壞或規避防盜拷措施之設備、器材、零件、技術或資訊。

二、遊戲主機之改機晶片

　　遊戲主機內置之光碟機控制晶片上載有軟體，得以辨識光碟之防盜拷碼及區碼，並進而限制主機執行盜版或不同區碼之遊戲軟體，此限制主機執行盜版或不同區碼之遊樂軟體是否屬防盜拷措施，應視遊戲主機與承載於光碟之應用程式間是否藉由交互對應作用，達成僅有合法授權光碟始能爲主機所接受之結果。故防盜拷措施僅要限制主機執行盜版或不同區碼之遊樂軟體之部分遭受破解、破壞或規避，實質造成整體機制失去其效果者，應得認定爲對防盜拷機制之破解、破壞或規避行爲[133]。且將改機晶片置入不特定人所有之電視遊樂器之改裝行爲，此改裝行爲是將改機晶片提供公衆使用之行爲；而將經改裝完成之電視遊戲機售予不特定人之行爲，構成販賣改機晶片之行爲，此販賣改機晶片之行爲亦屬於提供公衆使用之行爲。故置入改機晶片之「電視遊樂器主機」功能並非僅能讀取盜版

---

[133] 智慧財產局2009年月2日智著字第09800067140號函。

遊戲光碟，亦可讀取正版遊戲光碟，該電視遊樂器主機本身非屬一規避防盜拷措施之器材，僅改機晶片本身，始屬規避防盜拷措施之器材或零件[134]。

三、違法為公眾提供規避防盜拷措施之零件罪

　　破解、破壞或規避防盜拷措施之設備、器材、零件、技術或資訊，未經合法授權不得製造、輸入、提供公眾使用或為公眾提供服務（著作權法第80條之2第2項）。甲明知遊戲主機業者所製造遊戲主機內，有提供檢查、認證遊戲主機所讀取之遊戲光碟是否為該遊戲主機業所製造或授權製造之正版遊戲軟體之功能，且於遊戲光碟放入遊戲主機執行之際，須經遊戲主機比對遊戲光碟上是否含有防盜拷碼，倘遊戲光碟不含該防盜拷碼，遊戲主機則無法讀取遊戲光碟之軟體而無法執行，此為遊戲主機業者所採取禁止或限制他人擅自進入著作之防盜拷措施，未經遊戲主機業者之合法授權，不得將可規避防盜拷措施之零件提供公眾使用。職是，甲未經遊戲主機業者同意或授權，基於將可規避防盜拷措施之零件提供公眾使用之犯意，以新臺幣1,000元至1,200元不等之價格即改機費用，對外向不特定顧客收取訂單後，而將得以規避防盜拷措施之改機晶片或改機程式置入或安裝於遊戲主機內，使改機後之遊戲主機無法正確檢查、辨認遊戲軟體光碟內之防盜拷碼，而得以讀取跨區正版光碟與盜版光碟並加以執行，核甲之犯行，係違反著作權法第80條之2第2項規定之未經合法授權而提供公眾使用規避防盜拷措施之零件，應依同法第96條之1第2款違法為公眾提供規避防盜拷措施之零件罪處斷[135]。

---

[134] 智慧財產局2006年1月23日智著字第0940011197-0號函、2009年7月13日智著字第09800057550號函。
[135] 智慧財產法院101年度刑智上訴字第49號刑事判決。

第十一節　沒　收

商標法第98條及著作權法第98條均有關於沒收之特別規定，應優先於刑法第38條第1項第2款之而適用，商標法之義務沒收主義，亦應優先於著作權法之職權沒收主義而適用

例題29

行為人有違反著作權法第91條第3項與第91條之1第3項等犯行，經檢察官緩起訴處分或不起訴確定。試問法院得否依刑法第40條第2項規定，單獨宣告沒收？

壹、職權沒收主義

一、商標法第98條與著作權法第98條

侵害商標權、證明標章權或團體商標權之物品或文書，不問屬於犯人與否，沒收之（商標法第98條）。犯第91條至第96條之1之罪，供犯罪所用或因犯罪所得之物，得沒收之。但犯第91條第3項及第91條之1第3項之罪者，其得沒收之物，不以屬於犯人者為限（商標法第98條、著作權法第98條）。關於沒收規定，其他法律或刑法分則有特別規定者，應優先於刑法總則第38條沒收規定之適用。而義務沒收主義，自應優先於採職權沒收主義而適用[136]。商標法第98條及著作權法第98條均有關於沒收之特別規定，應優先於刑法第38條第1項第2款而適用。商標法第98條係採義務沒收主義，法院並無裁量沒收與否之權限；而著作權法第98條規定：則係採職權沒收主義，沒收與否，法院有裁量之權。採義務沒收主義者，自應優先於採職權沒收主義之規定而適用。

---

[136] 最高法院79年台上字第5137號刑事判決。

二、著作權法第98條本文

　　就著作權法第98條但書規定之反面解釋，本條本文未規定不問屬於犯人與否俱應沒收，即應與刑法第38條爲相同解釋，以該供犯罪所用或因犯罪所得之物，屬於犯人所有者爲限，法院始有裁量是否沒收之權限[137]。準此，依著作權法第98條本文沒收者，限被告所有之物，始得諭知沒收。因法人與其代表人個人屬不同之人格，代表人雖有犯罪，然扣案物爲公司所有者，則不得沒收[138]。申言之，除法律另有規定外，法人原則上並無刑事責任能力，著作權法第101條第1項規定，屬轉嫁罰之立法體例，故除依該條規定對法人科以罰金刑外，關於沒收之刑罰，對法人自不適用。故所謂屬於犯人所有，雖包括共犯所有之物在內，然法人並無犯罪意識，其與自然人無法有犯意聯絡而成立共同正犯[139]。

貳、例題解析——不得單獨宣告沒收

　　犯第91條至第93條、第95條至第96條之1之罪，供犯罪所用或因犯罪所得之物，得沒收之。但犯第91條第3項及第91條之1第3項之罪者，其得沒收之物，不以屬於犯人者爲限（著作權法第98條）。犯第91條第3項或第91條之1第3項之罪，其行爲人逃逸而無從確認者，供犯罪所用或因犯罪所得之物，司法警察機關得逕爲沒入（著作權法第98條之1第1項）。前項沒入之物，除沒入款項繳交國庫外，銷燬之。其銷燬或沒入款項之處理程序，準用社會秩序維護法相關規定辦理（第2項）。準此，著作權第98條本文係採得科主義之沒收規定，而違反著作權之罪所用物品，並非違禁物或專科沒收之物，是行爲人有違反著作權法第91條第3項與第91

---

[137] 最高法院99年度台上字第7132號、101年度台上字第910號刑事判決。

[138] 智慧財產法院97年度刑智上易字第48號刑事判決。

[139] 最高法院89年度台上字第1720號刑事判決；智慧財產法院102年度刑智上易字第36號、103年度刑智上易字第36號刑事判決。

之1第3項等犯行，經檢察官緩起訴處分或不起訴確定後，自不得依刑法第40條第2項規定單獨宣告沒收[140]。

---

[140] 98年度智慧財產法律座談會彙編，司法院，2009年7月，83至85頁。智慧財產法院98年度刑智抗字第15號刑事裁定。

第五章

公平交易法

目　次

關鍵詞：競爭、合意、市場、成本、混淆、危險犯、消費者、不正行為、差別待遇、正當理由、杯葛行為

違反公平交易法所生之刑事案件，非涉及智慧財產權之爭議者，則由普通之刑事法院管轄，智慧財產法院無優先管轄權[1]。本章佐以11則例題，用以分析、探討行為人違反公平交易法之刑事制裁議題。

刑事責任	法條依據
損害營業信譽罪	公平交易法第24條、第37條
獨占事業不正行為罪	公平交易法第9條、第34條
聯合行為罪	公平交易法第15條、第34條[2]
限制轉售價格	公平交易法第19條、第36條
妨礙公平競爭罪──拒絕交易罪	公平交易法第20條第1款、第36條
妨礙公平競爭罪──差別待遇罪	公平交易法第20條第2款、第36條
妨礙公平競爭罪──強制交易罪	公平交易法第20條第3款、第36條
妨礙公平競爭罪──強制限制競爭罪	公平交易法第20條第4款、第36條
妨礙公平競爭罪──不當交易條件罪	公平交易法第20條第5款、第36條

第一節　概　說

事業違反公平交易法第24條規定，以陳述或散布不實情事而為競爭，因行為具有倫理之非難性，故直接課以刑事責任，此稱行政與司法責任併行，其為先行政後司法之規範例外[3]。因公平交易法屬經濟法之範

---

[1] 林洲富，公平交易法案例式，五南圖書出版股份有限公司，2020年12月，4版1刷，149頁。

[2] 2011年11月23日公布增訂公平交易法第35條之1，而修正前第38條所稱法人犯前3條之罪者，並未隨同修正，致原處罰法人之第35條、第36條及第37條，變成第35條之1、第36條及第37條，造成第35條已非修正後第38條所稱之前3條範疇，此為立法之明顯疏失，依罪刑法定主義，似不得對法人依第38條、第35條予以處罰。

[3] 黃銘傑，公平交易法執法機制之現狀與未來，月旦法學雜誌，186期，2010年11月85頁。

疇，其目的在於維持交易秩序與確保公平競爭，因其規範有諸多抽象與不確定之法律概念，故適用公平交易法時，必須依據市場之實際數據與運作以為判斷，況刑罰係制裁不法行為之最終手段，基於比例原則，是應以行政權先行判斷，作成行政預警處分，其得適度達到防患於未然之功效，倘仍未改善者，始採取刑罰作為箝制不法之模式[4]。故設計先行政後司法或行政措施前置主義，作為犯罪構成要件之客觀處罰條件[5]。

第一項　刑罰主體

依刑法之一般原理，犯罪主體應與刑罰主體一致，即僅犯罪行為人始負刑事責任，刑罰因係犯罪行為人之犯罪行為而生之法律上效果，基於刑罰個別化之理論，因其行為而生之法律上效果，應歸屬於實行行為之人，此即為刑事責任個別化與刑止一身之原則[6]。

例題1

> A補習班與B補習班同為臺北地區升學數理補習班，具有競爭關係，均為有限股份公司之組織。B補習班為競爭之目的，而於補習班招生關鍵時刻之大學指考放榜前1日，大量散發標題為「榜單不見了？如此之補習班能去嗎？」廣告傳單予臺北地區高三畢業生，除具體指明A補習班之名稱，並於廣告內文故意歪曲事實，捏造A補習班學生「社會組250分以上0人、自然組280分以上0人」，致使收到該廣告之學生誤認A補習班教學品質低劣，而改與B補習班交易，造成A補習班營業信譽及招生作業難以彌補之重大損害。試問B補習班之行為，有無違反公平交易法第24條規定？何人應徒刑或拘役之刑事制裁？

---

[4] 最高法院99年度台上字第6484號刑事判決；臺灣高等法院94年度上更（二）字第609號、98年度重上更（二）字第243號刑事判決。

[5] 最高法院96年度台上字第920號刑事判決；臺灣高等法院96年度重上更（三）字第66號、98年度重上更（三）字第37號刑事判決。

[6] 最高法院96年度台上字第5520號刑事判決。

壹、行為人範圍

一、自然人

　　公平交易法第34條、第36條至第37條之行為人，係指實際決定事業行為之事業負責人。申言之：（一）事業為法人者，行為人為法人機關之董事、監察人及經理；（二）事業為獨資、合夥工商行號者，行為人為出資人或合夥人[7]；（三）事業為其他提供商品或服務從事交易之人或團體，係指實際行為之人、實際從事行為之受雇人，或依組織章程有代理或代表權限之人[8]。

二、共同正犯

　　認定行為人間是否為共同正犯，係以數行為人間具有犯意聯絡與行為分擔者為斷（刑法第28條）[9]。例如，甲與乙分別為A公司之負責人、總經理，渠等對違反第24條有犯意聯絡與行為分擔，均為共同正犯，應依公平交易法第37條第1項之規定論處，而A公司科處第37條第2項所定之罰金刑。

貳、例題解析——行為人之刑事制裁

　　事業不得為競爭之目的，而陳述或散布足以損害他人營業信譽之不實情事（公平交易法第24條）。違反公平交易法第24條規定者，處行為人2年以下有期徒刑、拘役或科或併科新臺幣5,000萬元以下罰金（公平交易法第37條第1項）。而法人與自然人雖均得為刑事處罰之對象，然參諸公

---

[7]　商業登記法第10條規定：所謂商業負責人，在獨資組織，為出資人或其法定代理人；在合夥組織者，為執行業務之合夥人。經理人在執行職務範圍內，亦為商業負責人。

[8]　廖義男，公平交易法關於違反禁止行為之處罰規定，政大法學評論，44期，1991年12月，336頁。

[9]　最高法院91年度台上字第50號刑事判決。

平交易法第36條至第37條規定之刑事責任主體名稱雖爲行爲人，然自由刑無法適用法人，是徒刑、拘役等刑事制裁，其對象爲自然人，僅可對法人處以罰金刑。A補習班與B補習班同爲臺北地區升學數理補習班，具有競爭關係，B補習班爲競爭之目的，以散發廣告宣稱A補習班未公布其臺北地區學生榜單及成績，散布足以損害他人營業信譽之不實情事，違反公平交易法第24條規定[10]。準此，B補習班均有限股份公司之組織，其行爲人爲公司負責人（公司法第8條第1項）。故應對B補習班之負責人，處以有期徒刑或拘役等刑事制裁。

第二項 法人之處罰

基於行政法之合目的性考量，除處罰該行爲人外，亦得對該法人科以各該條之罰金，此爲行爲人與法人併罰之兩罰責任原則（公平交易法第37條第2項）[11]。

例題2

> 被告甲爲A公司負責人，其基於競爭目的，多次發布不實之新聞稿而陳述足以損害B公司之營業信譽，其違反公平交易法第24條事業不得爲競爭之目的，而陳述足以損害他人營業信譽之不實情事之規定，核其所爲係犯公平交易法第37條之罪。試問A公司應負何刑事制裁？理由爲何？

壹、兩罰責任

法人犯第36條至第37條之罪者，除依各法條規定處罰其行爲人外，

---

[10] 公平交易委員會2006年5月4日公處字第095048號處分書。
[11] 事業包括法人事業與非法人事業，依據公平交易法第37條規定，僅限於法人事業。

對該法人亦科以該條之罰金（公平交易法第37條第1項）。此為兩罰責任
之適用。申言之，兩罰責任係就同一犯罪，既處罰行為人，亦處罰法人，
並無責任轉嫁之問題，行為人係就其自己之違法行為負責，而法人係就其
所屬行為人關於業務上之違法行為，負法人監督不周之責任，行為人及法
人就其各自犯罪構成要件負其責任[12]。

貳、從屬關係

　　法人兩罰之理論基礎行為責任與監督責任。前者為代表人之違法行
為，直接歸責於法人。後者係法人機關對於其代理人、受僱人之違法行
為，未能善盡監督責任，導致違法行為發生。兩罰規定具有從屬性之特
質，因配合先行政後刑事責任之規範，依據行為責任理論，須同一代表人
有再犯行為；或者依據監督責任理論，須同一員工有再犯行為，使得對法
人處以刑責。準此，倘嚴格要求行為主體之同一性時，恐有先行政而無刑
罰之適用，亦將導致兩罰規定空洞化之現象[13]。

參、例題解析──行為人與法人併罰

　　被告甲為A公司負責人，其違反公平交易法第24條事業不得為競爭之
目的，而陳述足以損害他人營業信譽之不實情事之規定，核其所為，係犯
公平交易法第37條之罪，被告A公司則應依同法第37條第2項規定，科以
罰金刑[14]。因法人無意思能力，故法人基於競爭目的，多次發布不實之新
聞稿而陳述足以損害他人營業信譽之行為，應予併罰。因法人依其性質不
得諭知易服勞役之折算標準，而法院諭知數罰金刑時，倘有數罪者，應定
其應執行之罰金刑[15]。

---

[12] 最高法院92年度台上字第2720號刑事判決。
[13] 黃銘傑，公平交易法刑事責任專題，智慧財產專業法官培訓課程，司法院司法
　　人員研習所，2006年5月，4、6頁。
[14] 臺灣高等法院91年度上易字第1959號刑事判決。
[15] 臺灣高等法院92年度上易字第351號刑事判決。

第二節　損害營業信譽罪

　　事業為競爭之目的，而陳述或散布損害他人營業信譽之不實消息，以打擊競爭者，其屬有害交易秩序，故公平交易法禁止之，應論以刑事責任。

例題3

　　甲為A公司業務副總，負責A公司業務推展及產品銷售等事宜，嗣後因故離職後，擔任B公司負責人，A公司與B公司所推展及銷售產品等主要業務相關，具有商業上之競爭關係。甲明知已無權登入A公司先前配發予其業務上使用之電子郵件信箱，竟基於無故侵入A公司電腦之犯意，散布損害A公司營業信譽之不實訊息予A公司之客戶，致使A公司之往來客戶誤以為A公司即將更名為B公司，並變更營業地址及聯絡電話，足以生損害於A公司之營業信譽。試問甲有何刑責？理由為何？

壹、構成要件

　　事業不得為競爭之目的，而陳述或散布足以損害他人營業信譽之不實情事（公平交易法第24條）。違反公平交易法第24條規定者，處行為人2年以下有期徒刑、拘役或科或併科新臺幣5,000萬元以下罰金（公平交易法第37條第1項）。前項之罪，須告訴乃論（第3項）。法人違反者，除對行為時之負責人為處罰外，並可對法人處以罰金（第2項）。營業誹謗之行為，其行為包含言詞、動作、文字或圖畫等方法。事業之行為是否為競爭之目的，其前提應以事業間具有競爭關係為要件[16]。公平交易法第24條之損害營業信譽罪為具體危險犯，僅須有現實發生侵害之危險性，即可

---

[16] 臺灣高等法院100年度上易字第60號刑事判決。

成立犯罪[17]。詳言之，損害營業信譽罪之構成要件如後：

一、基於競爭之目的

　　所謂基於競爭之目的，係指行為人認識其行為，係妨害相關消費者或交易相對人對於他人營業信譽應有之信賴，藉以爭取原將由他人取得交易機會之情形，並基於競爭之意而實施其行為。

二、陳述或散布不實情事

　　所謂陳述或散布不實情事，係指關於客觀事實之不實主張或聲明，以言詞、文字、圖畫或大眾傳播媒體、網際網路、電話，使特定內容處於第三人或不特定人得以瞭解狀態之表意行為[18]。僅要有陳述或散布於眾之行為即可，大眾是否知悉，在所不問。

三、足以損害他人營業信譽

　　所謂足以損害他人營業信譽，係指陳述或散布之內容，客觀上足以降低社會大眾或交易相對人，對被指摘事業之營業上評價而言。例如，事業倘以召開記者會方式，對他人之商品陳述或散布不實資訊，且其所陳述或散布之內容，客觀上足以損害他人營業信譽者，即屬違反公平交易法第24條規定[19]。

貳、比較廣告

一、定　義

　　所謂比較廣告者，係指能識別出具有競爭關係之廠牌或企業名稱之廣

---

[17] 蔡墩銘，刑法精義，瀚蘆圖書出版有限公司，2007年3月，2版2刷，108頁。
[18] 臺灣高等法院99年度上易字第1791號刑事判決。
[19] 公平交易委員會2006年5月4日公處字第095048號處分書。

告；或雖係暗示而相關消費者亦能正確誤識別者[20]。準此，事業廣告之內容以比較方式為之者，除不得對自身商品或務為不實之表示外，亦不得對他人商品或服務為虛偽不實或引人錯誤之表示。

二、違反公平交易法第24條之要件

事業所為之比較廣告是否涉有公平交易法第24條之違反，應視其是否符合以下要件：（一）為競爭之目的；（二）具體明白表示被比較之廠牌或企業名稱，不論自身產品實或不實，被比較對象之產品或服務，有虛偽不實或引人錯誤之表示；（三）不實內容非僅就產品優劣程度之比較，且比較之結果，足以對他人營業信譽產生貶損之結果；至於是否貶損他人之營業信譽，應依具體個案，衡酌交易相對人及潛在交易相對人對於廣告內容之客觀評價予以認定。倘廣告內容對於產品、營業、營業所有人或主管人員等之不當貶損，導致交易相對人及潛在交易相對人，產生嚴重不信任感，致有拒絕交易或減少交易之可能等情形[21]。

參、接續犯

所謂接續犯者，係指數個在同時同地或密切接近之時地，侵害同一法益之行為，因各舉動之獨立性甚為薄弱，社會通念認為無法強行分開，故將之包括視為一個行為之接續進行，給予單純一罪之刑法評價。反之，行為人侵害同一法益之行為，具有獨立性，依社會通念可區隔者，則不應被評價為罪數上之一行為[22]。準此，行為人基於競爭之目的，先後多次陳述或散布足以損害他人營業信譽之不實情事，係基於單一之犯意，接續多次行為，侵害單一法益，應論以接續犯[23]。倘僅有1次散布之行為，因散布

---

[20] 公平交易委員會2004年11月18日公處字第093111號處分書。
[21] 公平交易委員會2006年5月4日公處字第095048號處分書。
[22] 智慧財產法院101年度刑智上訴字第9號刑事判決。
[23] 臺灣高等法院94年度上易字第1256號刑事判決；智慧財產法院99年度刑智上更（一）字第30號刑事判決。

行為完成時，其犯罪即屬成立，所散布之文字或圖畫繼續存在，此為狀態繼續，並非行為之繼續[24]。

肆、想像競合犯

　　公平交易法第37條第1項之損害營業信譽罪，同時符合刑法第310條第1項之普通誹謗罪或第2項之散布文字圖畫誹謗罪之犯罪構成要件，其屬一行為觸犯數罪名，其為想像競合犯，應從一重之公平交易法第37條第1項之罪處斷（刑法第55條本文）[25]。申言之，想像競合係指一個行為實現數個犯罪構成要件，侵害數個法益，致有數個犯罪結果之發生，其本質上為數罪。依公平交易法第24條、第37條第1項等規定處罰行為人，係為保護事業在市場上從事競爭、交易之公平性與正當性，保護法益為商業信譽之個人法益，並兼有社會法益，且犯罪構成要件有事業為競爭之目的。而刑法第310條第1項或第2項之誹謗罪之犯罪，係侵害個人名譽法益，其與前開公平交易法之犯罪構成要件並非一致，所侵害之法益亦有不同。故被告為事業而為競爭之目的，以一個散布不實情事行為而侵害兼有社會法益、個人商業信譽法益，暨個人名譽法益，應屬想像競合犯之關係[26]。同理，一行為觸犯損害營業信譽罪與妨害信用罪，應認為兩者有想像競合犯之關係，即從一重之公平交易法第37條第1項之罪處斷[27]。

---

[24] 最高法院90年度台非字第300號刑事判決。

[25] 臺灣高等法院88年度上易字第3812號、88年度上更（一）字第119號、100年度上易字第60號刑事判決。

[26] 臺灣高等法院93年度上易字第1225號刑事判決。

[27] 最高法院88年度台非字第21號刑事判決：刑法第313條之損害信用罪，係損害他人之經濟信用，同法第310條第2項之加重誹謗罪，則係損害他人之品格名譽，兩者所保護之法益，並不相同，倘以一行為同時損害他人之信用及名譽，應予雙重評價，論以該二罪，屬於異種想像競合犯，應依刑法第55條前段規定，從一重處斷。

伍、例題解析——寄發電子郵件散布不實訊息損害營業信譽

事業不得為競爭之目的，而陳述或散布足以損害他人營業信譽之不實情事。違反者，處行為人2年以下有期徒刑、拘役或科或併科新臺幣5千萬元以下罰金。除處罰其行為人外，對該法人亦科以第24條之罰金（公平交易法第24條、第37條第1項、第2項）。甲為A公司之負責人，B公司與A公司間有商業上之競爭關係，甲主觀明知電子郵件之內容與客觀事實不符，竟為將客戶訂單轉至A公司承接，而以寄發電子郵件之方式陳述不實內容訊息，足以損害B公司之營業信譽，此行為違反公平交易法第24條之規範[28]。

第三節　獨占事業不正行為罪

獨占類型分為人為獨占與自然獨占。前者為法令之限制，倘授與專利權人獨占專利技術之市場，其性質為人為獨占。後者，係市場機能充分發揮之結果，致放任市場自由運行，廠商自由進出，因產業成本特性與競爭之結果，再配合規模經濟與範疇經濟之加乘效果，可能會形成自然獨占，故是否達自然獨占之程度，則與規模經濟與範疇經濟有關。因獨占廠商足以掌控市場之供需與價格，其會產生超額利潤與完全價格歧視，其影響交易秩序與消費者權益，故國家應介入市場機制，而有管制市場之必要性[29]。

---

[28] 智慧財產法院99年度刑智上訴字第34號刑事判決。
[29] 林洲富，公平交易法案例式，五南圖書出版股份有限公司，2020年12月，4版1刷，24頁。

例題4

> A石油公司係某國唯一之石油供應業，由A石油公司提供航機之油料，其方式由A石油公司自行出售石油與航空公司，或由經營航機加油業務之加油公司，向A公司購買航空燃油，再為客戶航機加油。B公司欲參與競爭之國內航線加油服務市場，然A公司拒絕提供油料。試問A公司之行為有無違反公平交易法？理由為何？

壹、獨占事業

一、獨占定義

所謂獨占者，係指事業在特定市場處於無競爭狀態，或具有壓倒性地位，可排除競爭之能力者（公平交易法第7條第1項）。例如，臺灣自來水公司、臺灣電力公司之經營型態，均屬獨家事業，別無分號，其所提供之產品或服務，並無類似之替代品存在。當僅有一家廠商之專利技術造成自然獨占情形時，即形成獨占市場之局面，其為價格決定者（price maker）。再者，因製造光碟或禽流感疫苗等專利技術，形成單獨廠商壟斷國內特定市場時，故我國政府為調和專利制度與競爭制度，開啟強制授權之機制。

二、獨占事業之範圍

事業有下列各款情形者，可認定為獨占事業：（一）一事業在特定市場之占有率達2分之1；（二）二事業全體在特定市場之占有率達3分之2；（三）三事業全體在特定市場之占有率達4分之3（公平交易法第8條第1項）。有前項各款情形之一，其個別事業在該特定市場占有率未達10分之1或上一會計年度事業總銷售金額未達主管機關所公告之金額者，該事業不列入獨占事業之認定範圍（第2項）。事業之設立或事業所提供之

商品或服務進入特定市場，受法令、技術之限制或有其他足以影響市場供需可排除競爭能力之情事者，雖無前開列入認定範圍之情形，中央主管機關仍得認定其為獨占事業（第3項）。

貳、構成要件

獨占之事業，不得有下列行為：（一）以不公平之方法，直接或間接阻礙他事業參與競爭；（二）對商品價格或服務報酬，為不當之決定、維持或變更；（三）無正當理由，使交易相對人給予特別優惠；（四）其他濫用市場地位之行為（公平交易法第9條）。此為獨占事業不正行為之禁止。事業違反第9條規定，經中央主管機關依第40條規定限期命其停止、改正其行為或採取必要更正措施，而逾期未停止、改正其行為或未採取必要更正措施，或停止後再為相同或類似違反行為者，處行為人3年以下有期徒刑、拘役或科或併科新臺幣1億元以下罰金（公平交易法第34條）[30]。事業之行為是否違反公平交易法第9條之規範，應以獨占事業有法定之不正行為，作為禁止要件。因公平交易法第9條並無實害犯之規定，故屬抽象危險犯。茲論述獨占事業不正行為罪之構成要件如後：

一、以不公平之方法阻礙他事業參與競爭

因獨占事業在特定市場處於無競爭狀態，或具有壓倒性地位，對於該市場潛在競爭者而言，構成進入障礙。倘再以不公平之方法，直接或間接阻礙他事業參與競爭，應屬獨占力之濫用（公平交易法第9條第1款）。

二、對商品價格或服務報酬為不當之決定

獨占事業對商品價格或服務報酬為不當之決定，維持或變更，應屬獨占力之濫用（公平交易法第9條第2款）。因獨占事業不反應成本而決定

---

[30] 臺灣高等法院91年度上易字第1455號刑事判決。

價格，以圖取暴利，此行為不僅為排除競爭最有效之工具，亦為攫取超額利潤最直接之方法。其常見者為掠奪性訂價，即事業犧牲短期利潤，訂定遠低於成本之價格，迫使其競爭者退出市場，或阻礙潛在競爭者參進市場，藉以獲取長期超額利潤之行為[31]。

三、無正當理由而使交易相對人給予特別優惠

所謂無正當理由，使交易相對人給予特別之優惠，係指買方獨占之情況而言（公平交易法第9條第3款）。因獨占事業可利用其優越地位要求供給者給予特別優惠，此不僅可間接阻礙新的生產者參與競爭，亦可能妨害其他供給者間公平而合理之競爭。

四、其他濫用市場地位之行為

所謂其他濫用市場地位之行為，係公平交易法第9條第1款至第3款之概括性補充條款（公平交易法第9條第4款）。詳言之，事業利用其在特定商品或服務市場之獨占優勢，而為妨礙市場競爭或攫取不當利潤之行為時，倘不屬第10條前3款之不正行為者，得依具體個案，認定是否屬其他濫用市場地位之行為[32]。

參、例題解析——以不公平之方法阻礙他事業參與競爭

一、市場獨占地位

所謂阻礙他事業參與競爭者，並不以同一市場或水平市場之競爭為限，倘獨占事業以其在該市場，即上游供貨市場之獨占力，對於下游銷售服務市場之其他事業以不公平方法阻礙在下游銷售服務市場參與競爭，亦

---

[31] 公平交易委員會2002年3月14日公壹字第0910001896號函。
[32] 汪渡村，公平交易法，五南圖書出版股份有限公司，2007年9月，3版1刷，46至47頁。

有適用之（公平交易法第9條第1款）。A石油公司為某國唯一之石油市場供應業，在市場具有獨占地位。機場航機加油方式係為由A石油公司自煉油廠以管線將石油輸送至機場儲油庫，由A石油公司自行出售石油與航空公司並為其將油加入航機，或由航空公司自行向A石油公司購油後，委請加油公司將油加入航機，或由經營航機加油業務之加油公司，向A石油公司購買航空燃油，再為客戶航機加油。而B公司欲參與競爭之國內航線加油服務市場，其係航空燃油市場之下游市場，倘未獲得航空燃油之供應，則無法進入加油兼售油服務市場，參與競爭。

二、直接阻礙他事業參與競爭

A石油公司係同時兼具航空燃油供油市場及國內航線加油服務市場之唯一事業，挾其在國內航空燃油市場獨占地位，無正當理由拒絕B公司之報價要求，拒絕提供油料，造成其無法參進國內航線加油兼售油服務市場，自屬以不公平方法直接阻礙他事業參與競爭行為[33]。準此，A石油公司違反第9條規定，經中央主管機關依第40條規定限期命其停止、改正其行為或採取必要更正措施，而逾期未停止、改正其行為或未採取必要更正措施，或停止後再為相同或類似違反行為者，處行為人3年以下有期徒刑、拘役或科或併科新臺幣1億元以下罰金（公平交易法第34條）。

第四節　聯合行為罪

因聯合行為具有秘密性與不法性（per se illegal），故原則上禁止，例外保留許可。其例外之情形，係有益於整體利益與公共利益，經公平交易委員會許可者得為聯合行為。聯合行為在學理上可分水平聯合與垂直聯合兩種類型，公平交易法第19條之轉售價格維持契約之禁止，除就垂直

---

[33] 最高行政法院93年度判字第795號行政判決。

聯合為規範外，公平交易法第14條之聯合行為僅規定水平聯合[34]。

例題5

> 　　A石油公司與B石油公司為某國加油站之廠商，其等之調價行為模式，均會經由提前宣布價格調漲訊息、新聞發布等行為，就產品價格調整與調幅形成同步或同幅之調價行為，其足以影響國內油品市場之價格及供需機能。試問該等行為是否為公平交易法所禁止？理由為何？

壹、構成要件

　　事業間之聯合行為，倘有益於整體經濟與公共利益，並經申請中央主管機關許可者，未違反公平交易法第15條規定者，即非公平交易法所禁止之違法聯合行為。事業之行為是否違反公平交易法第15條之規範，應以事業間有聯合行為，渠等聯合行為未經公平交易委會許可為要件，因法條未有實害犯之規定，故屬抽象危險犯。而違反第15條規定，經中央主管機關依第41條規定限期命其停止、改正其行為或採取必要更正措施，而逾期未停止、改正其行為或未採取必要更正措施，或停止後再為相同或類似違反行為者，處行為人3年以下有期徒刑、拘役或科或併科新臺幣1億元以下罰金（公平交易法第34條）[35]。茲探究聯合行為罪之構成要件如後：

一、事業間有合意行為

　　聯合行為之合意方式，包含指契約、協議及其他方式之合意。所謂其

---

[34] 林洲富，公平交易法案例式，五南圖書出版股份有限公司，2020年12月，4版1刷，48頁。
[35] 臺灣高等法院91年度上易字第1455號刑事判決。

他方式之合意，係指契約、協議以外之意思聯絡，事實上可導致共同行為者，並不問有無法律拘束力或強制力（公平交易法第14條第2項）。故因意思聯絡而事實上足以造成一致性行為或稱暗默勾結行為，亦屬公平交易法所稱之聯合行為。倘經調查確實有意思聯絡之事實，或其他間接證據，諸如誘因、經濟利益、類似之漲價時間或數量、持續時間等情事。足以判斷事業間已有意思聯絡，且為其外部行為一致性之合理解釋，即可認定事業間有聯合行為[36]。倘事實上可認定共同行為之意思聯絡存在，不論嗣後是否有依協議執行，均不影響其違法行為之成立[37]。例如，我國國內油品供應市場屬寡占市場結構，二大油品供應商同為國內汽、柴油批售市場，顯有水平競爭關係與極高之相互依賴程度，倘其調整油價行為具有聯合行為之合意，妨礙競爭市場下自由、公平之競爭原則，即涉有違反公平交易法第15條規定。

二、對商品或服務事項為合意

聯合行為之合意內容，係對商品或服務之價格、數量、技術、產品、設備、交易對象、交易地區等，相互約束事業活動而言（公平交易法第14條第1項）[38]。因對商品或服務之價格、數量、技術、產品、設備、交易對象、交易地區等事項予以約定，均屬拘束事業之業務經營自由，並阻礙事業以良性競爭手段爭取顧客之機會，甚至剝奪相關消費者以較有利之

---

[36] 公平交易委員會2006年5月19日公處字第095052號處分書。

[37] 最高行政法院86年度判字第219號行政判決。

[38] 臺灣高等法院90年度上訴字第3349號刑事判決：施作工程事業之圍標行為，違反公平交易法第14條所稱事業不得為聯合行為之規定。最高法院96年度台上字第1079號刑事判決謂：事業與其他可能參與投標之廠商事先協商出最低價之廠商，或協議共以較高價格投標，或協議均不參與投標，致該工程流標，而迫使業主抬高底價，其所有參與協議之廠商，涉及違反公平交易法第7條、第14條聯合行為之禁制規定。而依本法第7條有關聯合行為之定義，圍標行為合致聯合行為之禁制規定者，須客觀上存有事證，證明各參與事業間，有就投標價格、是否參標、分配得標等事項，為相互約束事業活動之合意，始足相當。

條件選擇交易對象內容之機會[39]。

三、事業間合意足以影響市場功能

聯合行為係以事業在同一產銷階段之水平聯合，足以影響生產、商品交易或服務供需之市場功能者，始為公平交易法應加以規範之對象（公平交易法第14條第1項）。是聯合行為之成立時點以合意時為判斷標準，倘事業間合意時已足以影響市場功能，即可成立聯合行為，採抽象危險理論為斷，不以聯合行為是否已實際造成影響市場功能之具體效果，作為規範之門檻[40]。

四、未經公平交易委員會之許可

事業間之聯合行為，造成限制競爭，妨害市場及價格等情事，並影響相關消費者之利益，固應加以禁止。惟聯合行為之態樣甚夥，效用亦不一，倘有益於整體經濟與公共利益時，自不宜完全否定其正面之功能；故經公平交易委員會許可之聯合行為，不在禁止之列。茲說明例外許可要件如後：

（一）有益於整體經濟與公共利益

事業依公平交易法第15條第1項但書規定申請聯合行為許可，應提出聯合行為評估報告書（公平交易法施行細則第13條第1項第8款）。聯合行為評估報告書，應載明如後事項：1.參與事業實施聯合行為前後成本結構及變動分析預估；2.聯合行為對未參與事業之影響；3.聯合行為對該市場結構、供需及價格之影響；4.聯合行為對上、下游事業及其市場之影響；5.聯合行為對整體經濟與公共利益之具體效益與不利影響；6.其他必

---

[39] 汪渡村，公平交易法，五南圖書出版股份有限公司，2007年9月，3版1刷，97頁。

[40] 汪渡村，公平交易法，五南圖書出版股份有限公司，2007年9月，3版1刷，103頁。

要事項（公平交易法施行細則第14條）。職是，聯合行為實施後，對於整體經濟與公共利益之正面貢獻大於負面影響，始有例外許可聯合之要件。

（二）行為符合法定許可類型

申請例外許可之聯合行為類型如後：1.為降低成本、改良品質或增進效率，而統一商品規格或型式者；2.為提高技術、改良品質、降低成本或增進效率，而共同研究開發商品或市場者；3.為促進事業合理經營，而分別作專業發展者；4.為確保或促進輸出，而專就國外市場之競爭予以約定者；5.為加強貿易效能，而就國外商品之輸入採取共同行為者；6.經濟不景氣期間，商品市場價格低於平均生產成本，致該行業之事業，難以繼續維持或生產過剩，為有計畫適應需求而限制產銷數量、設備或價格之共同行為者；7.為增進中小企業之經營效率，或加強其競爭能力所為之共同行為者；8.其他為促進產業發展、技術創新或經營效率所必要之共同行為（公平交易法第15條第1項但書）。

貳、例題解析——聯合行為之默示性行為

一、促進行為

A石油公司與B石油公司間為提高市場占有率而展開油價之持續競爭，兩家公司之決策，會彼此受影響，競爭者會猜測對手之行為，作為判斷決策之依據，此商場上之競爭模式，經濟學稱為「賽局理論」。準此，寡占廠商為避免互相競爭造成兩敗俱傷之局面，陷入以牙還牙之訂價策略，其等會採取聯合定價之方式。換言之，當市場某廠商宣布調高價格，其他競爭者隨即漲調，其消極功能係得避免惡性競爭，並得達壟斷市場之積極目的，即所謂卡特爾組織。倘A石油公司與B石油公司之調價行為模式，均會經由提前宣布價格調漲訊息、新聞發布等促進行為[41]。就產品價

---

[41] 促進行為者，係指廠商間為確保彼此不會背離聯合水準價格而採行之策略行為。

格調整與調幅形成同步或同幅之調價行為，足以影響國內油品市場之價格及供需機能，該等行為屬於公平交易法第14條所規範之聯合行為，係公平交易法所禁制。因油價之一致性結果或行為，並非源自競爭，係透過促進行為所致，構成以其他方式之合意，其等意思聯絡，在客觀上未必先存有預定之計畫方案，為聯合行為中默示性行為之類型。

二、行政措施前置主義

違反第15條之未經公平交易委員會之許可者，經中央主管機關依第40條規定限期命其停止、改正其行為或採取必要更正措施，而逾期未停止、改正其行為或未採取必要更正措施，或停止後再為相同或類似違反行為者，處行為人3年以下有期徒刑、拘役或科或併科新臺幣1億元以下罰金（公平交易法第34條）[42]。

第五節　限制轉售價格罪

事業應容許其交易相對人轉售商品或再轉售時自由決定價格，不得對於商品轉售價格加以限制，倘限制下游廠商事業活動之交易行為者，其已剝奪配銷階段廠商自由決定價格之能力，該轉售價格限制之約定無效。

例題6

藥師公會為推行藥品公開標價，而訂定參考價格表，作為醫院或藥局據以購買之參考因素。試問該訂定參考價格表行為，是否違反公平交易法第19條之限制轉售價格？有無刑事責任？

---

[42] 臺灣高等法院91年度上易字第1455號刑事判決。

壹、維持轉售價格

事業對於其交易相對人,就供給之商品轉售與第三人或第三人再轉售時,應容許其自由決定價格;有相反之約定者,其約定無效(公平交易法第19條本文)。例外情形,是有正當理由者(但書)。所謂維持轉售價格(Resale Price Maintenance),係指企業對其交易相對人,就其所供給之商品設定轉售價格,並配合其他措施,限制交易相對人應遵行特定轉售價格之限制性交易行為,其屬上、下游廠商間之垂直聯合行為[43]。限制轉售價格之規範重點,係在避免上游事業以限制下游經銷商價格決定自由之方式,使同一品牌內不同經銷商間無法為價格競爭,係屬對事業垂直限制競爭之規範。故維持轉售價格之行為,破壞市場價格機能,較其他垂直性競爭限制行為之惡性為大[44]。

貳、垂直價格限制

一、特定商品之品牌內價格

自公平交易法第19條規範之意旨可知,製造商直接對經銷商為商品轉售價格之拘束,此限制訂價之自由,將使特定商品之品牌內價格競爭,完全趨於消滅,繼而因品牌內之競爭喪失,使得該特定商品價格下降壓力減少,進而間接導致品牌間之競爭減少,故具有高度之限制競爭效果,致使少數事業獲得利益,不利於自由市場之公平競爭、經濟繁榮及消費者之利益,均有公平競爭阻礙性,自應視為當然違法[45]。

二、上游與下游事業間

上、下游事業間不應有垂直價格限制行為,故事業應容許其交易相對

---

[43] 莊勝榮,解讀公平交易法,書泉出版社,2003年3月,2版1刷,43頁。
[44] 公平交易委員會2018年6月21日公處字第107047號函。
[45] 最高行政法院92年度判字第825號行政判決。

人有自由決定價格之權利。倘事業對於其交易相對人就所供給之商品設定轉售價格，並以配合措施限制交易相對人遵行，此限制下游廠商事業活動之交易行為，已剝奪配銷階段廠商自由決定價格之能力，使經銷商將無法依據其各自所面臨之競爭狀況及成本結構，訂定合理售價，其結果將削弱同一品牌內不同經銷通路間之價格競爭。例如，A眼鏡公司銷售隱形眼鏡清潔液，採建議售價新臺幣（下同）200元至300元，經調查結果，認200元為最低轉售價格，90%之業者均以200元為售價，倘零售商以低於200元出售時，A眼鏡公司依據反映後，即派員進行溝通，勸阻業者不要進行削價競爭，倘無法達成協議，則對業者減量供貨，甚至斷貨。準此，A眼鏡公司銷售隱形眼鏡清潔液，就其提供之商品設定最低轉售價格不得低於200元，並以溝通、斷貨、回饋紅利、提高供貨及流水號掌控調貨等配合措施，作為限制轉售價格之手段，其目的均在維持200元最低轉售價格，顯已違反公平交易法第19條本文規定。

三、正當理由

　　本法第19條第1項但書所稱正當理由，主管機關得就事業所提事證，應審酌下列因素認定之：（一）鼓勵下游事業提升售前服務之效率或品質；（二）防免搭便車之效果；（三）提升新事業或品牌參進之效果；（四）促進品牌間之競爭；（五）其他有關競爭考量之經濟上合理事由（公平交易法施行細則第25條）。

參、代銷型態

一、實質內容認定

　　認定當事人間之法律關係是否為代銷契約，不能僅從契約字面形式為之，應就其實質內容加以判斷。詳言之，代銷契約屬民事契約之一種，依契約自由原則，除非約定違反強制或禁止規定者無效，代銷契約為法律所允許，倘屬代銷契約之法律關係，因代銷並無所有權移轉，自無轉售過程可言。

二、代銷契約之因素

考量代銷契約之因素有二：（一）所有權是否移轉，倘所有權未移轉，即以行為人名義進行交易者，其屬代銷，否則所有權已移轉，縱使契約名稱為代銷，亦屬買賣關係，應受公平交易法第19條之規範[46]；（二）交易風險承擔仍應歸屬委託代銷者，包括商品之瑕疵擔保責任、商品保管責任、商品未能售出之風險負擔等[47]。準此，代銷契約縱使有約定銷售價格者，然代銷之事業所獲得之利潤，並非自購進商品，再予轉售而賺取其間之差額，故無轉售價格之問題，不適用公平交易法第19條規定[48]。

肆、例題解析

藥師公會訂定藥品參考價格表，足以影響會員之訂價決策，並形成價格聯合，暨提供上游業者對下游業者進行價格約定之機會，故不應有訂定參考價格表之行為。準此，違反第19條規定，經主管機關依第40條第1項規定限期令停止、改正其行為或採取必要更正措施，而屆期未停止、改正其行為或未採取必要更正措施，或停止後再為相同違反行為者，處行為人2年以下有期徒刑、拘役或科或併科新臺幣5,000萬元以下罰金。[49]

第六節　妨礙公平競爭罪

公平交易法第20條所規範之不公平競爭類型有杯葛、差別待遇、不當略誘交易相對人、強制限制競爭、不當交易條件等類型[50]。因該等行為有限制競爭或妨礙公平競爭之虞，事業不得為之。違反第20條規定，經

---

[46] 最高行政法院92年度判字第346號行政判決。
[47] 公平交易委員會1992年4月30日公釋字第4號函。
[48] 公平交易委員會2000年2月1日公處字第10號處分書。
[49] 公平交易委員會1993年3月12日公研釋字第53號函。
[50] 莊勝榮，解讀公平交易法，書泉出版社，2003年3月，2版1刷，49頁。

中央主管機關依第40條規定限期命其停止、改正其行為或採取必要更正措施，而逾期未停止、改正其行為或未採取必要更正措施，或停止後再為相同或類似違反行為者，處行為人2年以下有期徒刑、拘役或科或併科新臺幣5,000萬元以下罰金（公平交易法第36條）[51]。

第一項　拒絕交易罪

　　判斷事業杯葛行為是否違法，應綜合考量當事人意圖、目的、杯葛發起者之市場結構及市場地位、杯葛行為所涉商品特性、杯葛行為之履行狀況，杯葛行為實施後對市場競爭之影響程度等。至於杯葛發起者促使杯葛受使者為杯葛行為後，雖有無發生斷絕交易之結果，可作為審酌杯葛行為之實施，對市場競爭影響程度之因素，惟該事實之存在與否，並非公平交易法第20條第1款成立之必要條件[52]。

例題7

　　不動產仲介業者以損害特定不動產仲介業者為目的，促使聯賣資訊網站經營者拒絕該不動產仲介業者參與其本身所參與之聯賣制度；或聯賣資訊網站經營者以損害特定聯賣資訊網站經營者為目的，促使參與其本身聯賣制度之會員，不得參與其他聯賣制度、或將物件登錄於該特定聯賣資訊網站。試問有無違反公平交易法第20條第1款規定？理由為何？

---

[51] 臺灣高等法院91年度上訴字第2757號刑事判決。

[52] 臺北高等行政法院93年度訴字第2973號行政判決；公平交易委員會2004年2月6日公處字第093016號處分書。

壹、構成要件

事業以損害特定事業為目的，促使他事業對該特定事業斷絕供給、購買或其他交易之行為，致有限制競爭或妨礙公平競爭之虞，其係拒絕交易行為或杯葛行為（公平交易法第20條第1款）。茲說明其成立要件如後：

一、杯葛行為

發起杯葛之事業，以損害特定事業供給、購買或其他交易之行為，而有限制競爭或妨礙公平競爭之虞者，不得為之。所謂其他交易之行為者，包括被杯葛事業所從事之現在或未來一切營業活動，而斷絕之方式，除中止現有之交易關係外，不與被杯葛事業建立新之交易關係，亦屬之。

二、可非難性

杯葛行為之非難性，在於杯葛發起者以損害特定事業為目的，意圖借助他事業斷絕交易之方法，阻礙該特定事業參與競爭，故杯葛發起者之促使行為，倘於客觀上已足以認定有誘導或唆使他事業拒絕與特定事業交易之作用，而有限制競爭或妨礙公平競爭之虞者，即應具有可非難性。例如，A公司為處罰其經銷商B公司，基於損害B公司為目的，而限制其他經銷商不得再轉售予B公司，致有妨礙公平競爭之虞。或者百貨業者挾其市場優勢地位，以損害特定事業為目的，促使專櫃廠商對該特定事業斷絕供給、購買或其他交易之行為，而有限制競爭或妨礙公平競爭之虞。

貳、例題解析——不動產仲介之聯賣制度

一、網際網路之交易平臺

在網際網路資訊時代，由各不動產仲介公司或經紀人合作共用資訊系統組成聯賣資訊網，已成為新興之交易型態。仲介業者將其開發完成之待租售物件個案上網，讓其他仲介業者，透過該系統暸解各家公司仲介銷

售或出租之物件產品，並尋找買方或承租人以促成交易，使得開發案源之經紀人與銷售案源之經紀人可能分屬於不同之仲介公司。透過聯賣制度（Multiple listing services, MLS），相關消費者可享受一家委託、多家服務之好處，對賣方或出租人而言，經由將委託物件上網，除可增加物件的曝光機會與成交機會外，亦可縮短銷售或出租時間，並減少搜尋仲介業者及買方或承租人之成本；對買方或承租人而言，可經由一個經紀人居間介紹服務，即可就網路上眾多待租售物件遴選中意之不動產，減少搜尋合意物件與仲介時間之成本。另對於仲介業者而言，除可增加其開發案件銷售或出租之機會，亦可增加銷售或出租其他仲介業者開發案件之機會，同時可減少人力、物力之耗損，從而降低成本，提高經營效率。職是，為有效增進聯賣制度之效率，聯賣資訊網站經營者應盡量將會員所有之物件公開上網，不以特定契約型態為限，使相關消費者享有充分選擇之機會。

二、杯葛行為或拒絕交易行為

　　不動產仲介業者或聯賣資訊網站經營者在市場上應以較有利之價格、數量、品質、服務或其他條件，爭取交易機會，從事公平競爭行為。倘不動產仲介業者以損害特定不動產仲介業者為目的，促使聯賣資訊網站經營者拒絕該不動產仲介業者參與其本身所參與之聯賣制度；或聯賣資訊網站經營者以損害特定聯賣資訊網站經營者為目的，促使參與其本身聯賣制度之會員，不得參與其他聯賣制度、或將物件登錄於該特定聯賣資訊網站，有限制競爭或妨礙公平競爭之虞者，其屬杯葛行為或拒絕交易行為（公平交易法第20條第1款）[53]。

第二項　差別待遇罪

　　所謂差別待遇者，係指事業對同一競爭階層之事業，其在交易條件或

---

[53] 公平交易委員會2008年1月10日公壹字第0970000194號函修正公平交易法對於不動產仲介業者實施聯賣制度之規範說明。

交易機會等事項給予不同之待遇[54]。類型有價格之差別待遇、交易條件之差別待遇、交易對象選擇之差別待遇。

例題8

　　文化出版事業依據市場之需求或作者知名度，給予不同作者之稿費，有不同給付。試問文化出版事業，是否違反公平交易法第20條第2款之禁止差別待遇？

壹、構成要件

　　事業無正當理由，對他事業給予差別待遇之行為，致有限制競爭或妨礙公平競爭之虞，其行為屬垂直性限制競爭之類型（公平交易法第20條第2款）。其重點在於保護事業之相對人，不致於因該事業憑藉市場力量而為不正當差別待遇。

一、正當理由

　　公平交易法第19條第2款所稱正當理由，應審酌下列情形認定之：（一）市場供需情況；（二）成本差異；（三）交易數額；（四）信用風險；（五）其他合理之事由（公平交易法施行細則第26條）。職是，差別待遇並非當然違法，構成違法之差別待遇，事業必須為無正當理由，且其行為有妨礙公平競爭之虞，始足當之[55]。例如，事業於參標資格中規定，投標廠商於投標時須併附售後服務證明及卡車底盤功能測試報告，其確有增加參進障礙，則為無正當理由之差別待遇行為，違反公平交易法第

---

[54] 最高行政法院88年度判字第4312號行政判決。
[55] 公平交易委員會2006年3月21日公處字第095023號處分書。

20條第2款規定[56]。

二、類　型

　　差別待遇行為之主要態樣有：（一）價格之差別待遇；（二）交易條件之差別待遇；（三）交易對象選擇之差別待遇。倘事業與其他同種類事業進行交易之情形下，無正當理由斷絕與特定事業現有或將來之業務關係，此拒絕交易之行為，亦構成交易對象選擇之差別待遇[57]。

貳、例題解析——有差別之正當理由

　　所謂價格之差別待遇，係指相同之商品或勞務以不同之價格為交易。故出版業對不同作者給付不同之稿費或版稅，倘係因作者之知名度、知識、經歷、讀者偏好、市場等因素之不同而有差異，並非差別待遇所指相同之商品或勞務，應給付相同報酬，自無公平交易法第20條第2款規定之適用。縱使有差別待遇之情事，然有正當理由者亦不違法。職是，作品因作者之知名度、知識、經歷、讀者偏好或市場等因素之不同，出版事業所為之差異待遇，可認定其具有差別之正當理由而不違法[58]。

第三項　強制交易罪

　　公平交易法雖不禁止事業以提供贈品作為促銷之方式，然贈品內容已達利誘之程度而有妨礙公平競爭之虞，則有可能違反公平交易法第20條第3款之規範，公平交易委員會為對事業贈品、贈獎促銷活動有明確之規範，有制定公平交易委員會處理贈品贈獎促銷額度案件原則。

例題9

　　甲營造股份有限公司委請第三人介入營建工程招標，並以暴力或恐嚇使業主與之簽約。試問甲公司有無違反公平交易法第20條第3款？理由為何？

壹、構成要件

　　事業以脅迫、利誘或其他不正當方法，使競爭者之交易相對人與自己交易之行為，致有限制競爭或妨礙公平競爭之虞，其行屬不正競爭之類型（公平交易法第20條第3款）。所謂脅迫者，係指事業以威脅逼迫之方法強制事業之交易相對人與自己交易之行為[59]。所謂利誘者，係指事業不以品質、價格及服務爭取顧客，而利用顧客之射倖、暴利心理，藉利益影響顧客對商品或服務為正常之選擇，致誘使顧客與自己交易行為[60]。

貳、例題解析──以威脅逼迫方法強制交易

　　甲公司委請第三人介入工程招標，以暴力或恐嚇使業主與之簽約，係以威脅逼迫之方法強制事業之交易相對人與自己交易之行為，應成立強制交易罪。

第四項　強制限制競爭罪

　　使參與限制營業競爭行為屬聯合行為之類型，學理上稱為限制競爭行為之外部強制，本款規範之意旨在於保護他事業營業自由意識之自主，其應屬限制競爭之規範。

---

[59] 汪渡村，公平交易法，五南圖書出版股份有限公司，2007年9月，3版1刷，150頁。
[60] 公平交易委員會1992年7月7日(81)公參字第00209號函。

例題10

> 碎石採取事業意圖壟斷某地區現貨碎石市場，提高碎石價格，而以保證金、補償金及高於市價之價格等方法，誘使他事業將所有現貨供應其銷售，而參與事業所產碎石占某市場供應90%以上。試問是否構成妨礙市場公平競爭之違法行為？理由為何？

壹、構成要件

事業以脅迫、利誘或其他不正當方法，使他事業不為價格之競爭、參與結合或聯合之行為（公平交易法第20條第4款）。本款規範之意旨在於保護他事業營業自由意識之自主，所注重者為手段之高度不法內涵，其目的在於直接限制競爭之行為，故無須探究事業之市場地位[61]。

貳、例題解析——妨礙市場公平之強制限制競爭

碎石採取事業意圖壟斷某地區現貨碎石市場，提高碎石價格，而以保證金、補償金及高於市價之價格等方法，誘使他事業將所有現貨供應其銷售，而參與事業所產碎石占南部市場供應90%以上，該不正當方法，嚴重影響某地區現貨碎石買賣市場之公平競爭，構成妨礙市場公平競爭之違法行為[62]。

第五項 不當交易條件罪

本法第20條第5款所稱限制，指搭售、獨家交易、地域、顧客或使用之限制及其他限制事業活動之情形（公平交易法施行細則第28條第1項）。前項限制是否不正當，應綜合當事人之意圖、目的、市場地位、

---

[61] 公平交易委員會2006年6月14日公處字第095085號處分書。
[62] 公平交易委員會1992年4月15日(81)公處字第3號處分書。

所屬市場 結構、商品特性及履行情況對市場競爭之影響等加以判斷（第2項）。

例題11

> A音樂公司除要求其經銷商不得參與其他公司伴唱產品經銷活動，否則將終止合作外，亦要求業者使用其指定廠牌之伴唱機，不許業者與其他MIDI伴唱產品代理商合作。試問A音樂公司行為，是否有違反公平交易法規定？

壹、構成要件

事業以不正當限制交易相對人之事業活動為條件，而與其交易之行為，其行為屬垂直性限制競爭之類型（公平交易法第20條第5款）。本款所規範之行為，學理稱為拘束第二手契約，涉案之事業具有一定之市場地位[63]。例如，出版事業倘無正當理由限制經銷商跨區經營，而有限制競爭或妨礙公平競爭之虞者，將有違反公平交易法第20條第5款規定之虞。反之，事業不具備一定市場地位，雖有拘束第二手契約之行為，然與其交易之事業有多重之選擇可能性，不致於妨害市場之自由競爭之秩序，則無本款之適用。

貳、例題解析──限制區域承包商自由決定MIDI伴唱產品轉租價格

事業以不正當限制交易相對人之事業活動為條件，而與其交易之行為（公平交易法第20條第5款）。伴唱帶市場之經銷體系中，區域承包商負

---

[63] 最高法院100年度台上字第7371號刑事判決；智慧財產法院100年度刑智上訴字第16號、第23號、第29號、第49號刑事判決。

責經銷出租權，其利潤來源取決於承租及轉租間之價差，倘事業限制轉租價格，即係剝奪區域承包商自由決定MIDI伴唱產品轉租價格之空間，且限制價格競爭，自不利於區域承包商之下游消費者，此有限制競爭或妨礙公平競爭之虞，故違反公平交易法第20條第5款規定[64]。

---

[64] 智慧財產法院100年度行公訴字第1號、第2號行政判決。

第六章

藥事法

目　次

關鍵詞：商標、標籤、未經核准、想像競合犯、接續犯、私文書、學名藥、幫助犯、毒害藥品、法規競合、共同正犯、沒入銷燬

　　藥事法案件常與商標法、毒品危害防制條例及偽造文書等罪有相想像競合犯之關係，故如何認定其犯罪事實與發現真實，厥為藥事法案件之主要重點。刑法第11條規定，該法總則於其他法令有刑罰之規定者，亦適用之。但其他法令有特別規定者，不在此限。因藥事法並無特別適用刑法之明文，自應引用刑法第11條前段之規定，倘判決在論結欄項下未引用刑法第11條前段，其於法未合[1]。本章佐以4則例題，用以分析與探討之刑事責任。

法條依據	刑事責任
藥事法第82條第1項	製造或輸入偽藥罪
藥事法第82條第1項	製造或輸入禁藥罪
藥事法第83條第1項	販賣、供應、調劑、運送、寄藏、牙保、轉讓或意圖販賣而陳列偽藥罪
藥事法第83條第1項	販賣、供應、調劑、運送、寄藏、牙保、轉讓或意圖販賣而陳列禁藥罪
藥事法第84條第1項	擅自製造或輸入醫療器材罪
藥事法第84條第2項	販賣、供應、運送、寄藏、牙保、轉讓或意圖販賣而陳列醫療器材罪
藥事法第85條第1項、第2項前段	製造或輸入第21條第1款之劣藥或第23條第1款、第2款之不良醫療器材罪
藥事法第85條第2項後段、第3項	販賣、供應、調劑、運送、寄藏、牙保、轉讓或意圖販賣而陳列劣藥或不良醫療器材罪
藥事法第86條第1項	擅用或冒用他人藥物之名稱、仿單或標籤罪
藥事法第86條第2項	輸入、販賣、供應、調劑、運送、寄藏、牙保、轉讓或意圖販賣而陳列擅用或冒用他人藥物之名稱、仿單或標籤之藥物罪
藥事法第88條	依本法查獲供製造、調劑偽藥、禁藥之器材，不問屬於犯人與否，沒收之。
藥事法第89條	公務員假借職務上之權力、機會或方法，犯本章各條之罪或包庇他人犯本章各條之罪者，依各該條之規定，加重其刑至2分之1。

---

[1] 最高法院85年度台上字第3925號刑事判決。

第一節　製造或輸入禁藥罪

藥事法第39條明定藥品輸入,應經核准,領得許可證後,始得為之。而禁藥不以毒害藥品為限,未經許可輸入,縱使療效良好,亦屬禁藥,應依輸入禁藥罪論處[2]。

例題1

甲因長期從事進口貿易業務,明知其未經藥物藥商之中央主管機關即行政院衛生署核發藥品輸入證,亦未經各縣市政府衛生主管機關核准登記為藥商。而威而鋼美商輝瑞所生產之藥品,其「VIAGRA」文字圖樣,向智慧財產局申請註冊而取得商標。未經上開商標權人之同意或授權,不得於相同商品使用相同註冊商標,或於類似商品使用相同註冊商標致消費者有混淆誤認之虞,亦不得意圖販賣而輸入侵害前開商標權之商品,或輸入冒用他人名稱及標籤或未經核准輸入之藥物。詎甲透過大陸地區從事物流業者,購買無外盒包裝、而其錠劑及箔片包裝上亦無標示行政院衛生署核准輸入字號之藥品「威而鋼」1,500錠,並非美商輝瑞公司所生產。甲基於輸入禁藥、輸入冒用他人藥物名稱與標籤之「威而剛」藥物及意圖販賣而輸入仿冒商標「威而剛」商品之犯意,委託不知情之報關公司之經理,持向財政部基隆關稅局五堵分局申報進口。試問該裝載夾藏上開禁藥之行李之船舶抵達基隆港,經基隆關稅局五堵分局發現上開未經核准輸入之禁藥及紙盒包裝,而均予以扣押,甲有何刑責?

壹、構成要件

製造或輸入禁藥者,處10年以下有期徒刑,得併科新臺幣1億元以下

---

[2] 最高法院82年度台上字第3797號刑事判決。

罰金，未遂犯罰之（藥事法第82條第1項、第4項）。茲說明製造或輸入禁藥罪之要件如後：

一、製　造

所謂製造禁藥者，係指以物理、化學、生物科技等手段，生產禁藥者。換言之，原料藥經加工調製，製成一定劑型及劑量之禁藥[3]。禁藥之範圍，依據藥事法第22條規定。

二、輸　入

所謂輸入禁藥者，係指由國外運輸禁藥進入我國領土者。自大陸地區產製藥品輸入或攜帶進入臺灣地區，亦以進口論之（臺灣地區與大陸地區人民關係條例第40條）。故大陸地區產製藥品，未經核准擅自輸入者，應認屬藥事法第22條第2款前段所稱之禁藥[4]。反之，運送禁藥之起迄地均在臺灣地區，其屬國內運送，自與輸入行為未合[5]。

三、藥品之定義

本法所稱藥品，係指左列各款之一之原料藥及製劑：（一）載於中華藥典或經中央衛生主管機關認定之其他各國藥典、公定之國家處方集，或各該補充典籍之藥品；（二）雖未載於前款，然使用於診斷、治療、減輕或預防人類疾病之藥品；（三）其他足以影響人類身體結構及生理機能之藥品；（四）用以配製前3款所列之藥品（藥事法第6條）。例如，行為人所製造遭查獲之「京華馬力強」、「馬力強」製劑，雖經行政院衛生福利部食品藥物管理署檢驗結果[6]，其中「馬力強」含有Am——inotadalafil

---

[3] 最高法院72年度台上字第807號刑事判決。
[4] 最高法院83年度台上字第5509號刑事判決。
[5] 最高法院100年度台上字第1615號刑事判決。
[6] 行政院衛生署前於1971年成立，2013年升格為部並改為衛生福利部。原食品藥物管理局改為食品藥物管理署。

（分子量390）及Hydroxyhomosildenafil（分子量504）、「京華馬力強」含有Hydroxyhomosildenafil（分子量504）等西藥成分反應，然含有上開成分之兩種製劑，是否足以影響人類身體結構及生理機能，為藥事法第6條第3款之藥品，食品藥物管理局之檢驗成績書內，並未予以說明，此項攸關被查獲之「京華馬力強」、「馬力強」，是否為藥事法所指之禁藥或偽藥，殊有查明之必要，倘法院未予詳細調查說明，僅憑檢驗之反應，遽論以製造偽藥罪刑，自與證據法則有違，且有判決理由不備之違法[7]。

四、禁　藥

　　所謂禁藥者，係指藥品有下列各款情形之一者：（一）經中央衛生主管機關明令公告禁止製造、調劑、輸入、輸出、販賣或陳列之毒害藥品（藥事法第22條第1項第1款）；（二）未經核准擅自輸入之藥品。但旅客或隨交通工具服務人員攜帶自用藥品進口者，不在此限（第2款）。本法第22條第1項第2款所稱未經核准擅自輸入之藥品，係指該藥品未曾由中央衛生主管機關依本法第39條規定核發輸入許可證者。製造、輸入藥品，應將其成分、規格、性能、製法之要旨，檢驗規格與方法及有關資料或證件，連同原文和中文標籤、原文和中文仿單及樣品，並繳納費用，申請中央衛生主管機關查驗登記，經核准發給藥品許可證後，始得製造或輸入（藥事法第39條第1項）。例如，經海關查扣之「使蒂諾斯Stilnox」、「VIAGRA」均非原藥廠產製者，係行為人在大陸地區未經核准擅自製造，其藥錠上有「VIAGRA」、「Pfizer」、「使蒂諾斯Stilnox」等向智慧財產局辦理註冊之商標圖樣，其未經中央衛生主管機關核准擅自輸入，核屬藥事法第22條第1項第2款前段之禁藥[8]。

---

[7] 最高法院101年度台上字第793號刑事判決。
[8] 智慧財產法院98年度刑智上訴字第52號刑事判決。

貳、偽藥與禁藥之區別

一、毒害藥品

　　未經核准而擅自製造之藥品，其為偽藥（藥事法第20條第1款）。經中央衛生主管機關明令公告禁止製造、調劑、輸入、輸出、販賣或陳列之毒害藥品，或未經核准擅自輸入之藥品，則為禁藥（藥事法第22條第1項）。職是，未經核准，擅自製造未含有毒害之藥品，其應屬製造偽藥，倘所製造者為毒害藥品，則為製造禁藥。例如，行為人未經核准，擅自自大陸地區輸入之含犀利士（Tadalafil）成分之粉末藥品，該藥品依藥事法第22條第1項第2款之規定固屬禁藥，其等此部分所為，應屬犯同法第82條第1項之輸入禁藥罪。然行為人未經核准，將輸入之禁藥，摻入小麥胚芽油、大豆卵磷脂製成膠囊，則其所製造之藥品，是否含有毒害之藥品？此攸關其所為係該當製造偽藥罪或製造禁藥罪，自應予究明，倘法院未予釐清，遽論斷所犯係製造禁藥罪，自有證據調查未盡之違法[9]。

二、未經核准而擅自製造或輸入

（一）自國外或大陸地區輸入

　　未經核准而擅自製造者，其為藥事法第20條第1款所明定之偽藥。未經核准擅自輸入之藥品，則為藥事法第22條第1項第2款前段所定之禁藥。例如。行為人所販賣之「諾美婷」、威而鋼」、「犀利士」、「使蒂諾斯」藥品來源雖均非原藥廠所生產製造，而其中其所販賣之藥品來源為我國籍男子所販入，復查無自國外或大陸地區輸入之證據，是行為人所販入之藥品，應屬偽藥。反之，其來源係自大陸地區擅自製造並輸入者，依藥事法第22條第2款前段規定，應屬禁藥[10]。

---

[9] 最高法院99年度台上字第4062號刑事判決。
[10] 智慧財產法院98年度刑智上更（一）字第15號刑事判決。

（二）藥品成分符合正品合格範圍

藥品成分雖符合正品合格範圍，然有可能為未經核准，擅自輸入之禁藥，未必係未經核准擅自製造之偽藥。例如，扣案「諾美婷」藥品有原藥廠供應「諾美婷」藥品之成分，其符合正品「諾美婷膠囊15公絲」合格範圍，其有可能為藥事法第22條第1項第2款前段規定之未經核准，擅自輸入之禁藥，不得僅憑扣案「諾美婷」藥品之外觀、光譜曲線與「諾美婷」藥品正品之鑑定不相同，即逕認其屬藥事法第20條第1款所定未經核准擅自製造之偽藥[11]。

參、本罪與他罪之關係

一、輸入禁藥罪及輸入仿冒商標商品罪

行為人為牟私利，未經核准擅自輸入，含有西藥成分之藥錠，其屬藥事法規定之禁藥。該藥錠、包裝鋁箔片、紙盒上均有未經商標權人之授權或同意，擅自使用商標之文字圖樣。核行為人所為，係犯藥事法第82條第1項之輸入禁藥罪及犯商標法第97條之輸入仿冒商標商品罪，行為人以一行為同時觸犯上開罪名，其為想像競合犯，應依刑法第55條之規定，從一重之輸入禁藥罪處斷[12]。

二、輸入與運輸安非他命

（一）禁藥與毒品

毒品危害防制條例第2條第2項第2款規定，安非他命為第二級毒品。藥事法第22條第1款亦規定，經中央衛生主管機關明令公告禁止製造、調劑、輸入、輸出、販賣或陳列之毒害藥品；未經核准擅自輸入之藥品，均係禁藥。而安非他命類藥品，因對中樞神經具有強烈興奮作用，服用後會

---

[11] 最高法院100年度台上字第5849號刑事判決。
[12] 智慧財產法院100年度刑智上更（一）字第18號刑事判決。

起求安、頭昏、顫抖、亢進性反應、失眠、焦慮譫妄，並產生耐藥性、依賴性、欣慰感等副作用，行政院衛生署分別以1979年7月7日衛署藥字第221433號、1980年12月8日衛署藥字第301124號及1986年7月11日衛署藥字第597627號公告列為不准登記藥品及禁止使用[13]。準此，安非他命為一種物質而具有二種屬性，兼具藥事法所稱禁藥與毒品危害防制條例所稱之毒品之性質。

（二）法規競合

因國外輸入國亦屬運輸之範圍，故自大陸地區輸入安非他命至臺灣地區，在外觀上雖觸犯藥事法第82條第1項之輸入禁藥及毒品危害防制條例第4條第2項之運輸第二級毒品等罪名，惟僅實施一個犯罪行為，發生一個犯罪之結果，侵害一個法益，自應受一個犯罪構成要件之評價，其屬於單純一罪，非犯罪之競合，依法規競合之法理，應適用毒品危害防制條論斷，不能認為為想像競合犯[14]。

（三）新舊法比較

毒品之分級與品項，係由法務部會同行政院衛生署組成審議委員會每3個月定期檢討，報由行政院公告調整增減之（毒品危害防制條例第2條第3項）。故毒品之種類有可能發生變動，倘輸入禁藥之行為係在毒品危害防制條例公布施行或公告列入毒品之前，判決在該條例施行後或公告列入毒品後，應認為行為後處罰之法律有變更，注意比較毒品危害防制條例與藥事法，依刑法第2條規定，適用最有利於行為人之法律[15]。

（四）主觀要件

輸入者係含有安非他命或其他毒品及禁藥或偽藥成分之所謂減肥藥錠、藥丸等藥物時，法院應詳為調查審酌行為人之犯意，即應調查與審究

---

[13] 行政院衛生署藥品管理局2001年11月6日管證字第99890號函。
[14] 最高法院88年度台上字第1842號刑事判決。
[15] 最高法院92年度台上字第6838號刑事判決；臺灣高等法院93年度上訴字第56號刑事判決。

行為人是否知悉藥品內之成分含有安非他命或其他毒品危害防制條例所稱之毒品。倘行為人僅有禁藥或偽藥之認識，即行為所知，輕於所犯時，應論以藥事法第82條第1項之輸入禁藥罪或偽藥罪[16]。反之，行為人對於藥品內併有毒品及禁藥或偽藥之認識，應適用毒品危害防制條論斷。

三、臺灣地區與大陸地區人民關係第80條第1項

中華民國船舶、航空器及其他運輸工具，經主管機關許可，得航行至大陸地區（臺灣地區與大陸地區人民關係條例第28條前段）。違反上開規定之船舶、航空器或其他運輸工具所有人、營運人或船長、機長或其他運輸工具駕駛人處3年以下有期徒刑、拘役或科或併科新臺幣100萬元以上1,500萬元以下罰金（臺灣地區與大陸地區人民關係第80條第1項）。準此，倘有以船舶等工具自大陸地區輸入偽藥或禁藥時，在於必要時，應向主管機關函查該次航行是否經許可，以明是否有上開條例之適用。

肆、沒　收

一、刑法第38條第1項第2款

下列之物沒收之：（一）違禁物；（二）供犯罪所用或犯罪預備之物；（三）因犯罪所生或所得之物（刑法第38條第1項）。前項第1款之物，不問屬於犯罪行為人與否，沒收之（第2項）。第1項第2款、第3款之物，以屬於犯罪行為人者為限，得沒收之。但有特別規定者，依其規定（第3項）。所謂違禁物者，係指依法令禁止製造、運輸、販賣、持有及行使之物而言。藥事法對偽藥及禁藥，並無禁止持有規定，則除其他法令另有禁止製造、運輸、販賣、持有及行使規定外，偽藥及禁藥，並非均屬違禁物。而行政機關之沒入處分，係屬行政罰，而刑法第38條第1項各款所規定之沒收，則屬刑事罰，兩者性質不同，即無所謂特別法較普通法優

---

[16] 最高法院93年度台上字第1789號刑事判決。

先適用之問題。倘未經主管機關處分沒入者，法院仍得依上開規定諭知沒收[17]。準此，扣案之藥，並非違禁物，倘未經衛生主管機關先行依藥事法第79條第1項規定為沒入處分，足認係行為人所有供本案犯罪所用之物，爰依刑法第38條第1項第2款規定宣告沒收[18]。

二、商標法第98條

　　侵害商標權、證明標章權或團體商標權之物品或文書，不問屬於犯人與否，沒收之（商標法第98條）。商標法沒收規定採義務沒收主義，自應優先於採職權沒收主義之刑法第38條第1項而適用[19]。職是，禁藥無商標者，雖依刑法第38條第1項第2款之供犯罪所用，依職權沒收之。然禁藥有商標者，依商標法第98條規定，應義務宣告沒收。

三、藥事法

　　依本法查獲供製造、調劑偽藥、禁藥之器材，不問屬於犯人與否，均沒收，此屬義務沒收之性質（藥事法第88條）。再者，查獲之偽藥或禁藥，沒入銷燬之（藥事法第79條第1項）。該沒入銷燬規定，係列於藥事法第8章之稽查及取締，而非列於第九章之罰則，其性質應屬行政秩序罰，其屬行政機關行政程序科罰之權限，法院自不得越權於判決諭知沒入銷燬[20]。

伍、例題解析——輸入威而鋼之禁藥罪

一、自大陸地區輸入禁藥

　　在大陸地區產製藥品，事實上不能經由我國衛生主管機關核准，自無

---

[17] 最高法院85年度台上字第4545號、93年度台上字第2581號刑事判決。
[18] 智慧財產法院100年度刑智上訴第35號刑事判決。
[19] 最高法院79年台上字第5137號刑事判決。
[20] 最高法院92年度台上字第2718號刑事判決。

從予以監督管理。倘有擅自輸入者，應區分爲禁藥、僞藥或劣藥。臺灣地區與大陸地區人民關係條例施行後，有關大陸地區產製藥品輸入或攜帶進入臺灣地區，該條例第40條明定以進口論，故其未經核准擅自輸入禁藥者，自應認屬藥事法第22條第1項第2款前段所稱之禁藥[21]。

二、特別法與想像競合犯

　　商標法第97條爲刑法第254條之特別規定，依特別法優於普通法之法規競合原理，自應優先適用商標法第97條之規定。而商標法就僞造、仿冒商標行爲，已有處罰之特別規定，應排除刑法第220條、第210條之僞造準私文書規定之適用。再者，僞造他人之藥物名稱、仿單、標籤於物品之包裝上，雖足以表示一定之用意，屬刑法第220條之準文書；惟藥事法第86條第1項有特別處罰之規定，不另論以僞造準私文書罪[22]。職是，核甲之所爲，係犯藥事法第82條第1項之輸入禁藥罪、藥事法第86條第2項之明知爲冒用他人藥物名稱及標籤之藥物而輸入罪、商標法第97條之明知爲仿冒商標商品而意圖販賣而輸入罪。甲以一輸入行爲侵害權利人之商標權、藥物名稱及標籤使用權利，其爲想像競合犯，應從一重之輸入禁藥罪處斷。而扣案之威而剛爲違反商標法第97條之仿冒商標商品，不問是否屬於甲所有，均應依商標法第98條規定，應義務宣告沒收[23]。

---

[21] 最高法院82年度第4次刑事庭會議二；最高法院82年度台上字第2389號、82年度臺上字第3797號、82年度台上字第6103號、82年度台上字第7104號、93年度台上字第5509號、98年度台上字第837號刑事判決；智慧財產法院99年度刑智上更二字第29號、98年度刑智上更一字第49號刑事判決；臺灣高等法院96年度上訴字第2352號刑事判決。

[22] 最高法院98年度台上字第7970號刑事判決。

[23] 智慧財產法院100年度刑智上訴字第79號刑事判決。

第二節　製造或輸入偽藥罪

製造偽藥或禁藥罪是否已完成偽藥或禁藥之製造行為，攸關犯罪之未遂及得否減輕其刑（藥事法第84條第4項）。準此，法院審理有關製造偽藥或禁藥時，應注意是否已完成製造行為，倘有疑問，應徵詢當事人意見後，送請相關機關鑑定，以釐清爭議。

例題2

甲明知夜安寧為A公司經主管機關核准而合法製造者，詎自2020年11月1日起至2021年3月31日止，基於製造偽藥、明知為偽藥而販賣、意圖欺騙他人對商品為虛偽標記而販賣、偽造準私文書及行使偽造準私文書之犯意，未經主管機關核准，委託不知情之B公司擅自製造含有褪黑激素成分之夜安寧藥錠，並委託不知情之C公司印製夜安寧之包裝紙盒，並於夜安寧之外盒記載製造公司及其地址，並標示為食品，就商品之原產國及品質為虛偽之標記，並於外盒偽造公司名稱之準私文書，擅自製造偽藥；復以每盒新臺幣200元至250元不等之價格，販賣予不知情之消費者，而販賣偽藥及虛偽標記商品，並行使偽造製造公司名稱等之準私文書，足以生損害於上開公司及他人。試問嗣經主管機關人員查獲，並送檢驗，均檢出含有褪黑激素，甲有何刑責？

壹、構成要件

製造或輸入者，處10年以下有期徒刑，得併科新臺幣1億元以下罰金，未遂犯罰之（藥事法第82條第1項、第4項）。茲說明製造或輸入偽藥罪之要件如後：

一、製造與輸入

　　所謂製造偽藥者,係指以物理、化學、生物科技等手段,生產偽藥者。換言之,原料藥經加工調製,製成一定劑型及劑量之偽藥[24]。再者,所謂輸入偽藥者,係指由國外運輸偽藥進入我國領土者。自大陸地區產製藥品輸入或攜帶進入臺灣地區,亦以進口論之(臺灣地區與大陸地區人民關係條例第40條)。

二、偽　藥

　　本法所稱偽藥,係指藥品經稽查或檢驗有左列各款情形之一者:(一)未經核准,擅自製造者;(二)所含有效成分之名稱,與核准不符者;(三)將他人產品抽換或摻雜者;(四)塗改或更換有效期間之標示者(藥事法第20條)。藥事法第20條第1款所謂未經核准擅自製造者即屬偽藥,係指某種藥品經檢驗而發現有未經核准而擅自製造之情形而言。所謂藥品經檢驗者,係指經有權檢驗之衛生主管官署之檢驗,而非由法院自行檢驗[25]。

三、藥品成分與真品不同

　　輸入藥品應將其成分、規格、性能、製法之要旨,檢驗規格與方法及有關資料或證件,連同標籤、仿單及樣品,並繳納證書費、查驗費,申請中央衛生主管機關查驗登記,經核准發給藥品許可證後,始得輸入(藥事法第39條第1項)。是否屬經中央衛生主管機關即行政院衛生署核准輸入之藥,除成分外,並包括產品之標籤、仿單是否與原核准者相同,倘均屬相同,縱使係由其他藥商或非藥商輸入此種藥品,並不成立輸入禁藥罪[26]。申言之,依藥事法第20條及第39條第1項規定,行為人所販賣之藥

---

[24] 最高法院72年度台上字第807號刑事判決。
[25] 最高法院74年度台上字第4853號刑事判決。
[26] 最高法院90年度台上字第7107號刑事判決。

品未經行政院衛生署許可製造，因藥品未經有權生產者依法製造，亦未依一定程序加以檢驗與查驗，則藥品之主、副原料成分比例、劑量高低、劑型種類、性能強弱、原料藥經加工調製之製程製法、檢驗規格及方法，難認已符合國家標準，是否對人體健康無害，更非無疑，此觀藥事法第20條第3款將摻雜他人合法藥品，包括含有藥品有效成分之情形之情形，亦列入偽藥加以規範即明，是縱使藥品含有與業經核准製造藥品相同之有效成分，亦屬藥事法所稱之偽藥。例如，遭查獲之仿冒藥品，其成分與真品不符，其外包裝與經行政院衛生署核准者相同，是扣案之仿冒藥品雖非未經核准得輸入我國境內之禁藥，惟因其成分與真品不同，且非經授權製造之藥品，其應屬偽藥[27]。

貳、例題解析——製造偽藥之接續犯

一、行使偽造準私文書

　　行為人明知夜安寧並非原藥廠所製造，且食品或藥品包裝外盒亦係食品或藥品公司表示該食品或藥品係各該公司生產或銷售之真品用意，擅自偽造並用以包裝行銷販賣，將使不知情之買受人誤以為係原廠出品而予買受，並影響該等公司之權益，自足生損害於公眾及他人，依刑法第220條第1項規定，自應以文書論，屬於準私文書。則被告委託不知情之B公司印製標示內容虛偽之夜安寧包裝外盒，偽造包裝外盒準私文書，並行使販賣，自係意圖欺騙他人，而就商品之原產國為虛偽之標記；並係行使偽造準私文書，足以生損害於上開公司及他人。

二、想像競合犯

　　核行為人所為，係犯藥事法第82條第1項之製造偽藥罪、刑法第255條第1項之虛偽標記商品罪、刑法第210條偽造私文書、第216條、第220條第1項、第210條之行使偽造私文書罪。其明知為偽藥而販賣、販賣

---

[27] 智慧財產法院100年度刑智上訴第34號刑事判決。

虛偽標記商品及偽造私文書之低度行為，分別為製造偽藥、虛偽標記商品及行使偽造私文書之高度行為所吸收，均不另論罪。行為人多次製造、販賣夜安寧偽藥、虛偽標記、偽造私文書及行使偽造私文書之營業性行為，係基於單一製造後販賣之決意，而在密切接近之一定時、地持續實行之販入及售出行為，於客觀上應符合一個反覆、延續性之行為觀念者，於刑法評價上，即應僅成立一罪。行為人利用不知情之第三人製造偽藥、印製包裝紙盒為虛偽標示及偽造私文書完成上開犯行，為間接正犯。行為人以一行為同時觸犯上開罪名，侵害數法益，為想像競合犯，應依刑法第55條規定，從一重之藥事法第82條第1項之製造偽藥罪處斷，扣案偽藥爰依刑法第38條第1項第2款之規定宣告沒收[28]。

第三節　販賣偽藥或禁藥罪

　　行為人有多次藥事法第83條第1項所示行為，係基於單一之決意，而在密切接近之一定時、地持續實行之行為，客觀上應符合一個反覆、延續性之行為觀念者，在刑法評價上，僅成立一罪。而輸入、製造、販賣、供應、調劑、運送、寄藏、牙保、轉讓或意圖販賣而陳列，係各自獨立之犯罪型態，共犯所參與犯罪範圍未必相同，所應負之罪名未必一致，故法院應就各共犯所參與之範圍，詳為調查，以妥適認事用法。

例題3

　　甲明知不得違法販賣仿冒之威而鋼藥品及侵害商標權人之仿冒商品。而我國商標註冊「VAEGRA」為商標權人美商輝瑞公司所有，均在商標權期間內。詎甲基於營利販賣之意圖，自2020年1月1日起至2020年12月31日止，向乙以每瓶新臺幣（下同）500元之代價，向乙自大陸地區取得之未經

---

[28] 智慧財產法院100年度刑智上訴字第35號刑事判決。

美商輝瑞公司核准，擅自製造之偽藥威而鋼。上開偽藥之藥錠、藥罐或包裝上，並有使用未經商標權人授權之系爭商標、公司名稱、地址、條碼、標籤等資訊。甲係基於販賣偽藥、販賣仿冒商標商品、販賣冒用他人藥物名稱、標籤之藥物及行使偽造私文書、準私文書以營利之單一犯意予以購入後，再以800元之價格伺機販賣予其他不特定人牟利。試問甲有何刑責？理由為何？

壹、構成要件

明知為偽藥或禁藥，而販賣、供應、調劑、運送、寄藏、牙保、轉讓或意圖販賣而陳列者，處7年以下有期徒刑，得併科新臺幣500元以下罰金（藥事法第83條第1項）。茲說明與分析明知係偽藥或禁藥，而販賣、供應、調劑、運送、寄藏、牙保、轉讓或意圖販賣而陳列者罪之要件如後：

一、販賣行為

（一）罪數計算

販賣偽藥或禁藥行為之態樣，可分為販入、賣出、販入後復行賣出等類型。其中販入或賣出，有一於此，其犯罪固屬完成；然在販入後復行賣出之場合，行為人意圖營利而販入偽藥後，迄首次賣出，係2個舉動之接續實行，僅成立1個販賣既遂罪。嗣後第2次後之賣出，應以其賣出行為是否完成，作為判斷既遂或未遂之準據，不能認行為人既以營利之意圖而販入偽藥後，其嗣後之任1次賣出行為，不論是否既遂或未遂，均接續原先販入之犯意，論以販賣一罪[29]。

---

[29] 最高法院99年度台上字第7181號刑事判決。

（二）既遂與未遂

1. 單獨犯

販賣仿冒商標或證明標章商品行為，具有營利之意思，而有販入與賣出均成立，始為既遂，僅須以販賣圖利之意思而有販入或賣出之行為，始能成立[30]。行為人以販賣圖利之意思購入禁藥，雖於出售與交易相對人時，已議定價格而未交付之際，即被當場查獲，仍屬犯罪既遂。反之，倘基於販入以外之其他原因而持有偽藥或禁藥後，另行起意售賣，適議價尚未完成賣出之際，即被警當場查獲，其犯罪尚未完成，僅能以未遂論。準此，行為人未及賣出即被查獲，則其毒品是否基於販賣營利之意思而販入，攸關應成立販賣既遂或未遂罪，法院應詳予調查審認[31]。

2. 共同正犯

共同販賣者，倘非事前謀議，而係於他人販入之後，始共同賣出者，其是否既遂，應以賣出行為為準。反之，事前即有謀議，而共同販入再賣出，縱使賣出行為尚未完成，仍應負既遂刑責[32]。故有多數共犯，且係首次販賣即為警查獲之情，應注意該共犯是否參與販入之行為。申言之，僅係於他人意圖販賣而購入偽藥或禁藥之後，始加入並參與事後之出售行為而未完成交易時，就該共犯僅能論以販賣未遂罪。倘尚未著手於販出之行為，即為警查獲，亦僅能論以意圖販賣而陳列之罪責，不得論以販賣既遂罪。

（三）共同販賣偽藥或禁藥之幫助犯

所謂刑法上之幫助犯，係指以幫助之意思，對於正犯資以助力，而未參與實行犯罪構成要件之行為者而言，而以幫助他人犯罪之意思而參與犯罪構成要件之行為者，為正犯而非從犯[33]。故應成立幫助販賣偽藥、禁藥

---

[30] 最高法院101年度第10次刑事庭會議（五）。
[31] 最高法院92年度台上字第7046號刑事判決。
[32] 最高法院93年度台上字第2803號刑事判決。
[33] 最高法院46年度台非字第17號刑事判決。

之罪名者，限於行為人係以幫助他人犯罪之意思而參與，且所參與者係犯罪構成要件以外之行為，始足當之[34]。反之，就構成犯罪事實之一部，已參與實行即屬共同正犯。販賣偽藥、禁藥，除買方支付價金外，賣方移轉交付偽藥、禁藥予買方，為其主要構成要件。例如，行為人坦承有將偽藥或禁藥交付予買家，足認行為人已參與實行販賣偽藥、禁藥之構成要件行為，是行為人應係販賣偽藥、禁藥，成立共同正犯[35]。申言之，參與之行為係偽藥、禁藥之交付或收取販賣偽藥、禁藥之價金，因偽藥、禁藥之交付或價金之收取，均係買賣偽藥、禁藥之構成要件行為，縱使行為人係以幫助之意思而參與，仍應論以販賣偽藥、禁藥之共同正犯，而非販賣偽藥、禁藥之幫助犯[36]。

（四）同時地販賣不同偽藥或禁藥

所謂法規競合者，係指一行為在外觀上雖觸犯數個罪名，然僅能適用其中一個犯罪構成要件之評價，而排除其他構成要件，僅成立單純一罪。此與刑法第55條前段規定之想像競合犯，係指一個行為同時觸犯數個罪名，侵害數個法益，應受數個犯罪構成要件之評價，屬犯罪之競合，僅裁判上得以從一重罪處斷者不同[37]。簡言之，想像競合犯係指行為人基於一個意思決定而為之一行為，侵害數法益[38]。例如，行為人於同時、同地販賣不同偽藥或禁藥，其為想像競合犯[39]。

二、供應行為

藥事法第83條第1項所謂供應、轉讓，雖均有讓與所有權之意思，然參諸同法第19條第1項、第35條、第50條、第60條規定，均將供應、調

---

[34] 最高法院99年度台上字第4192號刑事判決。
[35] 最高法院101年度台上字第497號刑事判決。
[36] 智慧財產法院99年度刑智上更（一）字第16號刑事判決。
[37] 最高法院99年度台上字第175號刑事判決。
[38] 最高法院101年度台上字第467號刑事判決。
[39] 最高法院99年度台上字第1087號刑事判決。

劑,同列為藥局或藥師之業務行為,足認同法第83條第1項所謂供應,係指藥局或藥師之讓與行為而言,其與轉讓者,係指供應以外之一切非營利性之讓與行為不同[40]。

三、調劑行為

製造藥品,應將其成分、性能、製法之要旨、分析方法及有關資料連同標籤仿單乃樣品等,申請中央衛生主管機關查驗登記,經核准發給許可證後,始得製造,未經核准擅自製造,即為偽藥,並不因其未經核准擅自製造之藥名中是否含有政府明令禁用之西藥而有異(藥物藥商管理法第43條第1項、第14條第1款)。所謂製造之藥品,係指原料藥經加工調製,製成一定劑型及劑量而供醫生處方或指示治療疾病之藥品而言,其與調劑之藥品,僅在改變原有藥品之劑型或二種以上之藥品混合交與特定病患服用之情形,顯不相同[41]。

四、運送行為

(一)定義

藥事法第83條第1項之運送偽藥或禁藥罪,以在國內運輸者為限。而運送偽藥或禁藥之方法為國內海運、內陸河運、陸運或兼有之,均非所問。所謂運送者,係指本於運送意思而搬運輸送而言,倘其有此意圖者,一有搬運輸送之行為,犯罪即已成立,並非以抵達目的地為完成犯罪之要件,亦不以兩地間偽藥或禁藥直接搬運輸送移轉存置於特定地點為限。故區別該罪之既遂與未遂,應以已否起運為準,既已起運,構成該罪之運送行為即已完成,不以達到目的地為既遂條件[42]。其以迂迴、輾轉方法,利用不相同之運輸工具、方法,將特定之偽藥或禁藥移轉運送至終極目的地

---

[40] 最高法院82年度台上字第4832號刑事判決。
[41] 最高法院72年度台上字第807號刑事判決。
[42] 最高法院93年度台上字第3018號刑事判決。

者，其各階段之運送行為，均不失為運送行為之一種。

（二）本罪與他罪之關係

運送偽藥或禁藥者，係指轉運輸送偽藥或禁藥。即由一地轉運輸送至另一地，係單純運輸並無其他目的或結果而言，倘同時觸犯他項罪名，應按想像競合犯論斷。準此，行為人是否單純為運送行為，抑或運送之外，另有販賣之目的？販賣偽藥或禁藥之行為，是否為起訴範圍內之事實？或為起訴效力所及之事實？均應於行準備程序進行爭點整理，以釐清爭點。倘為起訴效力所及之事實，應依刑事訴訟法第95條第1款規定告知此部罪名，使被告得以充分行使其防禦權，避免法院突擊性之裁判，以維護程序之公正與被告之權益[43]。

五、寄藏行為

寄藏與持有均係將物置於自己實力支配之下，僅寄藏必先有他人之持有行為，而後始為之受寄代藏。故寄藏係受人委託代為保管，其保管之本身，屬持有行為，該持有係受寄之結果。

六、轉讓行為

（一）定　義

所謂轉讓偽藥或禁藥者，係指行為人非基於營利之目的，將偽藥或禁藥所有權移轉予他人而言。至於受移轉人事後是否負擔以種類、品質、數量相同之物返還之義務及曾否返還，則非所問。縱使相對人係借用，且事後相對人已將同額之偽藥或禁藥返還，亦無礙於其轉讓偽藥或禁藥罪之成立[44]。

---

[43] 最高法院90年度台上字第1059號刑事判決。
[44] 最高法院93年度台上字第665號刑事判決。

（二）轉讓與販賣之區別

販賣偽藥或禁藥罪與轉讓偽藥或禁藥罪之區別，在於販賣罪，係以行為人以營利為目的，而有買入與賣出，犯罪即屬成立。而轉讓罪，係指行為人並無營利之意思，以原價或低於原價有償或無償讓與他人之謂[45]。申言之，轉讓偽藥或禁藥，係指行為人無營利之意思，以原價或低於原價有償讓與他人或無償讓與他人之行為。倘有償讓與之初係基於營利之意思，並已著手實施，如售兜等，而因故無法高於購入原價出售，最後以原價或低於原價讓與他人時，仍屬販賣之行為。倘始終無營利之意思，縱使原價或低於原價有償讓與他人，即難謂販賣行為，僅得以轉讓罪論處[46]。例如，為供自己使用而購入偽藥或禁藥，嗣後將其中之一部分以購入之原價格交付第三人以抵償所欠債務，自己並未獲利，亦非以營利為目的，與販賣之要件不合[47]。

七、牙　保

所謂牙保者，係指居間介紹而言。至於有償或無償，直接或間接，均與罪之成立無涉。申言之，明知偽藥或禁藥而牙保者，係行為人基於牙保偽藥或禁藥之犯意，居間介紹販賣者將偽藥或禁藥出售予第三人之行為[48]。

八、意圖販賣而陳列

所謂意圖販賣而陳列，僅要行為人係基於意圖販賣而有陳列偽藥或禁藥之行為，即足當之，固不以已著手販賣或已有販賣之行為為必要。然購買者係為取得犯罪證據而買受偽藥，抑為服用而買受該偽藥，僅係目的之

---

[45] 最高法院93年度台上字第973號刑事判決。
[46] 最高法院84年度第3次刑事庭會議決議。
[47] 最高法院81年度第2次刑事庭會議（二）決議。
[48] 司法院，法官辦理智慧財產刑事案件參考手冊，2013年2月，408頁。

不同，並不影響買賣之成立。此與警察機關為破獲販賣偽藥之人，而授意原無購買偽藥意思之人，向販賣偽藥之人購買偽藥，因購買之人自始無買受之真意，不能完成交易，而僅能論販賣之人犯明知為偽藥而販賣未遂罪之情形，並不相同[49]。

貳、本罪與他罪之關係

一、藥事法第86條第2項、商標法第97條及行使偽造準私文書

販賣偽藥或禁藥，倘同時觸犯他項罪名，應按想像競合犯論擬，不能置其他罪名於不問。例如，按在紙上或物品上之文字、符號、圖畫、照像，依習慣或特約，足以為表示其用意之證明者，依刑法第220條第1項規定，應以文書論。而製藥公司之公司、藥物名稱、標籤、圖樣，均係該公司表示其製造生產或同意授權販賣之用意證明，自屬刑法第220條第1項之準私文書，行為人於販售之仿冒藥品之外包裝標示有上開公司、藥物名稱、標籤及圖樣，亦足以生損害於上開公司與其合法代理販售藥商及公眾之權益，此部分係犯刑法第216條、第220條第1項、第210條之行使偽造準私文書罪[50]。準此，行為人同時觸犯藥事法第83條第1項之明知為偽藥而販賣罪、藥事法第86條第2項之明知為冒用他人藥物之名稱、標籤之藥物而販賣罪、商標法第97之明知為仿冒商標商品而販賣罪，自應與其所犯刑法第216條、第220條第1項、第210條之行使偽造準私文書罪併論，即被告販賣偽藥或禁藥，係以一行為同時觸犯上開各罪名，為想像競合犯，應從一重之藥事法第83條第1項之販賣偽藥或禁藥罪論處[51]。

---

[49] 最高法院98年度台上字第6477號刑事判決。
[50] 智慧財產法院99年度刑智上更（一）字第18號刑事判決。
[51] 最高法院100年度台上字第2924號刑事判決；智慧財產法院101年度刑智上訴字第64號刑事判決。

二、藥事法第82條第1項

藥事法雖將製造、輸入及販賣、供應、調劑、運送分別規定在第83條第1項，惟係列舉之規定，顯係不同之犯罪型態，製造、輸入之行為，有其之一者，即成立藥事法第82條第1項之罪。同理，販賣、供應、調劑、運送之行為，有其之一者，即成立藥事法第83條第1項之罪，並無必然之想像競合關係[52]。準此，運輸偽藥或禁藥與販賣偽藥或禁藥，本屬獨立之數個犯罪行為，倘對於運輸偽藥或禁藥之行為並未參與，僅於他人運輸後，參與販賣之行為，應僅負販賣責任，不應兼論運輸偽藥或禁藥之罪責。倘有共犯多人牽涉其中，是否均有參與製造、輸入、販賣、供應、調劑、運送偽藥或禁藥之犯意與犯行，法院應於事實及理由欄，詳為認定各參與者所參與之範圍。

參、例題解析──販賣偽藥罪

一、偽藥之定義

所謂偽藥者，係指藥品經稽查或檢驗有左列各款情形之一者：（一）未經核准，擅自製造者；（二）所含有效成分之名稱，與核准不符者；（三）將他人產品抽換或摻雜者；（四）塗改或更換有效期間之標示者（藥事法第20條）。扣案之威而鋼並非由原廠所製造之威而鋼藥物真品，屬於藥事法第20條第1款所稱之偽藥。

二、接續犯

刑法上之接續犯，係指行為人之數行為於同時同地或密切接近之時、地實行，侵害同一之法益，各行為之獨立性極為薄弱，依一般社會健全觀念，在時間差距上，難以強行分開，在刑法評價上，以視為數個舉動之接續施行，合為包括之一行為予以評價，較為合理，而論以單純一罪而

---

[52] 最高法院98年度台上字第5860號刑事判決。

言[53]。甲基於營利販賣之意圖，自2020年1月1日後之某日起至2020年12月31日止，販賣偽藥、擅自使用相同註冊商標於同一商品、行使偽造之私文書及準私文、販賣冒用藥品標籤罪，均係於密切接近之一定時、地反覆多次為之，且無積極證據證明，行為人各次販賣行為，可區分而予以切割獨立。準此，自應以包括接續犯之一行為予以評價，較為合理。

三、想像競合犯

　　扣案之威而鋼偽藥及其藥瓶上有未得商標權人美商輝瑞產品公司同意，而於同一「西藥」、「藥品藥劑」商品，使用相同於系爭商標者，均為商標專用權人美商輝瑞公司之註冊商標，係屬仿冒商標商品。而於其藥瓶上標示偽造之製造廠商及地址等私文書，暨偽造之商品條碼、批號、有效日期之準私文書，上開藥品資訊及商品條碼係用以表示為美國原廠製造之威而鋼藥品，而屬偽造之私文書及準私文書。販賣冒用美商輝瑞公司藥物之標籤，其為販賣冒用藥品標籤罪。所謂一行為觸犯數罪名之想像上競合犯，係指行為人以一個意思決定發為一個行為，而侵害數個相同或不同之法益，具備數個犯罪構成要件，成立數個罪名之謂，乃處斷上之一罪[54]。職是，行為人以一行為同時觸犯藥事法第83條第1項之販賣偽藥罪、第86條第2項之販賣冒用藥品標籤罪、商標法第97條販賣仿冒商標商品罪及刑法第216條、第210條、第220條第1項之行使偽造準私文書罪與私文書，同時侵害告訴人數法益，應成立想像競合犯，應從一重之違反藥事法第83條第1項之販賣偽藥罪處斷。而扣案附表所示之威而鋼偽藥，除經鑑定部分已滅失而不存在，無從諭知沒收，均屬犯商標法第97條所販賣之仿冒商標商品而為法院應義務沒收之物，且尚未經行政機關沒入銷燬，不論是否屬於被告所有，均應依商標法第98條規定宣告沒收。

---

[53] 最高法院100年度台上字第5085號刑事判決。
[54] 最高法院71年台上字第2837號刑事判決。

第四節　冒用藥品仿單罪

因藥品仿單係隨同藥品銷售而流通於藥品市場,並無單獨存在之仿單著作市場,難認原廠藥商單就藥品仿單有何獨立之市場價值,仿單著作權爭議有淪爲藥品市場競爭手段或變相延展藥品專利保護期間之虞。而反觀學名藥仿單係因藥物安全性、藥政管理及資源利用有效性之考量,而採學名藥仿單與原廠藥仿單一致性原則,有其社會利益及公共政策之考量。爲調和社會公共利益,對於原廠藥商與學名藥商互相衝突之利益,應容許學名藥商可爲合理使用之抗辯(商標法第36條第1項第1款)[55]。

例題4

> 甲在僞藥之包裝盒、外瓶上,冒用他人名稱,記載該藥物成分、批號、包裝號、製造人名稱及地址等內容,表彰該藥物係何人製造者。試問有何刑責?理由爲何?

壹、構成要件

擅用或冒用他人藥物之名稱、仿單或標籤者,處5年以下有期徒刑、拘役或科或併科新臺幣2,000萬元以下罰金(藥事法第86條第1項)。明知爲前項之藥物而輸入、販賣、供應、調劑、運送、寄藏、牙保、轉讓或意圖販賣而陳列者,處2年以下有期徒刑、拘役或科或併科新臺幣1,000萬元以下罰金(第2項)。茲說明與分析冒用藥品仿單罪之要件如後:

一、標籤與仿單

所謂標籤者,係指藥品或醫療器材之容器上或包裝上,用以記載文

---

[55] 智慧財產法院97年度民專上字第20號民事判決。

字、圖畫或記號之標示物（藥事法第25條）。所稱仿單，係指藥品或醫療器材附加之說明書（藥事法第26條）。

二、記載事項

藥物之標籤、仿單或包裝，應依核准，分別刊載下列事項：（一）廠商名稱及地址；（二）品名及許可證字號；（三）批號；（四）製造日期及有效期間或保存期限；（五）主要成分含量、用量及用法；（六）主治效能、性能或適應症；（七）副作用、禁忌及其他注意事項；（八）其他依規定應刊載事項（藥事法第75條第1項）。

三、特別法優於普通法

偽造他人之藥物名稱、仿單或標籤於物品之包裝上，足以表示一定之用意，雖屬刑法第220條之準文書。惟藥事法第86條第1項有特別處罰之規定，依特別法優於普通法之原則，不另論以偽造準私文書罪、刑法第253條之偽造或仿造商標商號罪及商標法第95條之侵害商標罪[56]。

四、刑事訴訟法第376條第1款之案件

刑事訴訟法第376條所列各罪之案件，經第二審判決者，不得上訴於第三審法院。因行為人競合犯藥事法第86條第2項販賣冒用藥物名稱、仿單、標籤之藥物及商標法第97條販賣仿冒商標商品罪部分，均屬刑事訴訟法第376條第1款之案件，倘經第二審判決，自不得上訴於第三審法院。此部分雖與行為人販賣偽藥、行使偽造私文書及準私文書部分有想像競合關係，為裁判上一罪，然其販賣偽藥、行使偽造私文書及準私文書部分之上訴均不合法時，法院應從程序上予以駁回，而無從為實體上判決，對於輕罪之此等部分，自無從適用審判不可分原則，為實體上審判。故行

---

[56] 最高法院73年度台上字第6584號刑事判決。

為人一併提起上訴，自為法所不許，應併予駁回[57]。

貳、本罪與他罪之關係

一、偽造私文書罪

藥品說明書或仿單，係用以說明該藥品之主治效能及服用方法，屬於私文書之一種。擅用或冒用他人藥物之名稱、仿單或標籤者，藥事法第86條第1項定有處罰。而擅用或冒用他人藥物之仿單上偽造或仿造他人已註冊登記之商標，同時偽造私文書附於偽冒之藥品內行使之行為，倘其所偽造之私文書附加偽造或仿造商標圖樣者，關於附加偽造或仿造之商標圖樣部分，應適用藥事法第86條第2項處罰；關於文字部分，仍屬偽造之私文書，為一行為觸犯二罪名，再與偽造或仿造仿單行為從一重處斷[58]。

二、偽造準私文書罪

商品上之條碼，係販賣者為方便商品之管理，依商品特性及使用關聯性分類，以編碼使之系統化，可採國際條碼或店內碼方式編訂。準此，商品外包裝上，除印製商標、記載藥物名稱標籤外，倘有商品條碼及獲核准製造之廠商之名稱，即係以文字、符號，表示係該廠商或其授權製造之廠商所製造之某類商品，非商標法第95條之侵害商標及藥事法第86條第1項之冒用藥物名稱、仿單或標籤規範意旨所得涵攝，應係刑法第220條之準文書，倘有偽造者，應論以刑法第220條、第210條之偽造準私文書罪[59]。

三、藥事法第82條第1項

擅用或冒用他人藥品之名稱、商標、仿單或標籤者，依特別法優於普

---

[57] 最高法院100年度台上字第2016號刑事判決。
[58] 最高法院99年度台上字第5558號刑事判決。
[59] 最高法院98年度台上字第7970號、99年度台上字第175號刑事判決。

通法之原則，當排除刑法第253條之偽造或仿造商標罪及商標法第95條第1款之適用[60]。倘行為人於製造偽藥外，有冒用他人藥品名稱、商標、仿單情事，自應另構成藥事法第82條第1項之罪，且與其製造偽藥部分，有想像競合關係，應從一重之製造偽藥罪處斷[61]。

參、例題解析——冒用藥品仿單罪

藥事法第86條第1項係處罰擅用或冒用他人藥物名稱、仿單或標籤之行為，而第2項處罰明知為第1項之藥物而輸入、販賣、供應、調劑、運送、寄藏、牙保、轉讓或意圖販賣而陳列之行為。至在偽藥之包裝盒、外瓶上，冒用他人名稱，記載該藥物成分、批號、包裝號、製造人名稱及地址等內容，表彰該藥物係何人製造者，即非藥事法第86條所規範，其屬偽造私文書之範疇[62]。

---

[60] 最高法院99年度台上字第5558號刑事判決。
[61] 最高法院69年度台上字第3468號刑事判決。
[62] 最高法院99年度台上字第175號刑事判決。

第七章

營業秘密法

目　次

關鍵詞：法人、資訊、公務員、從屬性、還原工程、競業禁止、業務侵占、併同處罰、告訴乃論、擅自重製

　　刑法關於侵害營業秘密之規定，雖有洩漏工商秘密罪、竊盜罪、侵占罪、背信罪、無故取得刪除變更電磁紀錄罪等。然因行為主體、客體及侵害方法之改變，該規定對於營業秘密之保護已有不足，且刑法規定殊欠完整且法定刑過低，實不足以有效保護營業秘密，故營業秘密法確有增訂刑罰之必要。本章佐以4則例題，用以分析與探討營業秘密之刑事案件。

法條依據	刑事責任
營業秘密法第13條之1	侵害營業秘密罪
營業秘密法第13條之2	境外侵害營業秘密罪
營業秘密法第13條之4	兩罰主義
營業秘密法第13條之3第3項	公務員或曾任公務員之人，因職務知悉或持有他人之營業秘密，而故意犯第13條之1、第13條之2罪者，加重其刑至2分之1

第一節　營業秘密之保護要件

　　營業秘密之保護客體，係指方法、技術、製程、配方、程式、設計或其他可用於生產、銷售或經營之資訊，而符合秘密性、經濟價值及保密措施等要件（營業秘密法第2條）[1]。職是，營業秘密之類型可分技術機密與商業機密兩種類型，前者為研究設計、發明、製造之專業技術；後者為涉及商業經營之相關資料[2]。茲以附表方式，比較智慧財產權之要件如後[3]：

---

[1] 智慧財產案件審理法第2條規定，本法所稱營業秘密，係指營業秘密法第2條所定之營業秘密。刑法第317條、第318條所稱之工商秘密亦包括在內。
[2] 曾勝珍，營業秘密法，五南圖書出版股份有限公司，2009年3月，33頁。
[3] 林洲富，智慧財產權法案例式，五南圖書出版股份有限公司，2020年6月，11版1刷，10頁。

權　利	要　件
專利權	產業上利用性、新穎性及進步性，採註冊保護主義。
商標權	具有識別性或第二意義之標誌，採註冊保護主義。
著作權	具有原創性之著作，保護著作之表達，採創作保護主義。
營業秘密權	秘密性、經濟價值及合理保密措施。
積體電路電路布局權	原創性與非明顯易知，採註冊保護主義。

例題1

　　A公司因商業利益與市場行銷之考量，命其員工本於其職務，蒐集與編輯相關之客戶資料或客戶名單。試問員工蒐集與編輯客戶資料，是否可構成營業秘密？

壹、秘密性

一、定　義

　　所謂秘密性或新穎性，係指非一般涉及該類資訊之人士所知悉之資訊（營業秘密法第2條第1款）。是屬於產業間可輕易取得之資訊，則非營業秘密之標的[4]。申言之，秘密性之判斷，係採業界標準，除一般公眾所不知者外，相關專業領域中之人亦不知悉。倘為普遍共知或可輕易得知者，則不具秘密性要件。例如，就醫療診所之行業別而言，病患資料非一般人可任意取得，且該等資料已相當程度反應診所營業活動之重要內涵，診所之獲利有賴該等資料之建立，診所自不願任由其他診所知悉其病患之

---

[4] 技術已公開發表、產品已於國內外大量生產製造、僅為製造流程之一般性資料、一般原理敘述、已有型錄詳細介紹、已對外發表之著作或公開使用、同業所週知之事實、抄襲外國廠商目錄等，均非營業秘密之範圍。

資料，病歷資料對醫院或是醫療機構而言，係相當重要之資訊，應受營業秘密法之保護[5]。再者，因著作權並非以公開爲必要之要件，而得合理使用之著作，僅限於已公開著作。故營業秘密係以著作之型態存在，倘符合原創性之要件，營業秘密保護之標的，同時成爲著作權保護之標的。

二、專利與營業秘密

（一）秘密性

申請專利範圍所公開揭露之技術內容，即欠缺所謂之保密性，並非營業秘密之範疇。倘專利權受侵害時，應循專利法保護，非營業秘密法所保護之客體。因營業秘密具有秘密性，故無獨占性，致多數人就相同之營業技術上技術或資訊，均得主張有營業秘密而不相排斥，此與法律賦予專利、商標或著作具有獨占地位，有所不同。

（二）新穎性

營業秘密之新穎性與專利法所要求之新穎性，兩者不同。專利法之絕對新穎性，係指發明創作在申請專利前從未被公開，其從未被公眾所知或使用過之情形。故在國內外刊物上公開、或因公開使用，而使不特定多數人得知其使用之狀態，均將會使創作發明之新穎性喪失，致無法獲准專利。而營業秘密法所要求之新穎性，則爲相對的新穎性，僅要具有最低程度之新穎性，即該資訊爲非一般涉及該類資訊之人所知者，符合新穎性之要件[6]。

（三）獨占性

營業秘密與專利不同，不具有排他效力，其不需有揭露與審查等保護要件。僅要該營業秘密不被公開或經由還原工程揭露之，其權利期間並不受限制，並無專利權有權利之存續期間。營業秘密與專利權之性質雖有不

---

5 臺灣高等法院94年度上字第955號民事判決。
6 馮震宇，了解營業秘密法——營業秘密法的理論與實務，永然文化出版股份有限公司，1997年7月，101至102頁。

同，然兩者並非不得並存，企業界自得於契約內容約定將已公開之專利權及未公開之營業秘密，依據授權條款或讓與條款，將兩者權利一併授權或移轉之，使企業更具競爭力。因未公開之技術內容，在市場競爭或交易，常具有決定或重要之關鍵。

三、營業秘密與積體電路電路布局

申請電路布局登記，應備具申請書、說明書、圖式或照片，向電路布局專責機關為之。申請時已商業利用而有積體電路成品者，應檢附該成品（積體電路電路布局保護法第10條第1項）。故電路布局權之取得，採登記生效主義，該積體電路電路布局必須公開，其與營業秘密之本質有違。而為保護積體電路電路布局權人，電路布局之圖式、照片或積體電路成品，倘涉及積體電路製造方法之秘密者，申請人得以書面敘明理由，向電路布局專責機關申請以其他資料代之（同法第10條第2項）。準此，積體電路電路布局權與營業秘密，得併存與相互為用。

貳、經濟價值性

所謂經濟價值者，係指技術或資訊有秘密性，且具備實際或潛在之經濟價值者，始有保護之必要性（營業秘密法第2條第2款）。職是，營業秘密之保護範圍，包括及實際及潛在之經濟價值。故尚在研發而未能量產之技術或相關資訊，其具有潛在之經濟價值，亦受營業秘密法之保護，不論是否得以獲利。申言之，持有營業秘密之企業較未持有該營業秘密之競爭者，具有競爭優勢或利基者。就競爭者而言，取得其他競爭者之營業秘密，得節省學習時間或減少錯誤，提升生產效率，即具有財產價值，縱使試驗失敗之資訊，亦具有潛在之經濟價值。例如，第三人得自客戶資料名單之揭露或使用，獲得經濟之價值；或者具有競爭性產品之銷售價格與條

件的英文傳真信函,均有經濟上之價值[7]。國際著名之美國可口可樂公司就「CoCa」之配方,屬其所有之營業秘密,為該公司帶來龐大商機與豐厚利潤,其為具有經濟價值之明例。

參、保密措施

一、定 義

所謂保密措施者,係指營業秘密所有人已採取合理之保密措施者。詳言之,營業秘密涵蓋範圍甚廣,取得法律保護之方式,並非難事,倘營業秘密所有人不盡合理之保密措施,使第三人得輕易取得,法律自無保護其權利之必要性。故企業資訊為該產業從業人員所普遍知悉之知識,縱使企業主將其視為秘密,並採取相當措施加以保護,其不得因而取得營業秘密權。例如,不動產權利之資料,一般人均得輕易自地政機關取得,故該資料缺乏營業秘密之特質[8]。至於資料蒐集是否困難或複雜與否,並非營業秘密之要件。

二、具體合理保密措施

判斷是否已達合理保密措施之程度,應在具體個案,視該營業秘密之種類、事業實際經營及社會通念而定之。舉例說明如後:(一)合理保密措施包含在相關文件中標明機密、未獲得授權者不得進入某些區域、有必要瞭解營業秘密者須獲得特別授權、任何接觸營業秘密者應登記或在電腦資訊庫中設立安全密碼[9];(二)公司於員工離職時即要求交付公司所稱

---

[7] 臺灣高等法院88年度上易字第5232號刑事判決、93年度上易字第626號民事判決,均認為營業價格表與客戶資料,在市場上競爭為具有價值之營業秘密。

[8] 臺灣高等法院86年度勞上字第39號民事判決。

[9] 羅怡德,美國營業秘密法之介紹與分析,輔仁法學,12期,1993年6月,187頁。

具營業秘密之資料，否則不准離職，是公司對於營業秘密管理已盡合理保密措施；（三）企業與員工或接觸營業秘密之人，渠等訂定保密協定或條款；（四）企業建立、維持及監督之保密措施，並以書面通知全體員工。例如，設置防火牆，防止電腦駭客入侵、建制網路安全與管理；（五）重要區域應有所管制與監控，即建立阻絕措施或限制參觀工廠或生產線等活動，以防止第三人窺視製造程序，竊取營業秘密或相關資訊；（六）對於涉及營業秘密之資料，應於文件標明機密等級，督促員工注意及遵守保密規定。例如，將文件區分成極機密、機密及限閱等檔案保密層級；或者借出、返還或複製均應履行登記制度，就重要資料應有出借或複製有嚴格要件，並追蹤管理；（七）要求研發人員（R&D）填寫工作日誌，以資證明獨立研發過程，經由該步驟以作為區別企業所有之營業秘密及員工之一般知識技能[10]；（八）建立員工離職訪談制度，藉此提醒離職員工有保護秘密之義務；（九）企業與員工簽訂合理之競業禁止約款，以防止離職員工運用自前雇主所取得之資訊或工作經驗與之從事競爭[11]。

肆、舉證責任

營業秘密權屬私權之範疇，其與一般私權之權利人相同，對其營業秘密之存在與其要件，即就秘密性、經濟價值性及保密措施等要件負舉證之責任（營業秘密法第2條）。原告為證明其為營業秘密之權利人，應保留營業秘密取得之過程及其有關事項之資料，作為證明自身權利之方法。倘嗣後發生營業秘密爭執時，應提出相關資料作為訴訟上之證據方法，由法院認定原告是否有取得營業秘密，始作為保護之標的。因營業秘密與專利不同，不具有排他效力，准許平行之營業秘密存在，倘原告就權利證明已

---

[10] 最高法院80年度台上字第440號民事判決謂：資料建檔之方式，為企業維持營業秘密之合理保護措施。

[11] 李曉媛、徐弘光、丁建華、陳振中，劉江彬編著，營業秘密與競業禁止案，智慧財產法律與管理案例評析(1)，華泰文化事業股份有限公司，2003年10月，222至223頁。

盡舉證責任，被告欲免責，可證明其經由合法方法取得營業秘密，其屬反證事實，自應由被告負舉證責任（民事訴訟法第277條本文）。例如，被告抗辯告訴人或自訴人非營業秘密人、資訊不具營業秘密之保護要件、被告合法取得營業秘密、未逾越授權範圍，以阻卻侵害營業秘密罪之成立。

伍、例題解析——營業秘密之保護要件

　　資訊是否具有秘密性及價值性，得經由經濟市場之交易模式及其機能加以判斷，其有客觀之判定基準，在認定上較無困難。當營業秘密所有人主張其營業秘密遭第三人侵害時而請求損害賠償，其有無盡合理保護之措施之事實，其為有利於所有人之事實，自應舉證以實其說（民事訴訟法第277條），倘無法證明，則有敗訴之危險性[12]。因客戶資料或客戶名單之內容，通常包含客戶名稱、住址、聯絡人、電話、產品需求、財務狀況、交易情事及購買意願等項目，倘必須花費相當心力使能建立者，並據此掌握客戶訊息與需求面，並涉及經濟利益，應有經濟價值性[13]。反之，僅係透過工商名錄、坊間企業資訊彙編或政府網站等，即可輕易獲得者，不符合經濟價值[14]。職是，A公司因商業利益與市場行銷之考量，命其員工本於職務從事蒐集與編輯相關之客戶資料或客戶名單，倘該客戶資料或客戶名單係經由辛苦蒐集、整理而得者，則該類資訊應具有價值性，縱使其創造性或原創性較低，亦受營業秘密之保護[15]。

---

[12] 林洲富，營業秘密與競業禁止案例式，五南圖書出版股份有限公司，2018年8月，3版1刷，23頁。

[13] 臺灣高等法院88年度重勞上字第5號民事判決。

[14] 賴文智、顏雅倫，營業秘密法20講，翰蘆圖書出版有限公司，2004年4月，132至133頁。

[15] 公司行銷計畫、產銷策略、產品價目表、成本分析報告等，倘未經公開或非普遍為相關大眾所共知之資訊，亦有經濟上之價值。

第二節　侵害營業秘密罪

　　近年國內產業界陸續發生嚴重營業秘密外洩案件，雖有營業秘密法，然條文無刑責規範，自無實質嚇阻效果。基於保護國內產業營業秘密之目的，營業秘密法於2013年1月30日就侵害營業秘密者，增訂5年以下有期徒刑之刑事處罰，並採告訴乃論。

例題2

　　甲為A公司之工程師，因其職務關係至B公司學習新車床技術，A與B公司訂有技術合作契約，由B公司出售車床設備與A公司，甲就該新車床技術有簽訂保密與競業禁止約定，負有保密與競業禁止約定。甲學成後，雖將其所習技術作成書面資料交與A公司後，然辭職進入C公司任職，將該新車床技術用於C公司之生產線。試問甲之行為有何罪責？理由為何？

壹、構成要件

一、犯罪類型

　　意圖為自己或第三人不法之利益，或損害營業秘密所有人之利益，而有下列情形之一，處5年以下有期徒刑或拘役，得併科新臺幣100萬元以上1,000萬元以下罰金：（一）以竊取、侵占、詐術、脅迫、擅自重製或其他不正方法而取得營業秘密，或取得後進而使用、洩漏者；（二）知悉或持有營業秘密，未經授權或逾越授權範圍而重製、使用或洩漏該營業秘密者；（三）持有營業秘密，經營業秘密所有人告知應刪除、銷毀後，不為刪除、銷毀或隱匿該營業秘密者；（四）明知他人知悉或持有之營業秘密有前3款所定情形，而取得、使用或洩漏者（營業秘密法第13條之1第1項）。因刑法上之目的財產犯，多有未遂之處罰，故本罪處罰未遂犯罰（第2項）。

二、酌量加重罰金刑

有鑒於營業秘密常涉及龐大的商業利益，為避免民、刑事責任無法有效消弭違法誘因，故罰金上限得視不法利益做彈性調整。換言之，科罰金時，倘犯罪行為人所得之利益超過罰金最多額，得於所得利益之3倍範圍內酌量加重（營業秘密法第13條之1第3項）。

三、告訴乃論

刑法上有關營業秘密之犯罪，均係告訴乃論之罪，故本罪為告訴乃論之罪，使被害人與行為人有私下和解之機會而得以息訟，並節省司法資源（營業秘密法第13條之3第1項）。對於共犯之一人告訴或撤回告訴者，其效力不及於其他共犯（第2項）。

四、加重規定

公務員或曾任公務員之人，因職務知悉或持有他人之營業秘密，而故意犯侵害營業秘密之罪者，加重其刑至2分之1（營業秘密法第13條之3第3項）。職是，公務員因承辦公務而知悉或持有他人之營業秘密者，不得使用或無故洩漏之。

貳、例題解析——持有營業秘密未經授權使用

依營業秘密法規定，僅須因法律行為，如僱傭關係取得營業秘密而洩漏者，即為侵害營業秘密，不以發生實害結果為必要[16]。A公司與B公司訂有技術合作契約，由B公司出售車床設備與A公司，A公司之工程師甲因職務關係派至B公司學習新車床技術，甲因與A公司之僱傭關係取得新車床技術之營業秘密，並負有保密與競業禁止之義務。甲學成後，雖將其所習技術作成書面資料交與A公司，然辭職另至C公司任職，將該新車床

---

[16] 最高法院97年度台上字第968號民事判決。

技術用於C公司之生產線，甲之行為同時侵害A與B公司之營業秘密[17]。職是，甲持有營業秘密，未經授權使用新車床技術之營業秘密，應成立營業秘密法第13條之1第1項第2款之侵害營業秘密罪。因甲係基於業務關係持有該營業秘密，應依想像競合犯，從一重之業務侵占罪論斷（刑法第336條第2項）[18]。

第三節　域外侵害營業秘密罪

　　行為人不法取得我國人民之營業秘密，其意圖在域外使用者，將嚴重影響我國產業國際競爭力，其非難性較為高度。職是，參酌德國不正競爭防止法第17條第4項、韓國不正競爭防止法第18條第1項規定，增訂營業秘密法第13條之2，加重處罰域外侵害營業秘密，並為非告訴乃論之罪。

例題3

> 　　A電子公司董事長甲委託其公司工程師乙修理個人電腦，乙因修理電腦之故，自甲之電腦備份A電子公司有關設備生產資料之營業秘密，乙修理甲之電腦完畢，甲告知乙應刪除該營業秘密，詎乙意圖在大陸地區使用之，而不刪除該營業秘密。試問乙之行為有何罪責？理由為何？

壹、構成要件

一、犯罪類型

　　意圖在外國、大陸地區、香港或澳門使用，而犯第13條之1第1項各款之罪者，處1年以上10年以下有期徒刑，得併科新臺幣300萬元以上

---

[17] 臺灣高等法院臺中分院89年度重上字第101號民事判決。
[18] 張靜，營業秘密法及相關智慧財產問題，經濟部智慧財產局，2014年2月，507頁。

5,000萬元以下之罰金（營業秘密法第13條之2第1項）。本罪亦處罰未遂犯（第2項）。因境外犯侵害營業秘密，其非難性較高，法定刑為10年以下，參照一般體例，其應屬非告訴乃論罪。再者，公務員或曾任公務員之人，因職務知悉或持有他人之營業秘密，而故意犯本條之罪者，加重其刑至2分之1（營業秘密法第13條之3第3項）。

二、酌量加重罰金刑

為有效消弭違法誘因，規定罰金上限得視不法利益作彈性調整科罰金時，倘犯罪行為人所得之利益超過罰金最多額，得於所得利益之2倍至10倍範圍內酌量加重（營業秘密法第13條之2第3項）。

貳、例題解析——持有營業秘密未經授權使用

A電子公司董事長甲委託其公司工程師乙修理個人電腦，乙因修理電腦之原因，為避免電腦存儲之檔案遭銷毀或刪除，其自甲之電腦備份A電子公司有關設備生產資料之營業秘密，應屬修理電腦之正當行為，雖不成立侵害營業秘密。然乙修理甲之電腦完畢，經甲告知乙應刪除該營業秘密，足認乙無權使用。準此，乙意圖在大陸地區使用之，故意不刪除該營業秘密，乙之行為成立營業秘密法第13條之2第1項之域外侵害營業秘密罪。

第四節　兩罰主義

參諸勞動基準法第81條第1項、人口販運防制法第39條、洗錢防制法第11條、動物傳染病防治條例第41條與第42條、植物防疫檢疫法第23條、著作權法第101條第1項，均有併同處罰體例。準此，因執行業務，犯營業秘密法第13條之1、第13條之2之罪者，除依該條規定處罰其行為人外，對該法人或自然人亦科該條之罰金。

例題4

> 甲為A公司之負責人未經營業秘密人之同意，擅自以重製之方法取得具有著作權之營業秘密，並使用於A公司之業務範圍。試問甲與A公司之行為該當何罪責？

壹、構成要件

一、對法人或自然人科罰金刑

所謂兩罰主義或併同處罰制，係指就同一犯罪行為同時處罰行為人及其企業組織。課予行為人刑事責任，係因其違法之犯罪行為所致。而處罰企業組織，係因其監督不力。自法理以觀，對受罰之企業組織，其處罰具有從屬性，必以行為人受處罰為前提。職是，法人之代表人、法人或自然人之代理人、受雇人或其他從業人員，因執行業務，犯第13條之1、第13條之2之罪者，除依該條規定處罰其行為人外，對該法人或自然人亦科該條之罰金（營業秘密法第13條之4本文）。

二、免責規定

法人之代表人或自然人對於犯罪之發生，已盡力為防止行為者，則不負刑事責任。申言之，使法人或自然人雇主有機會於事後舉證而得以證明其已盡力防止侵害營業秘密之發生，除可免於企業被員工之個人違法行為而毀掉企業形象外，亦可免於大筆罰金之支出，有鼓勵企業事先盡力防止犯罪發生，具有預防犯罪之功能。

貳、例題解析——重製有著作權之營業秘密

擅自以重製之方法侵害他人之著作財產權者，處3年以下有期徒刑、拘役，或科或併科新臺幣75萬元以下罰金（著作權法第91條第1項）。著

作僅供個人參考或合理使用者，不構成著作權侵害（第4項）。準此，甲為A公司之負責人未經營業秘密人之同意，倘無著作之合理使用事由（著作權法第44條至第66條）或非供個人使用者，擅自以重製之方法取得具有著作權之營業秘密，甲之行為屬重製他人著作之行為，除應成立單純侵害重製罪外[19]，亦成立營業秘密法第13條之1第1項第1款之擅自使用重製之營業秘密罪，其為想像競合犯，從一重之侵害營業秘密罪論斷。而甲為A公司之負責人，因執行業務犯營業秘密法第13條之1第1項第1款之罪，亦應對A公司科以該條之罰金（營業秘密法第13條之4本文）。

---

[19] 林洲富，著作權法案例式，五南圖書出版股份有限公司，2020年6月，5版1刷，222至223頁。

參考書目
BIBLIOGRAPHY

專 書

甘添貴,刑法各論下,三民書局,2010年2月。

汪渡村,公平交易法,五南圖書出版股份有限公司,2007年9月,3版1刷。

林山田,刑法各罪論下冊,元照出版公司,2006年11月,2刷。

林洲富,色情影片之著作權保護──評析最高法院88年度台上字第250號刑事判決,月旦財經法雜誌,22期,2010年9月。

林洲富,營業秘密與競業禁止案例式,五南圖書出版股份有限公司,2018年8月,3版1刷。

林洲富,著作權法案例式,五南圖書出版股份有限公司,2020年6月,5版1刷。

林洲富,商標法案例式,五南圖書出版股份有限公司,2021年7月,5版1刷。

林洲富,公平交易法案例式,五南圖書出版股份有限公司,2020年12月,4版1刷。

林洲富,智慧財產權法案例式,五南圖書出版股份有限公司,2020年6月,11版1刷。

莊勝榮,解讀公平交易法,書泉出版社,2003年3月,2版1刷。

許忠信,論著作財產權合理使用之審酌因素,月旦法學雜誌,188期,2011年1月。

章忠信,著作權法逐條釋義,五南圖書出版有限公司,2007年3月。

陳昭華,商標法,經濟部智慧財產局,2008年3月,初版3刷。

馮震宇,了解營業秘密法-營業秘密法的理論與實務,永然文化出版股份有限公司,1997年7月。

張靜，營業秘密法及相關智慧財產問題，經濟部智慧財產局，2014年2月。

曾勝珍，營業秘密法，五南圖書出版股份有限公司，2009年3月。

曾勝珍，論網路著作權之侵害，元照出版有限公司，2010年11月，2版1刷。

褚劍鴻，刑法分則釋論下冊，臺灣商務印書館股份有限公司，2001年2月。

蔡墩銘，刑事訴訟法論，五南圖書出版有限公司，1999年6月，3版2刷。

蔡墩銘，刑法精義，瀚蘆圖書出版有限公司，2007年3月，2版2刷。

羅明通，著作權法論2，群彥圖書股份有限公司，2005年9月，6版。

賴文智、顏雅倫，營業秘密法20講，翰蘆圖書出版有限公司，2004年4月。

蕭雄淋，著作權法論，五南圖書出版股份有限公司，2004年9月，2版2刷。

刑事法律專題研究6，司法周刊雜誌社，1993年6月。

刑事法律專題研究15，司法院，1998年8月。

98年度智慧財產法律座談會彙編，司法院，2009年7月。

經濟部智慧財產局，商標法逐條釋義，2005年12月。

專　論

王敏銓、扈心沂，商標侵害與商標使用——評臺灣高等法院96年度上易字第2091號判決與智慧財產法院97年度民商上易字第4號判決，月旦法學雜誌，185期，2010年10月。

石木欽，智慧財產權犯罪專題研究，智慧財產專業法官培訓課程，司法院司法人員研習所，2006年6月。

石木欽，著作權法修法對照表，智慧財產專業法官培訓課程，司法院司法人員研習所，2006年6月。

花滿堂，刑法修正後之適用問題論文集，牽連犯、連續犯廢除後之適用問題，2006年，最高法院學術研究會。

吳燦，刑事證據能力，101年度智慧財產法院法官在職研修課程，司法院司法人員研習所，2012年8月8日。

李曉媛、徐弘光、丁建華、陳振中，劉江彬編著，營業秘密與競業禁止案，智慧財產法律與管理案例評析(1)，華泰文化事業股份有限公司，2003年10

月。

胡秉倫，智慧財產專業法官培訓課程——商標爭議程序及實務，經濟部智慧財產局，2006年3月21日。

馮震宇，數位環境下著作權侵害之認定及相關案例研討，著作權侵害之認定及相關案例研討會會議手冊，司法院、最高法院、臺灣本土法學雜誌有限公司，2012年2月7日。

黃惠敏、黃千娟、許容慈，「Google圖書館計畫」——美麗新世界？著作權侵害？還是合理使用，萬國法律，170期，2010年4月。

黃銘傑，公平交易法刑事責任專題，智慧財產專業法官培訓課程，司法院司法人員研習所，2006年5月。

黃銘傑，公平交易法執法機制之現狀與未來，月旦法學雜誌，186期，2010年11月。

黃銘傑，重製權侵害中「實質類似」要件判斷之方式與專家證人之運用——板橋地方法院96年度智字第18號判決，月旦法學雜誌，189期，2011年2月。

廖義男，公平交易法關於違反禁止行為之處罰規定，政大法學評論，44期，1991年12月。

張淳淙，新修正刑法論文集，從刑法修正論行為之罪數——牽連犯、連續犯及常業犯廢除後之實務因應，司法院，2006年。

羅怡德，美國營業秘密法之介紹與分析，輔仁法學，12期，1993年6月。

羅明通，著作權法罰則專題研究——著作抄襲之刑責判斷，智慧財產專業法官培訓課程，司法院司法人員研習所，2006年6月。

索引

INDEX

國家圖書館出版品預行編目資料

智慧財產刑事法：案例式／林洲富著. ＿＿二
版.＿＿臺北市：五南圖書出版股份有限公
司，2021.08
　面；　公分
ISBN 978-626-317-028-5(平裝)

1.智慧財產權　2.刑事法

553.433　　　　　　　　110012399

1S88

智慧財產刑事法—案例式

作　　　者 ― 林洲富(134.2)

發 行 人 ― 楊榮川

總 經 理 ― 楊士清

總 編 輯 ― 楊秀麗

副總編輯 ― 劉靜芬

責任編輯 ― 林佳瑩

封面設計 ― 王麗娟

出 版 者 ― 五南圖書出版股份有限公司

地　　　址：106台北市大安區和平東路二段339號4樓

電　　　話：(02)2705-5066　　傳　　真：(02)2706-6100

網　　　址：https://www.wunan.com.tw

電子郵件：wunan@wunan.com.tw

劃撥帳號：01068953

戶　　　名：五南圖書出版股份有限公司

法律顧問　林勝安律師事務所　林勝安律師

出版日期　2014年8月初版一刷
　　　　　2021年8月二版一刷

定　　　價　新臺幣400元

經典永恆・名著常在

五十週年的獻禮——經典名著文庫

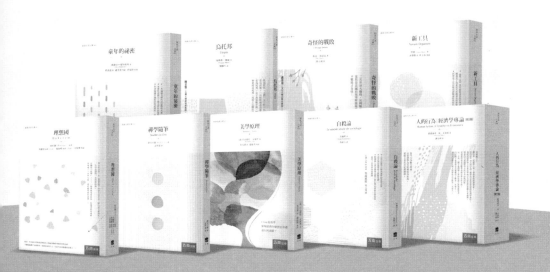

五南，五十年了，半個世紀，人生旅程的一大半，走過來了。
思索著，邁向百年的未來歷程，能為知識界、文化學術界作些什麼？
在速食文化的生態下，有什麼值得讓人雋永品味的？

歷代經典・當今名著，經過時間的洗禮，千錘百鍊，流傳至今，光芒耀人；
不僅使我們能領悟前人的智慧，同時也增深加廣我們思考的深度與視野。
我們決心投入巨資，有計畫的系統梳選，成立「經典名著文庫」，
希望收入古今中外思想性的、充滿睿智與獨見的經典、名著。
這是一項理想性的、永續性的巨大出版工程。
不在意讀者的眾寡，只考慮它的學術價值，力求完整展現先哲思想的軌跡；
為知識界開啟一片智慧之窗，營造一座百花綻放的世界文明公園，
任君遨遊、取菁吸蜜、嘉惠學子！